资本逻辑批判及其当代价值研究

姜英华 著

人民出版社

本书为教育部人文社会科学研究青年基金项目
“资本逻辑批判及其当代价值研究”（20YJC710024）的最终成果

总　序

古往今来,人类历史上曾经产生了无数种思想、理论、学说,对人类实践和历史进程产生着这样那样的影响。但是,在人类思想史上,没有一种理论能达到马克思主义的高度,也没有一种思想能像马克思主义那样对人类文明进步产生如此广泛而深刻的影响。马克思主义犹如壮丽的日出,照亮了人类探索历史规律和寻求自身解放的道路,为我们认识世界、把握规律、追求真理、改造世界提供了强大思想武器。马克思主义是科学的理论、人民的理论、实践的理论、开放的理论,既是时代精神的精华又是整个人类精神的精华。从《共产党宣言》发表到今天,无论时代如何变迁、社会如何发展、科学如何进步,马克思主义依然显示出科学思想的伟力,依然占据着真理和道义的制高点。

中国共产党为什么能,中国特色社会主义为什么好,归根到底是马克思主义行,是中国化时代化的马克思主义行。马克思主义是不断发展的理论,本土化才能落地生根,时代化才能充满生机。中国共产党始终坚持把马克思主义基本原理同中国具体实际相结合、同中华优秀传统文化相结合,洞察时代大势,把握历史主动,进行艰辛探索,不断推进马克思主义中国化时代化,指导中国人民不断推进伟大社会革命,取得了举世瞩目的成就。实践证明,马克思主义深刻改变了中国,中国也极大丰富了马克思主义。习近平新时代中国特色社会主义思想是当代中国马克思主义、二十一世纪马克思主义,是中华文化和中国精神的时代精华，实现了马克思主义中国化时代化新的飞跃。

加强马克思主义理论研究、新时代中国特色社会主义理论与实践研究，是当代中国哲学社会科学发展的重要任务。马克思主义是博大精深的思想理论体系，也是开放发展的学术学科体系，是中国特色哲学社会科学的主体内容，更是中国特色哲学社会科学发展的最大增量。马克思主义理论学科是从整体上研究马克思主义基本原理和科学体系的学科，集中研究马克思主义基本原理、马克思主义发展史、马克思主义中国化时代化、国外马克思主义、中国共产党党史党建、思想政治教育、中国近现代史基本问题等基本内容。加强对这些内容的研究，是加快构建中国特色哲学社会科学的题中应有之义，也是哲学社会科学工作者和研究机构的时代责任。

兰州大学马克思主义学院是首批全国重点马克思主义学院，甘肃省首批重点马克思主义学院，是全国马克思主义教育教学、人才培养、科学研究、理论阐释、宣传宣讲的重要阵地。1950 年设立兰州大学马列主义教研室，开创新中国西部马克思主义教育之先河，马克思主义研究随之起步。1988 年成立马克思主义科学系、2008 年成立马克思主义学院、2016 年入选首批全国重点马克思主义学院，马克思主义理论学科建设获得长足发展，马克思主义研究形成良好局面。近年来，学院在马克思主义基本原理、马克思主义经典著作、马克思主义中国化时代化、习近平新时代中国特色社会主义思想、思想政治教育理论与实践、中国近现代史基本问题、党史党建重要问题、马克思主义国际关系理论等研究领域，取得一批标志性成果，体现了学院马克思主义研究的创新动力、雄厚实力和生机活力。

实践没有止境，理论创新没有止境，理论与实践研究也没有止境。中国特色社会主义新时代，要求马克思主义理论与实践研究不断迈向新台阶、拓展新领域、汇集新成果。为进一步加强全国重点马克思主义学院建设，促进兰州大学马克思主义理论学科高质量发展，提高马克思主义研究水平和思政课教学质量，兰州大学马克思主义学院决定开展“有组织”科学研究，聚焦学科前沿、深研时代课题、搭建科研平台、培育学术团队、推出优秀成果，编写《新时代马克思主义理论与实践研究丛书》。该丛书坚持习近平新时代中国特色社会主义思想的世界观和方法论，坚持和运用贯穿其中的立场观点方法，围绕新时代中国特色社会主义重要课题，聚焦主题和问题，注重道理、学理、哲理，力争推出有创新、有水平、有影响的学术专著。同时，我们也期待同行专家学者悉心指正、相互切磋，共同致力于为马克思主义研究添砖加瓦，为建设中华民族现代文明、实现中华民族伟大复兴贡献力量。

《新时代马克思主义理论与实践研究丛书》
编审委员会

目　录

第二部分 资本逻辑批判的主题设置

第三部分 | 资本逻辑批判的现代论域

导　论

一、国外资本逻辑批判的研究述评

对资本的研究和资本逻辑的批判在马克思《资本论》研究和发表之前就已有之,1867年《资本论》第一卷的问世比较正式、全面地开启了对资本和资本逻辑批判的集中关注。其间,资本的形态嬗变和资本主义发展阶段的进阶,以及由此引发的资本效应和资本问题成为国外学者普遍感兴趣的聚焦话题。对何为资本、何为资本逻辑以及最新资本样态和资本问题的研究,这一系列问题的回答,又关涉到资本现代化进程和现代性问题的整体考察和反思,关系到人类社会发展趋势和制度走向。对此,国外学者们的集中探索和深刻研究为全面而正确地认识资本、资本形态、资本逻辑、资本特征和资本效应提供了优秀的成果和有益的启发。对其进行梳理和把握,既能动态识别资本和资本模式,又能真正发掘可能问题和探寻进步空间,从而为推进理论的进一步发展奠定基础,为善治的社会制度体系的确立提供自觉的理论指导和有益的价值支撑。

(一)资本与资本逻辑

1. 资本与资本逻辑的内涵意蕴

对资本学术概念史的摸诸和考察是推进资本逻辑批判理论研究的重要基础,也是追踪资本逻辑和资本主义社会发展现实的首要前提。正如马克思所指出的,“准确地阐明资本概念是必要的,因为它是现代经济学的基本概念,正如资本本身——它的抽象反映就是它的概念——是资产阶级社会的基础一样。”①庞巴维克发觉了资本概念中所蕴藏的交换价值和价值增殖因素,以此定义资本。他认为,“资本是被生产出来的生利手段的集合体——就是前一生产过程所生产的财货的集合体,这种财货不以之为直接消费,而用来作为进一步获取财货的工具。”②因此,土地和其他用于直接消费的要素不被纳入庞巴维克关于资本概念的体系之中。内田弘对“资本一般”“资本特殊”和“资本个别”的整体结构和流程进行了厘定和总览,他指出“资本一般”即“资本作为价值独立并不断进行自我再生产的方式”③。以资本价值的生产和再生产为基础而推进的具体使用价值的生产即为“资本特殊”。以“资本特殊”为基底而展开的资本剩余价值的利润规定和分配即为“资本个别”。由此,完成了对“资本概念发生史”的回溯和澄明。他认为资本是生产条件和商品样态在资本增殖的不同阶段的不同变换,“资本不是那样固定的东西,而是不断循环增大的价值。……也就是说,所谓资本是货币,是生产各条件,是商品,总之是不被固定的,是不断改变形态使价值流动、增大的交换价值,资本在这个意义上是‘延续不断的过程’。”④内田弘区分了资本表象样态和资本内在本质,以递进的口吻指出“资本不仅仅是物质对象(Sache),还是关系(Verhältniβ),是过程(process)”⑤。由此得出了“三位一体”递进式的资本定义。大卫·哈维从资本总公式出发,认为“资本是运动中的价值”。⑥ 资本在形式更替和变动中

① 《马克思恩格斯全集》第30卷,人民出版社1995年版,第293页。

② [奥]庞巴维克著:《资本与利息》,何崑曾、高德超译,商务印书馆2010年版,第6页。

③ [日]内田弘著:《新版〈政治经济学批判大纲〉的研究》,王青、李萍、李海春译,北京师范大学出版社2011年版,第123页。

④ [日]内田弘著:《新版〈政治经济学批判大纲〉的研究》,王青、李萍、李海春译,北京师范大学出版社2011年版,第128页。

⑤ [日]内田弘著:《新版〈政治经济学批判大纲〉的研究》,王青、李萍、李海春译,北京师范大学出版社2011年版,第130页。

⑥ [美]大卫·哈维著:《跟大卫·哈维读〈资本论〉》(第一卷),刘英译,上海译文出版社2014年版,第98页。

实现自身的价值增殖。因此，资本还是过程，资本的量在运动中以复合的速度实现不断的螺旋扩张。齐泽克认为，资本驱逐和终止了前资本主义社会陈旧传统的幽灵，确立了自己的幽灵地位，并对“资本唯我论的自我受精”背后隐藏的事实真相进行了指认和揭穿，他告诫和提醒“人们永远不该忘记在这种抽象的背后隐藏着的是真正的人类和自然的目标，资本循环依赖于他们的生产能力和资源，它像个巨大的寄生虫一样以此为生”①。“资本的幽灵”是隐形的流状体和“抽象的病毒”，“它进入所有的社会关系，破坏这些社会关系。它是一种具有两面性的病毒形态”②。资本巧妙地在无形中将特殊的和定性的关系转化为普遍的定量的关系，从而将资本所具有的特殊性掩盖和遮蔽起来，而事实上，我们遵从的从来都不可能是纯粹自然需要的支配，而是一种社会的、关系性的制约和控制。因此，驱散“资本的幽灵”和破除“资本的符咒”，需要在资本的诸种既成形式中，把握资本的“不断的运动”，通过资本逻辑所绘制的理论路径来抓住形式优化的资本主义在运作时的固有矛盾，进而刺穿资本的谎言和驱散资本的迷雾，在更大的范围和以更根本的方式解决资本的权力结构和异化统治的根本问题。

2. 资本与资本逻辑的效应影响

之所以要首先明晰和确证资本概念，是因为“明确地弄清关系的基本前提，就必然会得出资产阶级生产的一切矛盾，以及这种关系超出它本身的那个界限”③。资本的矛盾体不断超越自身内部界限的否定过程就是资本逻辑矛盾展开的演绎过程。在资本产生的初期，李嘉图看到了资本发展的积极方面，并且主要抓住了资本的积极本质。与之截然相反，西斯蒙第不仅看到了李嘉

① ［斯洛文尼亚］斯拉沃热·齐泽克著：《资本的幽灵》，胡大平译，《当代国外马克思主义评论》2004 年，第 252 页。

② ［英］J.K.吉布森·格雷汉姆著：《资本主义的终结》，陈冬生译，社会科学文献出版社 2002 年版，第 179 页。

③ 《马克思恩格斯全集》第 30 卷，人民出版社 1995 年版，第 293 页。

图没有察觉到的资本生产的局限性，而且在对资本的片面性和消极性方面的理解和揭示也要高出一筹。庞巴维克对比了“有资本之前”和“有资本之后”以及资本生产与自身的关系，资本生产力的最根本特征是“生产更多些”，一方面，使用资本比不使用资本能创造和生产出更多的“财货”和“价值”，资本能够激活和发育出更多和更高的生产力和价值。另一方面，资本能够创造和生产出高于自身财货和价值的“物质生产力”和“价值生产力”。① 总体而言，李嘉图、西斯蒙第和庞巴维克只看到了资本矛盾的一方面而忽视或无视资本的另一方面，从而使其对资本的理解在深刻中夹杂着片面和局限。

与之不同，有学者看到了资本的多义性辩证本质和全面立体的资本面貌——既有积极方面又有消极方面。但是，一种观点认为“积极面较为次要，消极面为主要；以消极面为基础，积极面包含在其中”②。另一种观点在概念区分的基础上，更倾向于强调资本的积极方面。如莱博维奇指出“限制”并不是“极限”，“限制”是资本内部的必要成分和资本发展的不竭动力，“限制”的成功突破和胜利跨越改写了资本内部原有的矛盾结构，并在新的矛盾成分的基础上形成了新的矛盾体并开始新的动态突破和发展运动，资本的限制表明资本是一个不断自我否定和否定之否定的无限发展过程，他认为，“特有的资本主义生产方式的确立，固有资本的扩张，公司规模的扩大，资本集中的日益增长，新的需求和世界市场的发展，所有这些重要的发展都是资本努力跨越限制、否定其自身的否定因素的结果，甚至经济危机‘不是孕育着’，而是这一发展的组成部分”③。而资本的“极限”则是指资本发展中不能跨越和克服的资本的限制和掘墓人——工人。上述两种观点在坚持资本分析的两点论和重点论的观点对比和博弈中，产生了第三种观点，这种观点认为，资本“既有带来

① ［奥］庞巴维克著：《资本与利息》，何崑曾、高德超译，商务印书馆2010年版，第114页。

② ［日］内田弘著：《新版〈政治经济学批判大纲〉的研究》，王青、李萍、李海春译，北京师范大学出版社2011年版，第20页脚注部分。

③ ［加拿大］迈克尔·A.莱博维奇著：《超越〈资本论〉——马克思的工人阶级政治经济学》（第二版），崔秀红译，经济科学出版社2007年版，第17页。

财富增加这一肯定的、积极的方面,同时又有带来社会不平等(剥削)这一消极的方面,是这两个方面的结合。资本榨取利润的愿望才是为生产而生产、并不断推进文明化的潜在动因,所有权上的不平等不能因可分配财富的增长而被掩盖,……这是更深层次的违反人类本性的问题”①。这种观点既指出了资本创造和增加财富的积极作用,又指出了资本制造不平等和剥削的消极影响,而且深刻剖析了两个方面的交叉重叠关系,即资本单纯追求利润的偏好潜藏着推进社会文明进步的潜力和动因,而社会的前进和资本的文明化成果也夹杂着资本的阴暗面——资本利润潜在文明中挥之不去的反人类本性的深层次的不平等。

总之,关于资本和资本逻辑的效应影响,学者们在大的宏观方向上达成了比较一致的观点——既有积极效应也有消极影响。而在小的微细环节和方面则仍存在比较多的不一致和分歧,这种差异的存在为新的理论研究提供了可能趋向和弹性空间,同时差异的弥合也尚需结合最新的资本现实进行质性辨析和理论论析。

(二)资本逻辑批判的主题和方法

何为资本和资本逻辑?构成资本和资本逻辑最核心的要素和组成部分有哪些?促成今天资本逻辑不均衡格局的力量有哪些?这些力量是外在的力量施加还是资本与生俱来的基因缺陷?如何减弱和克服资本的危机,是靠外在的力量加诸还是靠内在的力量喷发?是靠重新对资本逻辑进行基因编辑还是彻底放弃资本?对这些问题的思索和回答构成了资本逻辑批判的主题线索。而对如何超越和化解的路径寻求,又离不开对资本逻辑批判方法的澄析。因此,此处枚举了几种批判主题和范式,以求对此问题有所概览和关注。

① [日]内田弘著:《新版〈政治经济学批判大纲〉的研究》,王青、李萍、李海春译,北京师范大学出版社2011年版,第19—20页。

1. 以哈维为代表的资本逻辑的空间批判

首先,哈维资本逻辑空间批判的理论初衷。哈维发起对资本逻辑的批判活动,一方面是由于资本逻辑批判的政治经济学方法同样适用于当下时代对新自由主义的解码和去蔽,而且对其方法的修改能够使人们更好地理解马克思的政治经济学批判思想。另一方面是扩展和丰富马克思政治经济学中一些未竟理论的需要——"城市化进程、房地产市场和不平均的地理发展"①。基于对马克思主义理论纯粹时间性特征和缺乏空间性模型的前置研判,同时考虑到资本积累所固有的空间性和危机性,哈维主张整合资本积累的时间性和空间地理性,以地理重组和空间扩张的"空间修复"方法作为化解危机的临时方案。

其次,哈维资本逻辑批判的空间向度。资本的运动和价值积累必须在一定的时间和空间内进行和实现,而资本又基于自身运动和价值积累的需要在以"不同的社会(以经济、社会、政治组织和生态环境不同形式为特点)"②现实为前提的条件下,对时间和空间进行重新定义和形塑,创设与资本增殖需要和目的相契合的"物理地貌"和"空间关系",从而形成特殊的时空景观和时空观念。哈维认为,马克思在《资本论》的研究中确立了时间性高于空间性的优先顺序,因而忽视了"空间和地域的辩证关系是理解资本在时空运动中的建设性和破坏性的关键"③。他认为,事实上,资本的涌动不断构建和创造符合自身需要的"关系性空间"和"价值性社会关系",在这种多样性的空间布局和关联性的空间筹划中,资本不断地生产和再生产。这种生产和再生产的实质

---

① [英]大卫·哈维著:《资本的限度》,张寅译,中信出版社 2017 年版,2006 年唯首出版社(verso)版导言第 4 页。

② [美]戴维·哈维著:《正义、自然和差异地理学》,胡大平译,上海人民出版社 2015 年版,第 235 页。

③ [美]大卫·哈维著:《马克思与〈资本论〉》,周大昕译,中信出版集团 2018 年版,第 203 页。

就是离不开地理空间的资本积累事件，哈维说，“如果没有内在于地理扩张、空间重组和不平衡地理发展的多种可能性，资本主义很早以前就不能发挥其政治经济系统的功能了。”①但同时，机动性与流动性、集中性与分散性、领土逻辑与资本逻辑、过度积累和价值丧失等多维矛盾冲突使资本在实现空间格局生产的同时酿成了资本的空间危机，对危机的批判和解决需要建构一种资本逻辑的空间批判理论和追寻一种“空间修复”的理论方案。

再次，哈维资本逻辑批判的现实指向。资本主义的发展过程就是将空间要素、空间生产、空间拓展和空间重塑纳入资本积累图式和价值增殖的过程。资本主义的全球化和城市化的过程实质就是在资本关系中打碎旧的空间排布和空间嵌套，重新定位空间功能和制定空间等级的过程。“空间规模的生产”和“地理差异的生产”协同创造了不平衡的资本积累的空间地理学，一方面，技术变革、组织变化、信用发展和动态积累不断提升资本的价值构成和增加资本的价值积累，催逼更加高效快速和持续恒久的资本流转和资本增殖。另一方面，扩大的城市规模、固定资本的“外在强制性”和不断扩大产出的失衡的“地理固定性”，又不断释放危机的信号和累积危机的风险。哈维指出，他用20多年的工作和精力去努力追踪资本的这一运动过程，“试图了解资本如何在某一点上按照它自己的面貌建造一种地理景观，但最后为了调节它自己无止境的积累动力、强大的科技变革以及剧烈的阶级斗争又不得不摧毁它”②。哈维毫不掩饰地指出了资本主义在发展过程中，资本的增殖和运动性与资本价值的丧失以及固定资本的不可移易之间的矛盾和不平衡发展情况。他指出晚期资本主义发展的这种矛盾和极端的空间失衡问题已经进展到令人吃惊和发指的程度。他试图从地理学和社会学的角度尝试给出解决问题的方案，“历史地理唯物主义”和“希望的空间”就是“地理—社会—政治”理论建构的重要尝试和成果展现。

① [美]大卫·哈维著：《希望的空间》，胡大平译，南京大学出版社2006年版，第23页。

② [美]大卫·哈维著：《希望的空间》，胡大平译，南京大学出版社2006年版，第172页。

最后,哈维资本逻辑批判的空间建构。哈维挖掘了马克思《资本论》的经典文本资源,尤其是开发了资本逻辑批判理论的"空间资源",批判性地发觉了"资本积累"和"空间关系"的内在关联,从资本主义生产方式最细微处的"商品"要素着手,论析了商品的使用价值、价值和交换价值的相互关系。从价值理论出发,引申出剩余价值关系所承载的阶级关系内幕和资本积累原则。从实现剩余价值出发,论说了"生产与消费"以及"需求与供给"之间的结构性问题和矛盾。以资本生产的活力要素——"技术变革"为切入点,讨论了资本积累过程中技术变革的作用和由此引致的资本有机构成的变革。同时,从资本"为积累而积累"的本质出发,探究了资本动态积累过程和一般规律。对固定资本、信用扩张、金融资本、利润率下降等影响资本积累和造成经济危机的要素给予了重点关注和剖析,最后得出资本积累和阶级斗争构序新帝国主义空间关系的结论。哈维指出,脱困首先要找出一条超越资本本身限度的理论道路,这条理论道路是历史——地理——政治的协同发展和融合重构,"资本的限度"就是哈维资本逻辑批判空间建构的最重要和最典型的尝试。

2. 以广松涉为代表的资本逻辑的物象化批判

第一,广松涉资本逻辑物象化批判的逻辑出场。广松涉主张以发生学和"知识考古学"的方法和态度对待马克思理论研究,历史唯物主义的"物象化论的构图"是他进行理论构建的方法论基础。他反对以《1844 年经济学哲学手稿》来诠释马克思人本主义的异化观,他认为尽管马克思在 1844 年以人的类本质去代替黑格尔的"主—客"同一的绝对观念,但是,"此时作为青年马克思人类主体类本质的劳动,实质上还是一种先验的主观价值实体"①。直到 1845—1846 年,《关于费尔巴哈的提纲》《德意志意识形态》关于实践和历史

① [日]广松涉著:《物象化论的构图》,彭曦、庄倩译,南京大学出版社 2002 年版,代译序第 8 页。

唯物主义原理的阐发，马克思主义哲学才真正超越了近代哲学的“主—客”二元定式，实现了从“实体本体论”向“关系存在论”的转变，对人本主义异化论的扬弃也就是“物象化论的构图”。

第二，广松涉资本逻辑物象化批判的逻辑内涵。以“商品”物象化为地平，与资本主义的生产方式、生产关系和交往关系相适应的“交换过程”“货币”“资本”的物象化得以形成、运动和展开。就商品物象化而言，商品并不是作为“单纯的物”而存在的，商品的三维规定性（价值实体、价值形式和价值量）实质是“一定的社会关系的物象化的虚像”①，通过商品世界的中介性转换，“人格的物象化和物象的人格化”②得以发生和形成。就货币物象化而言，他指出了被货币购买力所隐藏的“主体际社会关系”。在实现了从人本主义、异化到物象化的理论跃升以后，广松涉将物象化的视角和方法应用于对《资本论》的研读分析之中，并在分—总的结构性分解之后指出，“所谓物象化，是批判地指出在通常意识的无批评的地平中，表现为物象的属性、物象的实体、物象的关系的事情，实际上，不过是人们的相互（当然夹杂着物的因素）关系都以那种错认的面貌而映现的概念。我们把人与人的关系在当事者的直接意识中，通过物象的对象面貌而曲折地映现的事态称作物象化。”③至此，“物象化”理论得以完成和定型。

第三，广松涉资本逻辑物象化批判的逻辑机制。广松涉“工资的物象化狡计”篇章对“工资=劳动的价值或价格”的“同义反复”进行了揭示和指认，他从资本主义何以存在、进行和延续的最基础的角度进行发问，用反向证明的矛盾方式证实了上述等式的虚假性和不成立性。他以12小时的物化劳动为例，指出，如果这一等式——12小时的物化劳动的货币=12小时的活劳动——成立，那就会使资本主义商品交换的价值规律失效，或者资本主义生产

① ［日］广松涉著：《资本论的哲学》，邓习议译，南京大学出版社2013年版，第205页。
② ［日］广松涉著：《资本论的哲学》，邓习议译，南京大学出版社2013年版，第204页。
③ ［日］广松涉著：《资本论的哲学》，邓习议译，南京大学出版社2013年版，第432页。

本身就会被消灭或不存在。因为如果等式两边都成立，这一不能获得任何好处（利润和剩余价值）的交换对资本主义来说就是大费周折的无意义的纯粹浪费。没有剩余价值和利润，不仅资本主义最根本的生产即生产剩余价值的扩大再生产无从谈起，就连资本主义制度本身的存在也是不可能的。而现在资本家利润的获得和资本主义制度的存续发展从反向事实上推翻和消除了等价交换=同等劳动交换这一物象化关系，从而从表象的所有权和等价交换探底到不等价交换的事实真相。在资本关系的物象化分析中，广松涉指出生产资料和资本自我增殖的物象化扭曲掩盖了资本所有者和工人之间不对等的强制和剥削关系。他认为，资本是与生产的历史结构密切相关的历史存在态，对资本认识要与具体的历史的生产方式相结合而不是剥离甚至背离。不能将资本的生产资料的存在样态等同于一般的生产资料的要素状态，不能将特殊性等同于一般性和普遍性，否则，就会得出资本作为物而具有自我增殖神力和资本永恒性的错误结论，这种误识的结果必然会使工人被剥削这一事实获得正当性和合理性。而事实上，"从 für uns 来说，生产过程中的'自我增殖'，是'以物为媒介的人和人之间的关系'的一个总体"①。因此，要认识资本的真相，就需要资本脱去它的具体质料形式和历史性社会关系的外衣，资本的生产资料的特殊存在形式和一般形式相混淆，生产资料的质性被错贴到资本的身上并被当做资本的固有属性，资本这种被臆想的永恒性成为一种资本的意识形态，物象化批判揭露了其中蕴含的隐秘真相。

3. 以鲍德里亚为代表的资本逻辑的符号化批判

一方面，对消费社会的指认。鲍德里亚指出，"我们处在'消费'控制着整个生活的这样一种境地。"②在消费社会中，商品的使用价值和"自然生态

---

① ［日］广松涉著：《资本论的哲学》，邓习议译，南京大学出版社 2013 年版，第 402 页。

② ［法］让·鲍德里亚著：《消费社会》，刘成富、全志钢译，南京大学出版社 2014 年版，第 5 页。

规律”让位于商品的交换价值和“交换价值规律”，与商品的功能性效用相比，商品的符号性意义更加凸显并占据主导地位。人们购买商品瞄准的不是作为物的属性的商品，而是价值，是商品的符号价值和附着意义，而这种符号逻辑和象征价值是由广告制造和他者的购买行为引导的。而且，商品的更替并非取决于使用价值和寿命，“资本家人为创序出来的‘技术缺陷’和故意的技术性破坏”①代替了真正的商品生命周期和使用价值生产更替，资本预留技术性进步空间和“故意的技术性破坏”加速了商品价格的提升，满足了资本增殖的加速需要。在消费社会中，人成为“官能性的人”，并“受到物(objets)的包围”②，人们购买商品不是基于真正的需要，而是基于多种复杂因素共同合成的“伪欲望”和“伪需求”，这种“伪构境”服从的是“资本符号的需求”而不是“真正人的需求”，“消费的主体，是符号的秩序”③。人们屈从于符号创序的逻辑和符号权力操控，“富裕、‘富有’其实只是幸福的符号的积累”④，而不是真正需要、丰裕和现实安全感的在场和满足。

另一方面，对消费意识形态的批判。“消费是用某种编码及某种与此编码相适应的竞争性合作的无意识纪律来驯化人们；这不是通过取消便利，而是相反让人们进入游戏规则。这样消费才能只身代替一切意识形态，并同时只身担负起整个社会的一体化，就像原始社会的等级或宗教礼仪所做到的那样。”⑤符号逻辑对人的控制并不是传统的让人无法忍受的不平等和可见强

---

① [法]让·鲍德里亚著:《消费社会》,刘成富、全志钢译,南京大学出版社 2014 年版,代译序第 21 页。

② [法]让·鲍德里亚著:《消费社会》,刘成富、全志钢译,南京大学出版社 2014 年版,第 1 页。

③ [法]让·鲍德里亚著:《消费社会》,刘成富、全志钢译,南京大学出版社 2014 年版,第 198 页。

④ [法]让·鲍德里亚著:《消费社会》,刘成富、全志钢译,南京大学出版社 2014 年版,第 8 页。

⑤ [法]让·鲍德里亚著:《消费社会》,刘成富、全志钢译,南京大学出版社 2014 年版,第 78 页。

制，相反，它是一种“区别分化”和“无意识的一体化调节机制”①。在其中，人们沉湎于不断变换的货物符号和商品编码，在你追我赶的消费时尚潮流中获得满足感、兴奋感、认同感和安全感。人的真正价值隐匿在商品符号排序之中，人被安置在符号编码造成的阶层区隔之中，把资本符号和商品符码制造的生存等级当做理所当然的原则和信条。人们的活动围绕符号次序的重构和编码位阶的提升，而不是质疑这种由商品程式和符号编码造成的秩序，在符号纪律的带入和驯化下，人们按照消费意识形态的模型进行游戏活动。

4. 以福克斯为代表的资本逻辑的数字化批判

首先，大数据时代资本主义受众商品的数字化批判。福克斯将资本逻辑置于大数据资本主义所引发的经济、政治和意识形态的广阔舞台和全景背景下进行解析和批判。他指出，随着信息技术、社交网站和其他在线广告盈利的免费访问平台的兴起，改变了资本通过广播或电视等大众媒体进行增殖和积累的传统策略。与电视、广播等传统媒体语境下的受众商品不同，大数据时代的受众商品是指“上传照片和其他图像、写墙贴和评论、向联系人发送邮件的用户、在 Facebook 上积累朋友或浏览其他个人资料构成的由大数据平台出售给广告商的商品”②。社交媒体的使用用户在双重目标上实现了商品化，一方面，他们是商品本身，他们的关注度和注意力在网上被以广告的形式暴露在商品逻辑中。另一方面，用户大多数在线时间是广告，在企业社交媒体上，定向广告利用用户的个人数据，兴趣、互动、信息行为以及与其他网站的互动留痕向用户推送广告，所以当你使用 Facebook、Twitter、YouTube 等网站时，不仅仅是你与他人互动和浏览个人资料，所有这些活动都是由呈现给你的广告构成的。这些广告是通过对你的在线活动进行永久性监视而产生的。这些广告不

---

① [法]让·鲍德里亚著：《消费社会》，刘成富、全志钢译，南京大学出版社 2014 年版，第 78 页。

② Christian Fuchs, Digital Labour and Karl Marx, New York: Routeledge, 2014, p.100.

一定代表消费者的真实需求和愿望，因为这些广告是基于经过计算的假设，而需求则是被广告暗示和催生的。

其次，大数据时代资本主义资本积累的数字化批判。数字劳动是理解大数据时代资本主义的关键，福克斯在对受众商品进行界定的基础上分析了数字劳动和资本积累的网络策略，"一种积累策略是让用户免费获得服务和平台，让他们制作内容，并积累大量专门作为商品提供给第三方的消费者广告商。产品不是卖给用户的，而用户是作为商品卖给广告商的。一个平台的用户越多，广告费率可以设定得越高。资本利用的生产性劳动时间一方面是有偿雇员的劳动时间，另一方面是用户在网上花费的全部时间。数字媒体公司为第一类知识劳动支付工资"①。在此基础上，福克斯指出大数据平台过度渲染了民主氛围，营造了虚假的民主化，隐藏在网络平台民主化背后的是在政治经济利益驱动下对个人活动和意向的监控、引导和利用，作为社会关系的剥削就隐藏在网络娱乐和游戏对弈中。在数字化时代，游戏时间与工作时间、娱乐和劳动、享乐和死亡等内在地相交和融合在一起，工作时间和生活时间界限的消弭以及生活时间以娱乐化的方式对工作时间的归并表明，人类所有的生存时间都倾向于变为为了资本积累而被利用的劳动时间。除此之外，就网络平台本身而言，也并不是一个平等参与者的民主空间。Web2.0 公司的所有权结构、YouTube 上观看次数最多的视频、最受欢迎的 Facebook 群组、Google 和 Twitter 上最受欢迎的话题以及关注人数最多的 Twitter 用户等统计数据表明，网络空间是一个大公司、名人和娱乐占据主导地位的空间，这些主导性的大公司获得比日常用户多得多的追随者、读者、观众、听众、转发和喜欢，因而占据了垄断地位并获得了网络资本的垄断收益。社交媒体是服务于资产阶级意识形态和范畴的，那种认为 Web2.0 和社交媒体是参与式文化和参与式经济的观点，恰恰忽视了互联网中存在的意识形态要素和等级权力结构。

---

① Christian Fuchs, Digital Labour and Karl Marx, New York: Routeledge, 2014, p.103.

最后,大数据时代资本主义经济危机的数字化批判。在对大数据时代资本主义经济发展矛盾和危机进行分析时,福克斯以 Google、Facebook、Twitter 等网络平台为例证,指出了这些社交媒体公司劳动者的低工资份额与高经济总量之间的矛盾反差,对比了传统的资本积累模式(M-C…P…C'-M')和社交媒体经济的资本积累模式(M-C…P1(v1,c)…P2(v2=0)…C'-M')①,在此基础上指出,"社交媒体经济是建立在剥削用户的无偿数字劳动的基础之上的"②。其结果,一方面加剧了数字化资本主义对劳动的剥削,另一方面数字共享化也为"超越资本主义逻辑的自治领域创造了新的基础"③。福克斯基于数字资本主义的危机崩溃论提出了替代方案。

(三)结语

就研究取得的成绩而言,资本逻辑批判是西方马克思主义研究最重要的主题和内容之一,哈维运用商品、地租、资本等马克思主义政治经济学的基本概念,结合金融资本发展、城市化进程和不平均的地理发展等最新的经济社会现实,对现象背后隐藏的深层资本逻辑本质进行了探秘和批判,在理论上尝试修正马克思的历史唯物主义从而建构地理历史唯物主义理论。广松涉以物象化的方法视角研读和解析《资本论》,发展了马克思的异化理论和人本主义学说,为资本和《资本论》的研究做出了独创性的贡献,其影响范围波及日本和整个马克思主义的资本理论研究。鲍德里亚捕捉到当代资本主义进入到消费阶段的社会现实,对资本符号导控下的消费异化、消费意识形态化等隐藏形式和重要方面给予了最深刻的揭露和批判。福克斯结合数字化时代资本发展的

① [英]克里斯蒂安·福克斯著:《大数据资本主义时代的马克思》,罗铮译,《国外理论动态》2020 年第 4 期。

② [英]克里斯蒂安·福克斯著:《大数据资本主义时代的马克思》,罗铮译,《国外理论动态》2020 年第 4 期。

③ [英]克里斯蒂安·福克斯著:《大数据资本主义时代的马克思》,罗铮译,《国外理论动态》2020 年第 4 期。

最新样态，在政治经济学向度上对受众商品、数字劳动和数字资本主义进行了最新批判，从理论上丰富和发展了马克思关于商品、劳动、资本和资本剥削批判的观点，代表了西方学者对数字时代资本主义发展的最新思考。除了上述比较典型和显著的理论方面之外，技术资本主义、交往资本主义、加速主义等关于数字化生存和数字化资本运行方式的内在机理研究也取得了丰富的成果。整体来看，西方学者基于不同的学术背景和学术旨趣——经济的、政治的、哲学的、社会的、历史的、传播学的等——对资本逻辑进行了全景批判，为中国学者研究和批判当代资本主义提供了理论借鉴和方法启发，促进了中西学术交流和思想交锋，有利于反思资本逻辑现状和推进超越资本逻辑的经济社会实践。

就研究可能的空间而言，一方面，在取得重大进展和历史性成绩的同时，资本逻辑批判的不足也成为普遍的学术反思内容，这些不足包括，比如哈维所谓的“地理历史唯物主义”的理论创新实质是对马克思历史唯物主义理论的降维。广松涉的物象化理论在关于具体的时间节点和“断裂”上仍然不够明确，而其“世界历史的物象化论”与马克思“商品—货币—资本”并没有根本区别。鲍德里亚关于商品符码和消费社会的批判虽然常常触及“现代社会批判理论的最深处”，但是，“这种可贵的批判深度在他为进一步争取自己思想的独立性筑模空间时开始丧失和畸变，特别是当他成为历史唯物主义的反对者时，理论故意和逻辑做作从根本上败坏了他的思想的严肃性”①。福克斯关于数字劳动和数字资本主义批判理论是政治经济学方面的深刻洞见，但其对超越资本逻辑的出路和解决方案仍然有待商榷。这些理论罅隙成为新的理论反思点，而这些反思和补充将激发新的理论研究的增长点。另一方面，基于实践的资本逻辑批判是敞开的，也是螺旋发展的，随着当代资本主义的最新变化，资本逻辑批判内容和方法也将得到丰富和扩展。

---

① ［法］让·鲍德里亚著：《消费社会》，刘成富、全志钢译，南京大学出版社2014年版，代译序第9页。

二、国内资本逻辑批判的研究述评

在国内,学者们普遍认为资本逻辑的发现是马克思主义理论变革的关键之点,也是马克思政治经济学批判的支点和精髓之所在。资本和资本逻辑批判推动了马克思主义理论的革命性变革,成为马克思政治经济学批判的重要线索和主要动力。一方面,对于如何理解资本和资本逻辑国内学者仍然存在分歧性观点,处于激烈的思想激荡之中。另一方面,资本处于不断的范式转换和形态嬗变之中,产生和提出了许多重要的理论和现实问题,需要对其进行富有时代特色的回应和解决。基于此,学界对资本逻辑的内涵、生成逻辑、形态嬗变、体系架构、多重效应进行了全面揭示和批判,取得了一系列丰硕的研究成果。已有的研究成果为精准聚焦、正确理解、丰富发展马克思主义政治经济学和中国特色社会主义政治经济学提供了视域启发和参考借鉴,同时也彰显了理论批判的限度和发展空间。只有在全面梳理已有研究成果的基础上,总结研究的共识和分歧,明确进一步研究的进路和方向,才能增强资本逻辑批判研究的理论自觉和实践关照,提升和拓展资本逻辑研究批判的时代价值和实践张力。

资本逻辑成为学界的关注焦点和研究热题,主要原因在于:就资本逻辑之于《资本论》而言,《资本论》即“资本诠释学”①,资本逻辑既是把脉商品、货币进阶为资本的逻辑线索的基点和中轴,也是透视马克思政治经济学批判研究方法的主旨和枢纽,是逼近和透析马克思理论“制高点”不可绕过的“山脊”。就资本逻辑之于整体性的马克思主义批判理论而言,资本逻辑深化和拓延了历史唯物主义的立场原则和逻辑视界,构成了马克思主义批判理论的支柱和核心。就资本逻辑之于资本主义社会现实而言,“资本逻辑是资本主义社会

① 俞吾金:《资本诠释学——马克思考察、批判现代社会的独特路径》,《哲学研究》2007年第1期。

占统治地位和起统摄作用的逻辑形式”,①是透视资本主义社会内在实质的棱镜,也是把握资本主义社会动态演化和破解资本主义历史之谜的密钥。就资本逻辑之于社会主义现代化实践而言,我们仍然处于资本的时代,全面正确地认识资本效应,是导控资本逻辑的积极方面使其服务于社会主义现代化建设的前提基础和必要条件。

(一)资本与资本逻辑

1. 资本与资本逻辑的内涵意蕴

明晰资本和资本逻辑的概念内涵是资本逻辑研究的首要性前提。资本逻辑乃是作为物化的生产关系的资本的自身运动的矛盾规律②,是资本运行所遵循的不以人的意志为转移的客观规律③,是资本所呈现出来的反映资本主义客观现实活动的内在联系、运行轨迹、发展趋势。④ 在资本诸种存在样态中,“关系先于实体”,“社会关系构成了资本主义的‘实体性’内容”。⑤ 资本是资本主义生产方式的本质,作为物化了的社会关系(“资本同一化”和“复制的形而上学”),资本的生产决定着其他一切生产的地位和影响,因而它的关系也决定着其他一切关系的地位和影响。⑥ 整个现代社会生产运动的“主体”便是作为生产关系的资本。⑦ 资本是“实体内容”(“资本的躯体”)和“形式规

---

① 姜英华、叶泽樱:《资本逻辑批判与〈资本论〉的存在论革命》,《当代经济研究》2018年第11期。

② 鲁品越著:《鲜活的资本论:从深层本质到表层现象》,上海人民出版社2015年版,第269页。

③ 鲁品越、王珊:《论资本逻辑的基本内涵》,《上海财经大学学报》2013年第5期。

④ 张雷声:《论资本逻辑》,《新视野》2015年第2期。

⑤ 张盾:《马克思的“新唯物主义”如何可能?——论实践哲学的构成和限度》,《哲学研究》2019年第2期。

⑥ 张一兵、蒙木桂著:《神会马克思——马克思哲学原生态的当代阐释》,中国人民大学出版社2003年版。

⑦ 郗戈:《〈资本论〉的哲学主线:资本逻辑及其扬弃》,《华中科技大学学报》(社会科学版)2017年第3期。

定”(“资本的灵魂”)的统一,是“形而上学的资本本质与资本的形而上学本质的统一”,资本逻辑本质上是“实体形态—关系形态—观念形态”的“新三位一体”,①是现实的形而上学。从资本的角度和命运出发探讨现代社会命运,才是解剖现代世界最恰切、最有效的途径。

2. 资本与资本逻辑的系统架构

形成资本和资本逻辑系统架构的自觉意识是资本逻辑研究的内在性要求。资本逻辑“是资本在运动过程中所具有并显现出的必然性及其展开过程,包括规律、机制与趋势等具体内容”②。丰子义认为资本具有“创造文明”和“价值增殖”的双重逻辑,两种逻辑相互渗透、彼此影响、内在关联,其中相较“创造文明”的逻辑,“价值增殖”的逻辑更为根本、更具决定性地位。③ 王巍将资本逻辑分为狭义的资本形成、发展和扬弃的“资本自身的逻辑”(商品逻辑—货币逻辑—资本逻辑)和广义的资本渗透、扩散和支配的“资本作用的逻辑”,在政治、文化和社会领域,资本逻辑扩展具体表现为资本的权力逻辑、拜物教逻辑、空间化逻辑和“抽象成为统治”的理性形而上学逻辑。④ 高云涌将资本逻辑分为资本永恒追求利润、谋求自身增殖的“资本本性逻辑”和本性逻辑细化展开的“资本增殖逻辑、资本运动逻辑、资本竞争逻辑和资本风险逻辑”⑤。超越表浅化的混沌认识,遵循抽象上升到具体的方法,刘志洪认为“资本运动的逻辑呈现为四个有机联系的层次:形成、扩张与扬弃的总逻辑,价值增殖的核心逻辑,创造—消解文明的基本逻辑,提高—降低效率、竞争—垄断、

---

① 白刚著:《回到〈资本论〉:21世纪的“政治经济学批判”》,人民出版社2018年版。

② 刘志洪:《超越整体的混沌表象——资本逻辑系统结构的当代理解》,《教学与研究》2019年第1期。

③ 丰子义:《全球化与资本的双重逻辑》,《北京大学学报》(哲学社会科学版)2009年第3期。

④ 王巍:《马克思哲学视域下的资本逻辑及其批判》,《理论视野》2014年第1期。

⑤ 高云涌:《资本逻辑的中国语境与历史唯物主义的当代使命》,《北京行政学院学报》2016年第1期。

创新—守旧、理性化—反理性、公共性—私独性等相互矛盾的具体逻辑”①。在资本逻辑的层次系统中，“总逻辑”和“核心逻辑”是不可撼动的主导性、根本性的“绝对硬核逻辑”，“具体逻辑”与“逻辑组合”随时代变化而发生动态化和适应性的变化，是“相对可变逻辑”。②

3. 资本与资本逻辑的效应影响

资本逻辑具有“创造文明”和“价值增殖”的双重作用，③资本逻辑的扩张布展和膨胀强化实现了对经济、社会、生态、文化、身体和道德的全面统摄操控，在使其成为资本内部构件的同时衍生出“身体资本”“社会资本”“数字资本”“文化资本”“生态资本”“道德资本”和“知识资本”等诸多资本形态，形塑了人们的日常生活并操摄了人们的行动灵魂。④ 一方面，资本逻辑具有“资本扩张动力”和“内在否定性”两个方面，前者构成“推动社会生产力发展的积极方面”，后者即资本积累引致了经济危机、生态危机以及社会关系的贫困化和人的发展危机。⑤ 另一方面，资本兼具“创造性破坏”和“破坏性创造”的双面性，“增长与衰退、繁荣与危机的周期轮转，解放与奴役、自由与束缚的相互缠绕，反复证明了资本同时包含创造文明和消解文明的逻辑，总是既创新、推进而又破坏、消解文明”⑥。从资本一般和现时代资本形态嬗变的视角看，资本“增殖逻辑整体强化，扩张逻辑持续加强，负向逻辑驱逐正向逻辑，但扬弃逻辑也日益发展”⑦。

---

① 刘志洪：《超越整体的混沌表象——资本逻辑系统结构的当代理解》，《教学与研究》2019 年第 1 期。

② 刘志洪：《当代资本的逻辑嬗变》，《现代哲学》2019 年第 5 期。

③ 王巍著：《马克思视域下的资本逻辑批判》，人民出版社 2016 年版。

④ 刘志洪：《超越整体的混沌表象——资本逻辑系统结构的当代理解》，《教学与研究》2019 年第 1 期。

⑤ 鲁品越著：《鲜活的资本论：从深层本质到表层现象》，上海人民出版社 2015 年版。

⑥ 刘志洪：《超越整体的混沌表象——资本逻辑系统结构的当代理解》，《教学与研究》2019 年第 1 期。

⑦ 刘志洪：《当代资本的逻辑嬗变》，《现代哲学》2019 年第 5 期。

总之，就资本生成与资本样态而言，国内学者从商品——货币——资本的生成过程入手，以价值和价值增殖为基点，阐明了资本殊异于其他要素的本质属性。梳理了人力资本、社会资本、文化资本、金融资本、技术资本和自然资本等的多种样态，深化了对资本内涵的多学科认识，为资本逻辑批判奠定了理论基础。就资本属性与效应影响而言，学界阐明了资本时代的到来，阐扬了资本逻辑导控下社会运行方式的正面变革、文明效应和历史性进步功绩，透析了资本逻辑的负面价值、破坏影响和历史性退步局限，发掘了具体和抽象、实体和虚拟、异质和同质、创价与代价、进步与退步、文明与野蛮、增殖与贬值、联接与断裂、物化与自由等资本的背反属性，彰显了资本的"积极本质"，暴露了资本矛盾性的内在本质和固有限度。这些研究成果为资本逻辑的接续研究准备了丰富的材料资源，奠定了坚实的理论基础，提供了可能的发展空间。

（二）资本逻辑与现代性论域

"现代性作为现代世界之本质的根据，包含两个基本支柱，即资本和现代形而上学。"①现代性将"人的主体性力量"翻转颠倒为"资本的主体性力量"，其实质是"资本逻辑借助理性实现对人的抽象统治"②。现代资本主义与现代性某种程度上是同义语，资本逻辑内置于资本主义社会机体并与现代性比肩而行，资本逻辑是现代社会发展的深层主线和内在灵魂。③ 资本逻辑是现代性创生发展的逻辑，资本逻辑与现代性逻辑是二而一的联袂同构关系。④ 资本逻辑孕育形塑了现代性逻辑的结构内涵，推动着现代性的科学技术逻辑的普遍发展，主导着现代性的社会分化逻辑，操纵着现代性的政治逻辑并渗透主

---

① 吴晓明：《论马克思对现代性的双重批判》，《学术月刊》2006 年第 2 期。

② 杨乔乔：《〈资本论〉现代性维度阐释及其时代意义》，《马克思主义理论学科研究》（双月刊）2020 年第 1 期。

③ 刘诤：《资本逻辑与现代性困境》，《哲学基础理论研究》2016 年第 1 期。

④ 郝志昌：《从资本逻辑到生命政治：现代性的创生、转向及其未来朝向》，《湖南社会科学》2020 年第 3 期。

宰着现代性的文化逻辑。① “《资本论》正是通过对现代资本主义的内在运作机制的批判性考察,最终把现代性的理论内涵具体归结为资本现代性。应该说,资本现代性真实地触及到了现代性的实质症结。”②

1. 资本逻辑之于现代性困境

现代性与资本逻辑控制深度铰合,现代性的矛盾困境关涉和牵连经济危机、生态伦理、文化异化和人的发展危机等多个方面,关于资本逻辑与现代性的整全性危机,学界达成了比较一致的研究意见。田鹏颖等认为资本逻辑是现代性整体性问题危机的始作俑者,资本逻辑“带来了经济危机和生态灾难;……拜金主义和唯 GDP 混乱和癫狂;……智能机器对人的管控和支配;……单边主义、霸凌主义的风起云涌,风险不断。在现代性的历史上资本主义金融危机、经济危机、政治危机不断,究其根本原因是资本逻辑没有变。”③张云飞认为,资本逻辑引致下的经济危机、文化危机、政治危机和社会危机相互缠绕、难分难舍,“被整合为资本主义总体危机”④。

就资本逻辑与现代性经济危机而言,胡莹详细回顾总结了《资本论》第一卷出版以来马克思主义经济危机理论研究论争的百年钩沉,归纳列举了“比例失调论”“消费不足论”和“利润率下降论”等资本主义经济危机的不同原因阐释类型,指出了资本主义生产力与生产关系的矛盾动态演化是马克思主义经济危机理论发展的一条主线。⑤ 鲁品越在唯物史观的视域下深入论证了资

① 郗戈:《从资本逻辑看现代性逻辑的生成与发展》,《社会科学辑刊》2010 年第 1 期。

② 刘雄伟:《从启蒙现代性到资本现代性——马克思现代性批判之实质要义》,《东南学术》2017 年第 1 期。

③ 田鹏颖、陈孟:《马克思唯物史观视域下中国现代性的创造与超越》,《哲学分析》2020 年第 5 期。

④ 张云飞:《生态危机:资本主义总体危机的表现和表征》,《社会科学辑刊》2017 年第 1 期。

⑤ 胡莹:《马克思主义经济危机理论的发展轨迹与百年论争——纪念〈资本论〉第 1 卷出版 150 周年》,《国外理论动态》2017 年第 12 期。

本逻辑与金融风暴的关系，指出资本和私有制的内在否定性是经济危机爆发的根源，实体经济的资本扩张悖论和虚拟经济的泡沫风险累积是酿成金融风暴的根本原因，虚拟资本过度流动性的风险加之虚拟经济过度吸收和分割实体经济创造的剩余价值造成“脱实向虚”和“虚胀实衰”的病态经济结构是导致金融风暴的直接原因。① 姜英华从资本逻辑——信用扩张——经济危机的递推结构出发，指出在以资本逻辑为主导和核心的资本主义社会中，信用内植于商品交换和资本增殖的“价值扩张体系之中”，满足资本增殖扩张的吁求，并伴随实体经济和虚拟经济的脱钩背离而陷入无法避免的经济陷阱和经济危机之中。②

就资本逻辑与现代性生态危机而言，基于资本和资本主义生产方式第一次真正调动自然科学直接为生产过程服务，第一次使生产过程和生产发展为征服自然服务，第一次强调和凸显科学技术为生产和创造财富服务的宗旨使命。有学者从现代性的时空框架和资本的现实逻辑出发，认为资本扩张和资本膨胀作为现代性的内性因素是生态危机“内在之隐”，资本逻辑驱使科技理性的彰显，驱导生产关系的物化并推演现代文明的异化，从而推动了生态危机的形成。生态毁坏和生态危机作为现代性的外在表象是现代性的“外在之显”，技术理性的自负泛滥和人类主体的确立张扬内在关联强化，并在资本逻辑的统御下催生了资源退化、生态匮乏和环境污染等系列生态问题。③ 赵志强、杨建飞通过对资本本性以及马克思对资本主义生产和消费逻辑的生态批判，指出了资本逻辑与生态危机的不可调和性。④ 还有部分学者从资本逻辑与生态危机的生成和全球表征出发，认为只有在资本逻辑支配和资本主义私

① 鲁品越：《唯物史观 · 资本逻辑 · 金融风暴》，《马克思主义中国探索与当代价值：上海市社会科学界第七届学术年会文集（2009 年度）马克思主义研究学科卷》，第 35—41 页。

② 姜英华：《资本逻辑、信用扩张与经济危机》，《天府新论》2019 年第 4 期。

③ 施从美、沈承诚：《现代性、资本逻辑与生态危机》，《社会科学战线》2013 年第 9 期。

④ 赵志强、杨建飞：《生态视阈下的马克思资本逻辑批判与当代中国镜鉴》，《当代经济研究》2019 年第 4 期。

有制的影响下，资本主义工业化、城市化和市场化破坏了人与自然之间正常的物质变换关系，才出现生态危机。资本尤其是金融资本的全球扩张，帝国主义的资源掠夺、能源争夺和公害输出酿成了全球性的生态危机，生态危机是资本主义的本质特征。①

就资本逻辑与现代性文化危机而言，有学者从资本自身扩张的逻辑矛盾出发，阐述了现代性文化正反双向的悖论特征：即从积极方面来看，资本扩张打破了传统社会的循环模式，建构了现代社会制度的框架结构；增加了社会生产的财富积累，提供了文化生产提升的物质支持；优化了技术成本的整合循环，扩大了文化消费受众的范围空间。从消极方面来看，资本扩张消解了文化的多重属性和价值诉求，造成了文化的商品化和趋利化；枯竭了文化的丰富内涵和自由品质，引致了文化的水平化和形式化；扭曲了文化的主体向度和发展取向，酿成了文化的单一化和堕落化。② 还有学者从资本逻辑与现代性文化的关系出发，阐明了现代性文化的资本逻辑，即资本扩张以现代性文化为协助辅佐，现代性文化为资本扩张提供思想观念基础；现代性文化以资本逻辑为灵魂核心，资本逻辑为现代性文化设置任务中轴。资本逻辑辖制下的现代性文化显现出的单向化、谄媚化和同质化、一体化使其遭遇时代精神困境：在文化层面，造成殖民文化与民族文化的抵牾冲突；在社会层面，造成文化价值发展与经济社会进步的断裂。③

就资本逻辑与现代性发展危机而言，郗戈认为资本逻辑与人的全面异化之间具有本质性的关联，从现代性的历史起源看，资本与异化都遵循同一种颠倒的主体性逻辑，具有相同的历史起源和实体结构，二者在主体性逻辑中分化、颠倒、错位和对抗，并在事实和价值两个层面降格为为资本效力的手段工

① 张云飞：《生态危机：资本主义总体危机的表现和表征》，《社会科学辑刊》2017 年第 1 期。

② 张鑫：《资本与文化的现代性悖论》，《青海社会科学》2015 年第 1 期。

③ 张三元：《论资本逻辑与现代性文化》，《江汉论坛》2019 年第 3 期。

具。从现代性的内部结构看,资本统治下资本与劳动的分离对抗关系构成了现代异化的深刻根基,形成了以"自我异化"为核心的总体性和结构性异化。资本逻辑所支配的全面异化,加剧了社会与个人之间的对抗性矛盾,这就必然表现为社会整体发展与个人发展的脱节与分裂。① 鲁品越指出资本逻辑在最大化开发和利用"人的自然力"和"社会劳动的自然力"这两种自然力的同时,导致了资本扩张在人的发展方面的两个层次上的悖论:在"总体工人"层次上,资本扩张在生成巨大的"社会劳动的自然力"并将其转化为社会生产力的同时又将"总体工人结构"蜕化为僵化的"蚂蚁社会结构";在劳动者个体层次上,资本在发掘人的社会生产潜能的同时又使人沦为贫困的"工蚁"和动物式的"单面人",最终使资本自身失去扩张条件而陷入危机。② 张三元揭示了资本逻辑反人性的方面,他认为资本逻辑生产了人的"丰富性""立体性"和"全面性",同时也造成人的"片面化""碎片化"和"畸形化","资本的主体性"篡改褫夺了"人的主体性",并造成人的发展危机——"'为了某种纯粹外在的目的而牺牲自己的目的本身'",其重要表现形式则是"'完全的空虚化'和'全面的异化'。"③

2. 资本逻辑之于现代性出路

学界基于对现代性的把脉和诊断,对现代性的批判性省察和全面性检视,提出了可资借鉴的现代性问题的解决思路和化解方案。

首先,整体性出路和解决方案。

(1)终极性整体解决方案。白刚指出,对现代性的诊疗和拯救,回到"前现代性"的浪漫主义之路行不通,追求"后现代性"的虚无主义之路也行不通,

① 郗戈:《资本逻辑、全面异化与人的发展悖论》,《武汉科技大学学报》(社会科学版)2011年第4期。

② 鲁品越:《资本逻辑与人的发展悖论》,《学习与探索》2013年第2期。

③ 张三元:《资本逻辑与人的发展危机》,《武汉科技大学学报》(社会科学版)2017年第2期。

马克思的资本逻辑批判从根基处开辟了一条“超现代性”的真正的辩证解放之路。[①] 丰子义指出,对现代性危机的指认不能止步于单一的文化层面,而要探底现代性危机背后的资本逻辑构因,进行整体性和根本性的批判。对现代性危机的摆脱不能停留于内在自省层面,而要深入到现代性危机内在的资本逻辑机理,进行现实的社会批判和有效的改造实践。对现代性危机的超越不能囚困于外在显性层面,而要发掘资本自身矛盾固有的超越性和可能性,实现共产主义,从而将现代性盲目发挥的奴役力量转变为自觉控制并为人类服务的解放力量。[②]

(2)阶段性整体解决方案。王晓升指出马克思从制度和精神两个层面提出消灭私有制,建立共产主义,建立人与人之间的真正共同体和普遍意识(内在社会性)。在此总目标的规约下,在现有的尚未消灭私有制的条件下,既要发挥“私有制”和“合理化的管理方法”推动经济发展和维持秩序的积极而必要的作用,还要对其消极而负面的影响加以规约和限制,进而从“民主制度建设”和“人的精神解放”两个方面入手,解决现代社会整合问题。[③]

(3)中国化整体解决方案。丰子义指出,现时代谈论现代性建构需要注意一些原则性的问题,即要以中国的发展实践为基点,对新型现代性保有清醒的认识,对现代性的共性和个性之间的关系尺度有正确的理解和合理的把握,正确对待现代性发展中的矛盾和冲突。[④] 在上述原则的指导下,保持功利和超功利的有机结合和合理张力,“利用资本本身来消灭资本”,是解决现代性内在分裂的有效途径。何小勇指出,资本逻辑根源于资本主义生产方式的基本矛盾,对现代社会发展具有双重作用,具有自我否定和内在超越的发

① 参见白刚著:《回到〈资本论〉:21 世纪的“政治经济学批判”》,人民出版社 2018 年版。

② 丰子义:《马克思现代性思想的当代解读》,《中国社会科学》2005 年第 4 期。

③ 王晓升:《马克思对现代性问题的解答及其启示》,《武汉科技大学学报》(社会科学版)2018 年第 6 期。

④ 丰子义:《现代性:危机中的重建》,《当代中国价值观研究》2016 年第 2 期。

展趋势。在社会主义市场经济条件下利用和驾驭资本逻辑并不是向资本主导的经典现代性靠拢,而是在世界现代化的历史进程中构建新的中国的现代性。①

其次,分类性出路和解决方案。

(1)资本逻辑之于现代性经济危机出路。一种观点认为,资本逻辑和资本主义制度导致的经济危机是对各方利益平衡的全面且难以修复的破坏和系统性危机。因此,要理解系统性的经济危机,也必须从资本主义制度和制度的动态变化出发,追踪资本和资本逻辑。事实上,由于无法化解自身的经济痼疾,资本主义制度必然会被更高级的社会形态所取代。② 还有一种观点认为,批判和超越资本逻辑,一方面要发挥生产资料公有制的胶合作用,将劳动主体和劳动条件再相结合,改变贫富两极分化产生的前置条件;另一方面要秉持以人民为中心的价值立场和共同富裕的价值追求,变“资本致富”为“人民致富”,为实现共建共享和公平正义创造条件。③

(2)资本逻辑之于现代性生态危机出路。部分学者主张通过理论创新、体制再造和机制重建为资本逻辑注入新的生态元素,实现生态理性和生态资本化。生态资本化用资本逻辑化解资本逻辑带来的问题,有针对性地重构和重塑各主体的理念和行为,促成资本逻辑内生性的生态转向,变资本生成生态危机为资本消解生态危机,最终促成现代性框架下资本逻辑引致的生态危机的化解。④ 也有学者认为,资本主义制度下,由于资本的逐利性,资本应对生态危机的方式不仅不能消除生态危机,反而使生态危机通过资本的全球化扩张四处蔓延,将环境污染和生态危机转移化和扩散化,因而

---

① 何小勇:《马克思对资本逻辑的批判与中国新现代性的构建》,《社会科学辑刊》2016 年第 3 期。

② 卢江:《马克思经济危机理论释义及其当代价值》,《经济学家》2019 年第 8 期。

③ 姜英华、叶泽樱:《资本逻辑批判与〈资本论〉的存在论革命》,《当代经济研究》2018 年第 11 期。

④ 施从美、沈承诚:《现代性、资本逻辑与生态危机》,《社会科学战线》2013 年第 9 期。

无法实现循环经济活动。只有代表全体利益的社会主义力量才能在全社会自觉地创造条件，构建生态—资本逻辑协调一致的循环型、可持续的经济发展模式。①

（3）资本逻辑之于现代性文化危机出路。张艳玲指出，走出文化发展的现代悖论和超越文化的资本逻辑，要将“资本的世俗动力”与“文化的价值引领”融合起来，“一方面，要借助资本的世俗动力作用，进一步以经济利益刺激现代文化的发展；另一方面，要坚持文化的价值引领本义，进一步使现代文化发展的目的回归人自身”②。张三元认为，在全球化的进程中，要充分利用和壮大资本的力量，改变现代性文化中的部分基因，同时将中华民族的传统文化纳入到现代性文化之中并使其成为现代性文化有机的重要组成部分，引领现代性的文化发展方向，同时，造就“富有的人”，瓦解资本逻辑和资本的主体性，为最终终结现代性文化创造条件。③

（4）资本逻辑之于现代性发展危机出路。一些学者指出，要以揭示和披露资本逻辑下“现实的历史”和“现实的人”的生存境遇为内容，“从现存的基础和前提出发，依靠现实的社会历史运动变更自然基础和社会条件，将颠倒的关系重新颠倒过来，消除倒置和异化，实现人的本质的复归。”④还有部分学者指出，“对资本逻辑之钳制的突破，需要以认识这个逻辑本身，并将之从人的头顶摘下，踩踏到人的脚底之下；还需要并且应当对其社会衍生的各个方面开火，使得人从手段之中解放出来，归于目的，归于人的本性与个性，归于人的自由发展与发展的自由”⑤。

---

① 鲁品越：《〈资本论〉的生态哲学思想研究》，《学习与探索》2015 年第 1 期。

② 张艳玲：《超越文化的资本逻辑：文化发展的现代悖论及其出路》，《社会主义研究》2017 年第 6 期。

③ 张三元：《论资本逻辑与现代性文化》，《江汉论坛》2019 年第 3 期。

④ 姜英华、叶泽樱：《资本逻辑批判与〈资本论〉的存在论革命》，《当代经济研究》2018 年第 11 期。

⑤ 张明之：《马克思的资本逻辑批判与人的自由出路》，《学海》2014 年第 1 期。

（三）资本逻辑批判

1. 资本逻辑批判的路向层次

（1）“四维向度说”。白刚、吕鹏在总结对比资本逻辑批判的“四种向度”——青年黑格尔浪漫主义词句斗争式的超越、西方马克思主义审美救赎的理论批判式的超越和后现代主义虚无主义的颠覆一切的超越模式的基础上，指出马克思社会历史批判的实践超越真正开辟了一条否定瓦解资本逻辑的可能性解放之路。① 杨志臣综合分析了资本逻辑批判的“四种向度”——青年黑格尔派的浪漫批判路向、马克思的实践批判路向、西方马克思主义的审美批判路向和后现代主义的虚无批判路向，在此基础上，指出了实践批判路向、内在批判路向和历史批判路向的“三维一体”的资本逻辑批判路向。②

（2）“三维批判说”。王荣指出，马克思基于“历史的现实”和“现实的历史”的双重考量，对资本逻辑的物役化统治、不平等现状和未来化趋势进行了“三个维度”的存在批判、本质批判和历史批判。③ 温权指出，马克思从政治经济学视角和哲学批判语境对《资本论》和资本逻辑进行了存在论向度、逻辑学向度和认识论向度“三维向度”的批判分析。④

（3）“生产逻辑说”。有学者从历史唯物主义生产逻辑的“六重复合含义”出发，确立了生产逻辑对资本逻辑所有制批判、伦理性批判、历史性批判和社会危机批判的“四个向度”批判。⑤ 还有学者以马克思的物质生产逻辑为

---

① 白刚、吕鹏：《“超越”资本逻辑的四条道路——兼论马克思历史唯物主义的当代价值》，《南京社会科学》2013 年第 12 期。

② 杨志臣：《批判资本逻辑的四种路向——兼论马克思历史唯物主义的现实意义》，《教学与研究》2016 年第 9 期。

③ 王荣：《马克思对资本逻辑的三重批判——基于〈资本论〉的阐释》，《求实》2016 年第 5 期。

④ 温权：《资本逻辑的三重向度与人类解放的现实依据——政治经济学语境下的哲学批判》，《南京政治学院学报》2016 年第 2 期。

⑤ 张军、刘李：《历史唯物主义生产逻辑对资本逻辑批判的四个向度》，《思想政治教育研究》2018 年第 6 期。

基础,从物质生产逻辑、需要生产逻辑、生命生产逻辑、社会关系生产逻辑、意识生产逻辑“五重复合维度”对资本逻辑进行了系统性批判。①

(4)“内外层次说”。有学者指出马克思从“两个前提”和“两个层面”对资本逻辑进行了本质性和全面性的批判,“两个前提”即“资本主义生产关系”和“私有制”,“两个层面”即“资本市场内部”和“资本市场外部”,“两个层面”是一体两面、相互交织的。② 有学者也指出马克思对资本逻辑的批判经历了从外在批判到内在批判再到总体批判的方法论转向和飞跃。③

2. 资本逻辑批判的主题分域

(1)资本逻辑与时间规划

有学者从资本逻辑与时间的勾连出发,认为资本逻辑形塑了资本主义社会的时空关系,时空坐标转换实现了资本逻辑的批判,剖析资本背后的社会关系,揭示资本逻辑的剥削本质,破除资本逻辑的永恒符咒,以自由时间扬弃必要劳动时间规定了资本主义社会替代的历史发展逻辑。④ 有学者从资本逻辑、时间和人类社会发展的互动关系和资本逻辑与物化时间的同构性出发,指出商品的普遍化和社会关系的资本化使物化时间成为社会存在的基础,劳动二重性和剩余价值的生产使资本逻辑的时间规划和现代社会建构成为现实,只有在资本逻辑达到自身临界极限和无产阶级形成主体意识的条件下,才能实现真实的自由。⑤ 有学者从资本逻辑、自由、时间的内在关系和资本逻辑的

---

① 张宇:《马克思生产逻辑的五重维度及其对资本逻辑的批判意义》,《马克思主义研究》2016年第3期。

② 胡敏中、白梅花:《马克思的资本逻辑批判及其启示》,《马克思主义与现实》2016年第1期。

③ 赵丽丽:《马克思资本批判理论两次转向中的方法论自觉》,《学术交流》2018年第11期。

④ 张雄、速继明:《时间维度与资本逻辑的勾连》,《学术月刊》2006年第10期。

⑤ 仰海峰:《资本逻辑与时间规划——基于〈资本论〉第一卷的研究》,《哲学研究》2013年第2期。

“善恶二重性”效应出发，认为资本伦理一方面培育主体追求平等、公正、创新和自由的价值偏好，另一方面资本牟利操控和窃取主体的自由时间。只有把握被资本逻辑约束的时代脉搏，对资本“自由游弋”和“时间限度”加以伦理规约，才能实现人的解放和自由全面发展。①

（2）资本逻辑与空间布展

有学者从资本逻辑与全球化的内在联系出发，认为资本逻辑构成了全球化演进的动力学，资本逻辑引致的虚实悖论、贫富悖论、就业悖论和安全悖论使经济全球化陷入“逆全球化”的僵局和困境。扭转全球治理困局，需要导控资本方向和超越资本逻辑，构建新型的全球治理路径和方案。② 有学者还从资本逻辑与“人类命运共同体”的辩证关联出发，指出资本逻辑在现代社会的生成和资本逻辑的全球化是“人类命运共同体”现实生成的历史前提，资本逻辑的内在局限及负面溢出为“人类命运共同体”的出场提供了时代依据，扬弃资本逻辑是构建“人类命运共同体”的现实路径。③

（3）资本逻辑与机器体系

一种观点认为，资本逻辑对生产的统摄，推动科学、技术、机器的工具职能与社会存在的建构职能的统一，科学、技术、机器等成为资本逻辑结构化和资本权力建构的重要环节，也是将人吸纳到结构性进程的重要力量。④ 还有一种观点指出，资本逻辑作为形塑资本主义社会的根本力量，资本逻辑控制下的机器和异化劳动是其自我实现的工具和手段，一方面机器极大地促进了社会生产力的发展，增进了社会财富；另一方面极大地扩张膨胀了资本权力，尖锐

---

① 余达淮、聂楠：《马克思主义资本伦理视域中的自由与时间》，《江苏社会科学》2019 年第 4 期。

② 姜英华：《资本逻辑下“逆全球化”的根源与出路》，《理论导刊》2020 年第 1 期。

③ 毛勒堂：《“人类命运共同体”何以可能——基于资本逻辑语境的阐释》，《马克思主义与现实》2018 年第 1 期。

④ 仰海峰：《机器与资本逻辑的结构化——基于〈资本论〉的哲学探讨》，《学习与探索》2016 年第 8 期。

了资本劳动之间的矛盾对立。现时代,科学、技术及机器体系使资本逻辑呈现出“去主体化”的结构化症候。①

(4)资本逻辑与资本权力

有学者认为,资本的本质是以物为中介的社会关系,资本的权力逻辑在资本的双重逻辑中占据根本性地位。资本逻辑在自我运行中借由将“财富逻辑”幻化为“自身属性”,从微观和宏观两个方面深化拓展了资本权力力量,也因此,资本权力晋升为资产阶级统治一切的异化社会权力。② 有学者指出,“全面超越资本权力化,需要通过完善权力运行的制度建设和规范引导资本运营的双重方略,对有效市场和有为政府进行双重建构,进而实现政府治理体系现代化的目标。”③

有学者以中国实践场域为主体,指出驾驭和超越资本逻辑的“中国方案”,刘志洪指出,要充分利用资本的力量提升社会的生产活力和活动效率,排除和消解低于时代水准的前资本力量,促进经济权力的独立发展和扭转政治权力占绝对优势的状况,优化社会权力架构,为理想社会奠定力量根基。同时利用人民和国家权力防控和归正资本权力,在规避和限制资本权力对社会各个领域进行冲击和侵蚀的前提下,确保其在朝向和符合中华民族根本利益的限度内运行。此外,还必须树立和保持超越资本逻辑和资本权力的自觉意识,促进和确保其朝向有利于社会主义和共产主义的方向发展,最终在发展中促进资本权力的自我扬弃。④

3. 资本逻辑批判的启示价值

金兴伟、张艳涛从“扬资本之善”和“抑资本之恶”的正反两方面出发,指

---

① 孙要良:《机器体系与资本逻辑批判——基于〈资本论〉及其手稿的考察》,《马克思主义与现实》2019 年第 3 期。

② 董彪:《马克思资本权力思想论纲》,《马克思主义哲学论丛》2020 年第 1 期。

③ 闫瑞峰、胡超:《论超越资本权力化的双重方略》,《江汉学术》2019 年第 6 期。

④ 刘志洪:《驾驭与超越:当代中国应对资本权力的核心理念——基于马克思的资本权力思想》,《理论与改革》2018 年第 1 期。

出既要承认、利用和发展资本,又要驾驭、规范和超越资本,尽力发挥资本服务于中国特色社会主义的正向功能,批判资本逻辑主导西方——资本主义现代性的实践和理论,在实践层面开辟“中国道路”,在理论层面构建“中国理论”,实现实践和理论的“双重创新”。[①] 何建华主张以马克思的资本批判理论为指导,正确认识资本的两重性,重视资本效益,防范资本风险,有效利用资本和控制资本。培育资本的伦理精神,构建协调的劳资关系,健全资本的规制制度,形成资本、政府和社会良性互动的机制。[②] 王治东、谭勇从资本逻辑的悖论性质出发,提出要在理论层面认识资本逻辑存在的必要性和长期性,要在实践层面认识商品经济不可替代的长期性和在价值层面上构建中国特色社会主义政治经济学,从而使资本成为驾驭商品经济和推动经济社会发展的助推器。[③]

总之,资本逻辑是现代性产生的动力,也是催生现代性问题的根源,现代性本质上是资本的现代性,现代性危机本质上是资本逻辑的危机。资本价值优先性的绝对偏好、资本统制的全面浸润性以及形而上学的抽象性形构了资本运作的现代性论域和整全性危机,即资本逻辑与经济危机、资本逻辑与文化危机、资本逻辑与生态危机以及资本逻辑与社会危机,学者们在资本逻辑批判的现代性全景显现中发掘和建构驾驭和超越资本逻辑的可能支点和未来图景。

(四)结语

1. 研究取得的成绩

就研究取得的成绩而言,资本逻辑批判构成了历史唯物主义创立的原初语境,是马克思历史哲学变革的枢纽,明晰和赋予了马克思历史哲学以立脚点

① 金兴伟、张艳涛:《论马克思资本逻辑批判的当代意蕴》,《北京行政学院学报》2017 年第 2 期。

② 何建华:《马克思对资本逻辑的批判及其当代价值》,《浙江社会科学》2018 年第 11 期。

③ 王治东、谭勇:《资本逻辑批判及其当代意蕴》,《马克思主义与现实》2018 年第 4 期。

和新的思维方式，形塑和铸就了马克思主义历史哲学的理论视界和理论范式。① 学界对其进行研究，一方面深化了对历史唯物主义的生成逻辑和马克思主义的整体性理解，带动了对马克思主义哲学当代性的理解，推动了马克思主义哲学研究方式的更新。② 另一方面证实了马克思历史哲学的当代性在场和价值，提供了审视当代社会发展趋势的科学化方式和理论视野，有效回应了时代发展所提出的各种实践挑战和理论疑难，调整和重建了思维视角和哲学方式，深入拓展和重铸了问题意识内容和理论生长点。③ 此外，为正确认识中国特色社会主义市场经济和指导中国经济社会发展实践提供了理论借鉴和指导，促进了马克思主义政治经济学的发展和中国特色社会主义政治经济学体系的构建。

2. 研究可能的空间

就研究可能的空间而言，在取得历史性成绩的同时，资本逻辑批判的不足和限度也逐渐显现并成为学界反思的重要内容。如有学者指出，学界“对资本逻辑本身的解剖，特别是基础理论的研究却不够充分，至今仍然存在较多笼统和模糊的认识，严重制约了对资本逻辑的理论澄明与实践超越，也深层阻碍了以资本逻辑为钥匙和武器对现代性的反思与批判。”④还有学者指出，学界对资本逻辑批判存在“过度泛化”和“过分强化”的倾向：一方面，这种“过度泛化”表现为有学者将资本逻辑当作理解马克思主义理论和解释经济社会发展现实的“莫里逊氏丸”，把资本逻辑当作一般化和普遍适用的解释原则无形中

① 胡刘：《“资本批判”与马克思历史哲学的变革》，《天津社会科学》2018 年第 2 期。

② 张守奎、田启波：《资本逻辑批判及其限度——对学界以资本逻辑批判深化历史唯物主义研究范式的反思》，《学术研究》2020 年第 9 期。

③ 参见胡刘：《论马克思历史哲学的当代性——基于“资本批判”的原初语境》，《吉林大学社会科学学报》2019 年第 2 期。

④ 刘志洪：《超越整体的混沌表象——资本逻辑系统结构的当代理解》，《教学与研究》2019 年第 1 期。

形成了资本逻辑的强势话语，因而忽视了马克思主义理论发展的逻辑架构和谱系结构，忽视了现实经济社会问题的流动性、具体性和复杂性，因而一般化、普遍化有余而具体性、适用性不足；另一方面，这种"过分强化"表现为资本逻辑批判的"一边倒"倾向，这与马克思对资本历史作用的辩证理解和马克思历史唯物主义的根本旨趣不符，与当前充分利用资本力量建设中国特色社会主义市场经济的事实抵牾。① 此外，学界关于资本逻辑的批判偏重从文本到文本、从理论到理论的分析范式，弱化了理论与实践的融会，对如何发扬资本逻辑的积极方面以及抑制资本逻辑的消极方面缺乏具体的运用策略和实施路径安排，矮化和空化了马克思主义理论对现实的解释力和对实践的调节张力。

要克服资本逻辑批判研究的不足，正确有效开展资本逻辑批判，确立未来资本逻辑批判的基本原则和可能的进路空间。一方面，要明确资本逻辑批判的当代视域，对资本逻辑的动态化和实质性批判需要与语境、场域和时代诊断相结合，形成资本逻辑批判的真实现实测度，包括恢复资本逻辑批判的"本真面目"，回归资本逻辑批判的"本真语境"，坚持资本逻辑批判的"问题原则"，强化资本逻辑批判的"方向坐标"，拓延资本逻辑批判的"理论视界"和重铸资本逻辑批判的"当代构境"。另一方面，开展批判资本逻辑的现实运动，"批判的武器"最终要落脚为"武器的批判"，资本逻辑批判最终指向超越资本的新的社会建构。资本逻辑批判不能停留在理论观念层面，而要转化为现实的社会历史的革命运动，因此，要在资本逻辑与人的辩证生存本性中，找到人的存在论基础；消解资本逻辑产生的制度前提，找到消解资本逻辑的突破口；积聚翻转资本逻辑的历史力量，开展超越资本逻辑的实践运动。具体而言，明晰资本逻辑的本质内涵，厘清资本逻辑的框架架构，挖掘资本逻辑的辩证本性，具象资本逻辑的影响覆盖，强化资本逻辑的中外互鉴，落脚中国实践的空间场域，丰富资本逻辑批判的话语体系，以马克思主义政治经济学为指导，以中国

① 张守奎、田启波：《资本逻辑批判及其限度——对学界以资本逻辑批判深化历史唯物主义研究范式的反思》，《学术研究》2020年第9期。

社会主义市场经济发展为目标，以治理经济社会发展问题为牵引，以增进最广大人民的福祉利益为旨归，加强实践与理论的融合呼应，让理论—实践的互动提升成为激发资本逻辑批判研究的新的动力源和增长点。

第一部分

资本逻辑批判的逻辑前提

第一章　资本与资本逻辑的内涵意蕴

资本主义社会本质上是“以资本为本”的社会，资本是资本主义社会的地基和砖石，整个资本主义的经济社会从最根本的意义上说是围绕资本、资本运动和资本逻辑展开而堆垒构筑起来的庞大架构，资本主义社会的困境与危机归根结底是由资本自身诱发的资本的困境与危机，是资本运动和资本逻辑程式展开擘画中资本自身固有的狭窄性与资本生产力发展的全面性之间的本质性掣肘和内在性对抗，是资本辩证法演绎所形成的资本和资本逻辑的矛盾危机。透析资本主义经济社会的本质面貌和把脉资本主义经济社会的运行实质，需要明晰资本范畴和资本逻辑的本质意蕴，需要缕析资本自我创生、自我推动、自我限制和自我超越的辩证本质，在对资本和资本逻辑的历史性考察和辩证性省思中开拓超越资本辩证法的否定之否定路径。

一、资本与资本的多维面相

资本是资本主义社会的支点和“陀螺”，整个资本主义社会建立在资本的基础之上并围绕资本的内在矛盾展开自我运动，由资本内在的辩证性和否定性推动资本的生产力达至“最高级”的发展趋势，以及在此过程中所呈现出来的内在联系、运行规则和客观规律。作为立体化和多维性的有机体，资本的存在具有要素实体、过程运动、生产关系、价值增殖、社会权力五种基本样态，五种基本样态的存在态既构成资本一体化的整体，同时也体现了资本整体的不同存在面，是反映资本全貌的不可或缺的环节和要素。

（一）作为要素实体

资本是其内在关系本质与外化显形形式的矛盾统一体，资产阶级的经济思想家人为地取消了资本生成的现实的历史，仅仅将资本理解为现成的物，而缺乏从关系角度对资本进行历史性和本质性的深刻探查，没有剥离“资本的物质方面”和“资本的社会形式”而将两者混为一谈。马克思指出，仅仅从土地、劳动、生产工具等物质方面和具体的物质形态出发理解资本，“完全抛开使生产工具变为资本的经济形式”①，使资产阶级经济思想家们陷入了画地为牢的困境。马克思批判了上述思想，道出了资本的“社会性质”和“关系本质”。有学者以此为据，仅仅强调资本的关系属性，因而将资本的要素躯体和物化显像淹没在大篇幅的关系本质举证中，使学界在对资本的确证中只见“关系”不见“物”，资本成了神龙见首不见尾的完全的抽象物和虚无。事实上，脱离本质的物象身体和不谈物象身体的本质都无法理解真实的资本，因此，马克思并不是要否定和去除资本的具体的具象化形式，他真实的意图是强调资本“不仅仅”是“单纯的物”，他提醒人们不能只是从“单纯的物”的形式和物的角度对待资本，因为资本只有存在于特定的关系之中才成为资本。“脱离了这种关系，它也就不是资本了。”②但是在另一端马克思同时也指出，属于“一定的”“社会的”“历史的”资本的生产关系也要“体现在一个物上”③，因此，超越资本范畴“抽象的浑沌”④，把握资本变动不居的多样性的分殊形

① 《马克思恩格斯全集》第30卷，人民出版社1995年版，第594页。
② 《马克思恩格斯选集》第1卷，人民出版社1995年版，第344页。
③ 《马克思恩格斯全集》第46卷，人民出版社2003年版，第922页。
④ 《马克思恩格斯全集》第30卷，人民出版社1995年版，第225页。

式，对理解马克思资本逻辑批判理论同样至关重要。

一方面，“劳动是活的、造形的火；是物的易逝性，物的暂时性，这种易逝性和暂时性[Ⅲ—41]表现为这些物通过活的时间而被赋予形式”①。以雇佣劳动为诞生条件和生存始基的资本，是“特殊性的总体”②，其物化狡计必然外化和生发出诸如土地、生产资料、机器、劳动力、消费商品、货币等“不可计数的多样性”的实体性内容和显像形式，资本通过这些分殊形式和个别性体现和实现自身，因此它“并不是不在乎这种特殊性本身，而是不在乎个别的或个别化的特殊性”③。另一方面，在资本的动态流通中，资本又不断变换自身“转瞬即逝的形式”④，从而以“实体的不断的形式变换”⑤和形式的交替的活化敞显将自身打磨成符合资本欲求和适合资本增殖的形式。易言之，“资本，按其物质条件，按其物质存在来看，表现为这个过程的各种条件的总和，并和这个过程相应，分为一定的、质上不同的各个部分”⑥。最后，在不胜枚举的商品轮替交换中，一方面，资本并没有丢失或舍弃它的实体形式，而是在实体的不断变化和稍纵即逝的形式中得以实现，这些不断变化和稍纵即逝的实体形式构成了资本实现自身的“实体总体”；另一方面，恰恰在“不同的实体”和千变万化的形式转换中，资本保持了自身的“形式规定”和“同一性”。因此，关于资本的实体内容和要素形式，“我们有下述定义：(1)如果考察的是资本所表现的最初的形式，资本就是货币，就是商品；(2)如果把资本同活劳动相对立来加以考察，同时把价值看作是资本的实体，[资本就是]同直接的即现在的劳动相对立的积累的(过去的)劳动；(3)如果考察劳动过程即物质生产过程，[资本就是]劳动资料、劳动材料，总之，是用来制造新产品的产品；如果与劳

---

① 《马克思恩格斯全集》第30卷，人民出版社1995年版，第329页。
② 《马克思恩格斯全集》第30卷，人民出版社1995年版，第218页。
③ 《马克思恩格斯全集》第30卷，人民出版社1995年版，第218页。
④ 《马克思恩格斯全集》第30卷，人民出版社1995年版，第215页。
⑤ 《马克思恩格斯全集》第30卷，人民出版社1995年版，第218页。
⑥ 《马克思恩格斯全集》第31卷，人民出版社1998年版，第89页。

动能力相交换的资本组成部分按它的使用价值来加以考察,[资本就是]生活资料"①。所以,资本本质和它的不定表现形式之间的统一是理解资本真相的基础,只有正确定位资本的关系构成本质才能发现非关联中的关联,只有穿透资本纷繁复杂的分化波段和物化玄机,才能洞察资本"万物归宗"的真正本质。

(二)作为过程运动

资本之为资本是"多种规定"的综合统一,因此资本除了实体性规定外,还包括过程规定。首先,资本的形成是一个社会历史过程,它"既不是自然史上的关系,也不是一切历史时期所共有的社会关系。它本身显然是已往历史发展的结果,是许多次经济变革的产物,是一系列陈旧的社会生产形态灭亡的产物"②。资本生成的社会历史性一方面表现为自由劳动的游离以及自由劳动的主观条件与客观条件、劳动资料和劳动材料的暴力分离;另一方面,自由劳动不再基于劳动者自身的需要和享受而生产使用价值,而是基于货币的生产和增殖诉求而生产交换价值。这一过程作为"资本的前史"是"资本的现代史"的质料和条件,既撕裂破坏劳动与"劳动的物质前提"的"天然统一",又在生产资料私有制和劳动力商品化的基础上形成劳动与"劳动的物质前提"的"重新结合",变革劳动的生产使命和行为目的,创生资本和资本的持存条件。

其次,资本的增殖过程同时就是资本消费劳动力的过程。资本的出现,将整个"社会生产过程"带入到了一个新的时代。在这一新的时代,诞生了一种崭新的商品形式——劳动力商品,劳动力商品既具有一般商品所具有的价值和使用价值,也具有一般商品所不具有的特征——劳动力商品的"使用价值本身具有成为价值源泉的独特属性,因此,它的实际消费本身就是劳动的对象化,从而是价值的创造"③。更进一步讲,一般商品的使用价值消逝在消费者

① 《马克思恩格斯全集》第32卷,人民出版社1998年版,第173—174页。
② 《马克思恩格斯全集》第44卷,人民出版社2001年版,第197页。
③ 《马克思恩格斯全集》第44卷,人民出版社2001年版,第195页。

的消费过程中，而资本对劳动力的消费过程实质就是劳动力在对象化的劳动中创造大于自身价值的价值创造过程。因此，劳动力商品的形成过程和劳动力的消费过程是资本产生的机密，也是资本增殖的源泉和不竭动力。

最后，资本的运动是一个无止境增殖的过程。在资本定义和诠释的"资本的时代"，资本的生产是"一般生产过程"和"价值增殖过程"的统一，其中价值增殖是资本时代"是其所是"的内在规定性。一方面，与一般生产劳动过程相比，赚钱或剩余价值生产构成资本时代的至上目的，在最大化增殖的目标规约下，"资本本身成为过程"①，成为"创造更多剩余价值的不停的运动"②。剩余价值没有限度，因而资本本身的运动也没有"休止符"。另一方面，与简单商品交换过程相比，"流通和来自流通的交换价值是资本的前提"③。资本"在流通中保存自己并通过劳动使自己倍增"④。在流通中，"作为资本的货币的流通本身就是目的，因为只是在这个不断更新的运动中才有价值的增殖。因此，资本的运动是没有限度的"⑤。综上，"资本是……生产和流通的直接统一。"⑥"这种统一本身便是运动，便是过程"⑦，便是价值增殖，便是资本目的，便是资本本身。

（三）作为生产关系

马克思指出，"资本显然是关系，而且只能是生产关系。"⑧关系或"资本化的关系"⑨是资本之为资本最核心、最关键的本质规定性。因而，对于资本

---

① 《马克思恩格斯全集》第30卷，人民出版社1995年版，第256页。
② 《马克思恩格斯全集》第30卷，人民出版社1995年版，第297页。
③ 《马克思恩格斯全集》第30卷，人民出版社1995年版，第215页。
④ 《马克思恩格斯全集》第30卷，人民出版社1995年版，第220页。
⑤ 《马克思恩格斯全集》第44卷，人民出版社2001年版，第178页。
⑥ 《马克思恩格斯全集》第30卷，人民出版社1995年版，第294—295页。
⑦ 《马克思恩格斯全集》第31卷，人民出版社1998年版，第6页。
⑧ 《马克思恩格斯全集》第30卷，人民出版社1995年版，第510页。
⑨ 《马克思恩格斯全集》第30卷，人民出版社1995年版，第206页。

的理解和辨认，也要将其放在现实的有机联系或关系网络的框架下进行考察。

就资本关系的形成而言，“劳动产品和劳动本身的分离，客观劳动条件和主观劳动力的分离，是资本主义生产过程事实上的基础或起点”①。资本在生产中，蜕去完全的、纯粹的物质外壳，形成资本关系的吸附力和引力场，劳动力的雇佣、科学技术的研发、机器体系的应用以及其他一切生产要素的“实际应用价值”都要经受资本关系的考验从而决定能否纳入资本主义的生产体系和社会交往关系的框架之中，因为就其实质而言，资本不是单纯的孤立的物质要素，“而是一种以物为中介的人和人之间的社会关系”②。

就资本关系的简单再生产而言，即便撇开“一切积累”不谈，单就生产过程作为或长或短的时间连续而言，也必然会产生资本积累和剩余价值资本化的结果。也就是说，即便在简单再生产中也不断连续累积资本或资本化的剩余价值，因此，简单再生产既是商品要素的再生产，也是资本关系的再生产。在简单再生产的结果中，除了商品和剩余价值，“还生产和再生产资本关系本身”③。通过简单再生产的往复循环，起初还仅仅表现为“起点的东西”，现在则作为“生产的结果”而不断地被重新强化和再生产出来，由起初看来可能是偶然的事件或关系变成不可移易的“永久化”的结构性关系，这就是剥削强制和不对等的资本关系。

简单再生产并不是真正意义上的资本主义的生产，资本也决不满足和止步于单纯的简单再生产，规模扩大的生产和再生产才是资本主义生产的本质。在扩大再生产中，会产生两种既相互对立又相辅相成的结果：一方面，资本生产过程本身会不断扩大资本积累和增大资本价值；另一方面，为资本进行生产的雇佣工人的数量也会增加。而就两者之间相反相成的关系而言，资本的积累和价值增殖不断弱化雇佣工人对资本的议价能力，因为，资本积累过程的压

① 《马克思恩格斯全集》第44卷，人民出版社2001年版，第658页。
② 《马克思恩格斯全集》第44卷，人民出版社2001年版，第877—878页。
③ 《马克思恩格斯全集》第44卷，人民出版社2001年版，第666—667页。

力迫使越来越多的雇佣工人将自身的“劳动力”转化为资本日益增长和增大的“增殖力”,“劳动力”转化为忤逆抵抗自身的资本的控制力量,并“把他们对自己所生产的、但已人格化为资本家的产品的从属关系永久化”①。所以说,所谓扩大再生产实质是资本关系的不断再生产和它的规模不断扩大的再生产。一句话,无论在简单还是扩大再生产中,资本在创造和丰盈物质性果实的同时,也创造和加固关系性的成果,使资本主义条件下的生产和活动都屈从资本关系的意志和履行资本规则的要求,从而打上资本关系的烙刻,资本家与雇佣工人的关系也在资本更高层级的统摄下不断地被重新生产和凝固下来。

(四)作为价值增殖

资本是设定的和自为的交换价值,资本以自行增殖作为自身生存和保存的条件,或者更确切地说,“资本的自行保存就是它的自行增殖”②。资本主义生产的本质是剩余价值生产,资本的本质决定了它的“合乎目的的活动只能是发财致富,也就是使自身变大或增大”③。

在资本的统辖下,生产和使用价值本身隶属于交换价值,对资本而言,它生产的不只是单纯的产品或商品,而是超过自身价值的价值。资本允许的效率也“并不是增加使用价值的生产力,而是资本创造价值的能力,是资本生产价值的程度”④。作为受资本价值增殖逻辑操控的人格化资本的资本家所关心的,并不是使用价值,而是“具有交换价值的使用价值”,使用价值只是资本家达致价值增殖而不得不采取的手段和中介。他最终“生产出来的商品的价值”,必须要超过“生产该商品所需要的各种商品即生产资料和劳动力”⑤。资本生产即资本通过价值增殖保存和发展自身,资本家也通过创造和回收大

① 《马克思恩格斯全集》第 44 卷,人民出版社 2001 年版,第 710 页。
② 《马克思恩格斯全集》第 30 卷,人民出版社 1995 年版,第 285 页。
③ 《马克思恩格斯全集》第 30 卷,人民出版社 1995 年版,第 228 页。
④ 《马克思恩格斯全集》第 31 卷,人民出版社 1998 年版,第 18 页。
⑤ 《马克思恩格斯全集》第 44 卷,人民出版社 2001 年版,第 217 页。

于自身所生产的商品总价值的价值来维系和壮大自身,因此说,价值增殖就是资本的目的,就是资本唯一的目的本身。

价值增殖的这种"永恒嗜欲"还贯穿和体现于货币资本、生产资本和商品资本循环的全过程。在货币资本循环(G-W…P…W′-G′)中,"最终从流通中取出的货币形式的价值,大于原来预付到流通中去的货币形式的价值"①,"预付资本的价值增殖是全部过程的目的"②。在生产资本循环(P…W′-G-W…P)中,W′(W+w)或G′(G+g)表示"以商品形式或货币形式实现的资本价值的增殖,……表现为资本价值和它的幼仔剩余价值的关系"③。这种"资本价值"和"分蘖剩余价值"的关系的确立、固定和巩固,"表明资本特征的属性,即资本是生出价值的价值"④。这一过程表明,"资本的生产过程是用相同的或增大的生产资本(即积累)来进行的再生产过程。"⑤在商品资本循环(W′-G′-W…P…W′)中,终点的W′(实际应当用就W″表示)大于起点的W′。可以看出,"所有这三个循环都有一个共同点:价值增殖是决定目的,是动机"⑥。

(五)作为社会权力

资本一经形成,就确立起自身对经济运行和社会经济关系的总体控制欲和全面统治权,此即资本权力。资本权力首先表现为对劳动力的支配权,这种支配权并不似捆绑罗马奴隶的锁链,而是一条更具束缚力的看不见的线,这条线掌控在劳动力的"所有者手里",劳动力"自由"和"独立"的假象由于"雇主的经常变换"和"契约的法律拟制"而得以保持和稳固。资本宣告"自由劳动"和雇佣劳动制度代替暴力化、强制性的人身依附型的旧式统治模式,制造了

① 《马克思恩格斯全集》第45卷,人民出版社2003年版,第72页。
② 《马克思恩格斯全集》第45卷,人民出版社2003年版,第113页。
③ 《马克思恩格斯全集》第45卷,人民出版社2003年版,第94页。
④ 《马克思恩格斯全集》第45卷,人民出版社2003年版,第95页。
⑤ 《马克思恩格斯全集》第45卷,人民出版社2003年版,第113页。
⑥ 《马克思恩格斯全集》第45卷,人民出版社2003年版,第116页。

“无人统治”的幻象。但是“无人统治并不必然意味着无统治；在某些情形下，甚至会演变为最残酷、最专制的形式之一”①。只要离开表面上奉行“等价交换”“互惠互利”“公平竞争”“自愿选择”的商品流通领域进入到生产领域，就会发现，作为平等市场交换主体的“剧中人”已经沦为生产领域依附和听从资本使唤的畏缩不前的“尾随者”，“像在市场上出卖了自己的皮一样，只有一个前途——让人家来鞣。”②

其次，资本权力表现为对商品的支配权。资本权力与资本家作为个人的“人的特性”并无关系，决定资本权力的是拥有资本的资本家，资本家是资本权力的物质载体。更确切地说，资本家只有作为“资本的所有者”才形成现实有效的资本权力。资本家的权力实质“就是他的资本的那种不可抗拒的购买的权力”③。资本是商品真正现实有效的购买力，商品不视购买者的自然属性或个性特征，而将资本所有者的身份看成真正人的不可抗拒的本质属性，资本的权力就是资本所有者的权力，资本将劳动者的权力褫夺过去又悄悄地以社会性质的方式让渡或转移给资本所有者，从而将真正人与人之间的关系表现为资本与资本之间的关系，资本具有了购买和置换一切的“最一般”的效力。

最后，资本权力表现为支配一切的经济权力。社会中人与人的关系以每个人所拥有的货币财富或作为货币所有者的能力为比对衡量标准，“他在衣袋里装着自己的社会权力和自己同社会的联系”④。在社会经济交往中，在千百万次的重复交换中，资本清除了自身出生时的所有痕迹和斑痣，资本权力获得了吞噬一切的与生俱来的公理性和先入为主的独立性，所有社会关系都要在资本权力的前提下得到验证。

---

① ［美］汉娜·阿伦特著：《人的境况》，王寅丽译，上海人民出版社2021年版，第26页。
② 《马克思恩格斯全集》第44卷，人民出版社2001年版，第205页。
③ 马克思：《1844年经济学哲学手稿》，人民出版社2018年版，第19页。
④ 《马克思恩格斯全集》第30卷，人民出版社1995年版，第106页。

二、资本逻辑

资本本质和核心属性依据一定的内在关联、规则驱动和规律机制而展开的运动形式和规则程式，即为资本逻辑。资本的本质是否定性的生产关系，否定性是资本关系最主要的质性，在此前提下，资本的生产关系在实际的运动过程中演绎形成了通约统合逻辑、悖论自反逻辑、权力控制逻辑和超验抽象逻辑。

（一）资本的通约统合逻辑

在以交换价值为旨归的资本主义商品经济中，商品的个性化、差异化和多样化的使用价值只是用来充当实现商品交换价值而不得不采取的中介，交换价值将商品所具有的“质的差异化”转化还原为“量的可比性”，即“不管活动采取怎样的个人表现形式，也不管活动的产品具有怎样的特性，活动和活动的产品都是交换价值，即一切个性，一切特性都已被否定和消灭的一种一般的东西”①。人的活动的主体性和创造性消融在交换价值的一体化和等同性之中，交换价值通过抹平人的活动和商品使用价值的形式将“不同的东西等同起来”②，进而将资本主义商品社会立基在交换价值单纯量的关系和比例的基础上。

资本是一般性的、无差别的交换价值，“资本取得的同一性，即一般性的形式，就在于资本是交换价值，而作为交换价值，它是货币”③。货币作为等价物或一般等价形式被从特殊的商品体集合体中排挤出来或脱颖而出，便具有客观的稳定性和一般性的社会效力，在货币眼中，“各种不同的劳动产品事实上彼此等同”④。货币作为一般价值形式，将复杂的商品体或商品复杂的个别

① 《马克思恩格斯全集》第30卷，人民出版社1995年版，第106—107页。

② 《马克思恩格斯全集》第30卷，人民出版社1995年版，第113页。

③ 《马克思恩格斯全集》第30卷，人民出版社1995年版，第218页。

④ 《马克思恩格斯全集》第44卷，人民出版社2001年版，第106页。

形式通约为“简单价值表现形式”①,货币由于“其他一切商品都通过它来表现自己的价值”,因而在结果中取消了“中介运动”,“而且没有留下任何痕迹”,货币充当“一切人类劳动的直接化身”②的魔术使其具有了将一切特殊性和复杂关系化约为一般性和原子般关系的“谜一般”的超验能力。

而且,在以资本立基和命名的资本主义社会中,资本就是占支配地位和起统治作用的“普照的光”和“特殊的以太”,整个资本主义社会都是围绕资本这个中轴而建立和运转的,“其他一切生产”和“一切关系”的地位和影响都由资本决定和改变。资本是“最大的权威”和“最高的至善”,将其他一切商品和关系都纳入到交换体系之中并同化和降格为服庸于资本的毫无差别的均质化手段。而资本的增殖本性和唯一目的又使得“对资本来说,任何一个对象本身所能具有的唯一的有用性,只能是使资本保存和增大”③。资本的奥卡姆剃刀在自动剔除和抹杀一切没有必要的、无法计算的繁复之后,将自身树立成通过数量计算就能掌控一切的评判标杆和绝对准则。

(二)资本的悖论自反逻辑

劳动力商品或雇佣劳动是资本诞生的前提,没有雇佣劳动或劳动力商品就没有资本。但同时,资本的结果跳起来反对和反噬它的前提,或曰资本“既设定为自己的条件又设定为自己的对立面”④。资本产生的前提和增长的结构性矛盾已经包含悖论性的结果。一方面,雇佣劳动是资本产生的前提,反过来,资本又决定雇佣劳动者的命运。因为,对资本而言,“只有生产资本的劳动”才是“有用的生产劳动”,没有做到这一点,不管这种劳动采取什么样的形式,或者无论它“怎样有用”,对于资本来说,都是“无用的非生产劳动”。反过

① 《马克思恩格斯全集》第44卷,人民出版社2001年版,第106页。
② 《马克思恩格斯全集》第44卷,人民出版社2001年版,第112页。
③ 《马克思恩格斯全集》第30卷,人民出版社1995年版,第227页。
④ 《马克思恩格斯全集》第30卷,人民出版社1995年版,第237页。

来,一种劳动“只有在它生产了它自己的对立面时才是生产劳动”①。雇佣劳动对资本的有用性同时就是对劳动自身的无用性,资本需要的是增殖壮大自身的劳动,这种劳动是以自损甚至自毁的方式达成资本要求的,劳动为资本创造的越多,劳动者失去的就越多,劳动为资本增殖贡献的越大,劳动者价值失去的就越大。另一方面,活劳动在创造性活动中客体化为死劳动,反过来,死劳动又反客为主反抗活劳动。“过去的劳动,……不会如过去的礼物一样被投入使用以最好地满足目前受益者的需求。相反,死劳动……作为主人面对活劳动。活劳动必须根据死劳动的要求调整其活动,而且这些要求并没有……提高活劳动的工作体验,而是被用来尽可能多地创造剩余价值。”②

一方面,雇佣劳动增大了资本的主体力量,反过来,资本的力量又弱化销蚀了雇佣劳动的主体力量。对劳动者而言,“他的劳动的创造力作为资本的力量,作为他人的权力而同他相对立。他把劳动作为生产财富的力量转让出去;而资本把劳动作为这种力量据为己有”③。另一方面,工具、机器和机器体系本来应该用来减轻劳动强度和劳动痛苦进而解放劳动力,然而,机器的资本主义应用却引致了机器对劳动力的排挤,进而反向造成了劳动者劳动强度的加大和劳动力市场的扭曲。“机器本身减轻劳动,而它的资本主义应用提高劳动强度;……机器本身是人对自然力的胜利,而它的资本主义应用使人受自然力奴役……如此等等。”④再一方面,雇佣劳动创造了资本丰富的社会财富,反过来,资本财富的力量却“鸠占鹊巢”排斥财富的创造者。或者可以说,“这一切发展都是对立地进行的,生产力,一般财富等等,知识等等的创造,表现为从事劳动的个人本身的外化;他不是把他自己创造出来的东西当作他自己的

① 《马克思恩格斯全集》第30卷,人民出版社1995年版,第264页。

② [美]罗伯特·L.海尔布隆纳:《马克思主义:赞成与反对》,马林梅译,东方出版社2016年版,第83页。

③ 《马克思恩格斯全集》第30卷,人民出版社1995年版,第266页。

④ 《马克思恩格斯全集》第44卷,人民出版社2001年版,第508页。

财富的条件,而是当作他人财富和自身贫穷的条件”①。资本这一悖论自反的逻辑表明,资本的发展同时也是资本的局限,资本竭泽了自身价值增殖的源泉。

(三)资本的权力控制逻辑

“资本和权力……不是一种关系、联接、功能,或并置,而是一种具象的同一性。资本不是与权力相关。于其自身,就是一种权力模式。”②资本一经形成,资本权力就同时诞生,其管辖统摄力就渗透和遍布于资本主义社会的各个方面。

首先,形式上的自由和等价交换掩盖的是现实的从属和非等价交换。在交换领域中,工人出卖自己的劳动能力而获得劳动力报酬,资本家雇佣劳动力而支付劳动工资,“资本家和工人之间的——买和卖的——货币关系掩盖着无酬劳动”③。工资的“表现形式掩盖了现实关系,正好显示出它的反面。工人和资本家的一切法的观念,资本主义生产方式的一切神秘性,这一生产方式所产生的一切自由幻觉,庸俗经济学的一切辩护遁词,都是以这个表现形式为依据的”④。

揭开交换领域“仅仅作为孤立过程所具有的虚假特征”⑤,进入到生产领域中就会立刻发现,“活劳动……被并入资本,从劳动过程一开始就表现为属于资本的活动,所以社会劳动的一切生产力都表现为资本的生产力”⑥。在劳动对资本的形式从属阶段,生产过程“包含着来自资本对并入资本的劳动拥

① 《马克思恩格斯全集》第30卷,人民出版社1995年版,第540—541页。

② Jonathan Nitzan, Shimshon Bichler, Capital as Power: A Study of Order and Creorder, Abingdon: Routledge, 2009, p.3.

③ 《马克思恩格斯文集》第8卷,人民出版社2009年版,第376页。

④ 《马克思恩格斯全集》第44卷,人民出版社2001年版,第619页。

⑤ 《马克思恩格斯全集》第44卷,人民出版社2001年版,第654页。

⑥ 《马克思恩格斯文集》第8卷,人民出版社2009年版,第392页。

有所有权和来自劳动过程本身性质的统治和从属关系”①。在劳动对资本的实质从属阶段,资本对劳动的支配和统辖关系上升到对劳动存在的价值和意义的判定上,“一切不生产剩余劳动的必要劳动,对资本主义生产来说,都是多余的和没有价值的”②。在生产中,资本对工人的权力表现为资本所有者(资本家)对工人的权力,整个资本主义生产过程就是资本家时时处处地全方位监督工人和工人的劳动过程,劳动成果和劳动一样属于资本家,“是资本家的所有物”③。同样的,资本家作为推动资本运动的主动轮也同样处于资本关系和资本权力不自觉的统治支配之下,“资本的自行增殖——剩余价值的创造——是资本家的决定性的、占统治地位的和包罗一切的目的;……它从另一方面使资本家完全同工人一样地处于资本关系的奴役下”④。资本家受资本价值增殖必然性的驱使而不自知。

在消费领域,资本家和工人一样遭受来自资本异化权力的扭曲和摆布。就工人而言,“工人的消费”只限于为了不影响资本和资本价值增殖而保存和再生产自身劳动力的范围。对资本家来说,“资本家只有作为人格化的资本,他才有历史的价值,才有……历史存在权。……他的动机,也就不是使用价值和享受,而是交换价值和交换价值的增殖了”⑤。因而,任何资本家的私人消费单就无法直接增殖价值的方面而论,都是对资本家职能和资本增殖原料的背叛和无谓消耗。而在社会生活领域,由于货币具有购买一切商品的能力,“货币是需要和对象之间、人的生活和生活资料之间的牵线人”⑥。社会生活领域延续和深化了生产、交换和消费领域中的资本机制和资本规律,并在不断反复性的过程锤炼中将资本似“有形神明”般的权力彰显体现出来,并将其当

① 《马克思恩格斯文集》第 8 卷,人民出版社 2009 年版,第 379 页。
② 《马克思恩格斯文集》第 8 卷,人民出版社 2009 年版,第 382 页。
③ 《马克思恩格斯全集》第 44 卷,人民出版社 2001 年版,第 216 页。
④ 《马克思恩格斯全集》第 49 卷,人民出版社 1982 年版,第 49 页。
⑤ 《马克思恩格斯全集》第 44 卷,人民出版社 2001 年版,第 683 页。
⑥ 马克思:《1844 年经济学哲学手稿》,人民出版社 2018 年版,第 137 页。

作异己的统治和剥削的权力以扩大的规模再生产出来。

(四)资本的超验抽象逻辑

在资本主义社会中,"至上的实在不再以超验的上帝(即关于人与自然的神秘化观念)的身份在天国实行统治,而是下降到地上,以超验的'经济'(即拜物教化的人类物质产品)的身份实行统治"①。资本的统合规约、悖论自反和权力控制假象在观念意识领域获得了绝对形式,资本替代黑格尔的绝对精神成为资本时代的形而上学和新的绝对精神。

在资本的社会中,"一切社会生产能力都是资本的生产力,因此,资本本身表现为一切社会生产能力的主体"②。于是,资本成为人的能力和行动的代替物并晋升为人的能力和行动本身,资本被赋予了"万物之物"的超验本质。好像资本的主体地位和能力是它生而具有的自然属性和超然能力,而与它所产生的社会历史环境和生产关系形式完全无关。人的真正力量与资本的物化力量互换颠倒反转,资本的力量攫取并遮蔽人的力量,而人却退居为物的地位并取得了单纯物的形式,人被物化失去了自身的主体意志和意识,而物却被赋予了主体般的自主意志和意识。物与人的这种互换、错置和颠倒使现实的、真正的人和社会关系被披上了形而上学的神学面纱。"正像人在宗教中受他自己头脑的产物的支配一样"③,人在资本主义社会中也受资本形而上学力量和资本头脑产物的控制。

在各种收入及其源泉的"三位一体的公式"中,"资本主义生产方式的神秘化,社会关系的物化,物质的生产关系和它们的历史社会规定性的直接融合已经完成:这是一个着了魔的、颠倒的、倒立着的世界。在这个世界里,资本先

① [捷克]科西克著:《具体的辩证法》,傅小平译,社会科学文献出版社 1989 年版,第 85 页。

② 《马克思恩格斯全集》第 30 卷,人民出版社 1995 年版,第 587 页。

③ 《马克思恩格斯全集》第 44 卷,人民出版社 2001 年版,第 717 页。

生……作为社会的人物，同时又直接作为单纯的物，兴妖作怪。”①资本的辩护士和资本主义的经济学家们为了将资本的社会历史形式和社会生产关系说成是具有自然永恒的性质，而把“人们的社会生产关系和受这些关系支配的物所获得的规定性看作物的自然属性，……从而使物神秘化”②。人们在生活中失去了对物的社会性质和自然属性的区分和批判，在资本的关系和框架内肯定和服从资本关系力量的操控，无形中与资本颠倒黑白、指鹿为马的神秘本质相一致，在现实生产过程中也“产生出相应的被歪曲的观念，颠倒了的意识”③。因而，只有逃脱出资本的拜物教，把商品的价值和物的属性重新归还给劳动主体和物自身，真正区分出资本的自然属性和社会属性、历史形式和永恒形式，才能“把上面那些虚伪的假象和错觉……把财富的不同社会要素互相间的这种独立化和硬化，把这种物的人格化和生产关系的物化，把日常生活中的这个宗教揭穿了”④。

三、资本逻辑的特点与资本运动的辩证法

马克思资本逻辑批判的思想理论经历了“由外而内”和“由内向内”两个阶段，在“由外而内”的阶段，马克思透过纷繁复杂和眼花缭乱的外部商品景观，由具体上升到抽象，转而向内找寻生发出“殊多”的“唯一”，从而得出资本的范畴和本质，找到了资本主义社会的“立根之基”。继而开启“由内向内”的阶段，马克思从资本本质和资本逻辑出发，从抽象上升到具体，深入资本有机体内部，探寻资本自身的辩证性和矛盾性，探讨资本“唯一”演绎出的“殊多”，抓住资本运动演绎的核心逻辑和内在本质，最后找到潜藏于资本内部的超越

① 《马克思恩格斯全集》第46卷，人民出版社2003年版，第940页。
② 《马克思恩格斯全集》第31卷，人民出版社1998年版，第85页。
③ 《马克思恩格斯全集》第32卷，人民出版社1998年版，第413页。
④ 《马克思恩格斯全集》第46卷，人民出版社2003年版，第940页。

资本主义社会的现实活动和“扬弃之点”。

（一）辩证性：成就与自我成就

辩证性是资本的基因和硬核，是根植于资本有机体内部的革命性原则和创造性准则，其内在的展开性和批判性推动资本在环环相扣的运动中成就其自身的“增益存活”和丰富发展。

首先，资本的成就表现为资本创造了一个对自然界和社会关系普遍利用和占有的资产阶级社会，在这个社会中，自然界由不受人控制的“自为的神秘力量”转变为可以为人的需要服务的“为我的有用之物”，资本改变了局促于自我满足的闭关自守的重复状态，开辟了不断变动和变革的崭新生产关系。在此基础上，资本洗刷了一切民族界限和民族偏见，按照自己的面貌创造了一个崭新的社会建制和社会形态。资本的成就表现为对旧有统治形式的破坏性的重建和创造性的利用，“资本……摧毁一切阻碍发展生产力、扩大需要、使生产多样化、利用和交换自然力量和精神力量的限制”①，并将这些限制转化为自身的动力和生产力。

其次，资本充分发掘和引入了科学技术的磅礴力量。技术和资本是共生和同构的，资本的出场和主体地位的确立第一次将自然因素直接并入资本主义的生产过程，并将其作为整个资本主义生产和改进的基础，由此唤醒和产生了“以往人类历史上任何一个时代都不能想象的工业和科学的力量”②。最重要的是，依托于科学技术的赋能、交通工具的便捷和交往媒介的改进，“资本……同样也唤起社会结合和社会交往的一切力量，以便使财富的创造不取决于（相对地）耗费在这种创造上的劳动时间”③。

最后，资本全面调动和利用了社会劳动生产力。“发展社会劳动的生产

① 《马克思恩格斯全集》第30卷，人民出版社1995年版，第390页。
② 《马克思恩格斯选集》第1卷，人民出版社2012年版，第775页。
③ 《马克思恩格斯全集》第31卷，人民出版社1995年版，第101页。

力，是资本的历史任务和存在理由。”①资本最大的优势和真正的力量正是在于能“不费分文”地调动、整合和占有一切社会生产力形式，生产过程中“个体劳动的社会结合力”（资本家支付的只是单个劳动力的报酬，而多个单个劳动力的有机结合会产生大于单个劳动力简单加和的力量，这个增量的部分是无酬和免费的）、“科学的力量”以及“人口的增长”都是“不费资本家分文的生产力”②。所有这一切形成被资本和资本家无偿占有的“劳动的全部社会力”，资本正是在最大化社会劳动生产力和最小化社会劳动报酬的弹力空间内实现社会生产力超越以往的跨越式发展的。

综上所述，资本单是为了追求价值和剩余价值以维持自身的存在和发展的动机，就必然不断地调动和利用一切生产力的活化发酵因素，从而推动生产力的螺旋式上升。单是为了获取最大化价值和剩余价值，资本就必然不断增加相对剩余劳动时间，从而“必然把生产力提高到极限”③。因此，“资本的文明面之一是，它榨取这种剩余劳动的方式和条件，同以前的……形式相比，都更有利于生产力的发展，有利于社会关系的发展，有利于更高级的新形态的各种要素的创造。”④

（二）矛盾性：限制与自我限制

资本是一个活生生的悖论和矛盾，矛盾即限制，资本的矛盾来自于自身和自我限制，即发展与限制发展、边界与突破边界以及无限增殖与有限享有的矛盾。

首先，资本的生产力不等于全面的生产力，资本发展生产力的能力受到了资本阻碍生产力的趋势的限制。这种限制源于资本力求实现全面超然的抽象

---

① 《马克思恩格斯全集》第 46 卷，人民出版社 2003 年版，第 288 页。
② 《马克思恩格斯全集》第 37 卷，人民出版社 2019 年版，第 186 页。
③ 《马克思恩格斯全集》第 30 卷，人民出版社 1995 年版，第 406 页。
④ 《马克思恩格斯全集》第 46 卷，人民出版社 2003 年版，第 927—928 页。

统治,而资本不断变换的使用价值、货币、交换价值和商品等要素形式无法适应资本瞬息万变的增殖需求。资本的限制还源自于资本生产力与社会劳动生产力之间的非对称性和不可化约的矛盾,两种生产力类型之间存在的“绝对势差”使资本的进步和致富与工人的进步和致富分割对立开来,工人作为资本进步的代具承担了资本主体壮大的所有负担,而作为绝对客体的力量却无法转化为自身主体的力量,工人是一种随时可能被丢弃和损失的代具。因此可以说,一方面资本生产力不是劳动生产力,另一方面也无法有效转化为劳动生产力。而且资本的生产力还是倒置和颠倒的劳动生产力,资本生产力的换位和倒置成为社会劳动生产力发展的桎梏和束缚。因此,超越资本的绝对律令,劳动力限制就成为了非限制,而对真正的社会劳动生产力和社会进步而言,资本的非限制则成为了限制。

其次,资本打破生产力发展界限的趋势受到了资本设定生产力发展边界的限制。“资本按照自己的本性来说,会为劳动和价值的创造确立界限,这种界限是和资本要无限度地扩大劳动和价值创造的趋势相矛盾的。因为资本一方面确立它所特有的界限,另一方面又驱使生产超出任何界限,所以资本是一个活生生的矛盾。”①作为矛盾体的资本创造的生产力本身是矛盾的,它既是“资本的生产”因而在“资本之内”,但又不是“资本的生产”因而又超脱“资本之外”,资本为自己创造的生产力无意中为超越资本的更高一级的社会经济形态奠基。

最后,资本无限度增殖自身价值的趋势受到了资本有限性实现自身价值手段的限制。“资本作为财富一般形式——货币——的代表,是力图超越自己界限的一种无限制的和无止境的欲望。任何一种界限都是而且必然是对资本的限制。”②但是,资本并不能自我实现,资本的实现必须在消费领域完成,而倒立错置的资本和劳动者力量,使任何相对剩余价值的获得都必然挤压和

① 《马克思恩格斯全集》第 30 卷,人民出版社 1995 年版,第 405 页。
② 《马克思恩格斯全集》第 30 卷,人民出版社 1995 年版,第 297 页。

排出必要劳动时间,劳动者为自己的必要劳动时间的缩小减少了劳动者口袋中的一般货币,缩减和降低了工人有效的交换能力,阻断了资本实现的最后的关键一环。由此导致“资本的价值增殖过程同时就是资本的价值丧失过程。……资本在具有无限度地提高生产力的同时,又……使主要生产力,即人本身片面化……资本具有限制生产力的趋势”①。

总之,资本的本性“是要经常地越出自己的界限”②,但是,资本忘记了“(1)必要劳动是活劳动能力的交换价值的界限;(2)剩余价值是剩余劳动和生产力发展的界限;(3)货币是生产的界限;(4)使用价值的生产受交换价值的限制”。③ 所以,“资本不可遏止地追求的普遍性,在资本本身的性质上遇到了限制,这些限制在资本发展到一定阶段时,会使人们认识到资本本身就是这种趋势的最大限制,因而驱使人们利用资本本身来消灭资本。”④

(三)否定性:否定与自我否定

否定性既是资本的本质属性,是其运动脉搏和生命力之所在,同时,否定性也是资本将自身矛盾引致炸裂的必然环节,是资本去除自身直接性和不成熟性从而通达更高发展阶段的必然路径。

首先,资本的生产是以否定性为前提的。在剩余价值的生产中,工人生产自身劳动能力的同时也生产与劳动能力相对立的资本的力量,而资本壮大自身力量的同时也壮大与资本相对立的活劳动的能力,资本和劳动都在再生产对方,只不过这种再生产是在再生产自身的对立面和否定性中达成和实现的。这种对立的否定性表明,“资本主义生产不是绝对的生产方式,而只是一种历史的、和物质生产条件的某个有限的发展时期相适应的生产方式”⑤。

---

① 《马克思恩格斯全集》第30卷,人民出版社1995年版,第406页。
② 《马克思恩格斯全集》第30卷,人民出版社1995年版,第227页。
③ 《马克思恩格斯全集》第30卷,人民出版社1995年版,第397页。
④ 《马克思恩格斯全集》第30卷,人民出版社1995年版,第390—391页。
⑤ 《马克思恩格斯全集》第46卷,人民出版社2003年版,第289页。

其次，资本的否定即自我否定。资本是生产的，资本的生产是通过“内在利润驱动”和雇佣劳动的生产以及“外在竞争压力”和资本关系的排斥联合实现的，雇佣劳动生产的反抗、生产力发展的反对以及生产关系排异其实质都是“资本自己否定自己”①。“只有当资本本身成了这种生产力本身发展的限制时，资本才不再是这样的关系”②，那时候，撇开一切隐蔽的、外在的、表浅的否定形式，资本否定资本的真正的现实运动才能开始。

再次，资本的否定即自我扬弃。“扬弃在语言中，有双重意义，它既意谓保存、保持，又意谓停止、终结。”③资本在发展的过程中，既要保存和保持自身所开发和创造的先进的全面的生产力，同时又要停止和终结自身所负载和代表的狭窄的生产关系，“这种趋势是资本所具有的，但同时又是同资本这种狭隘的生产形式相矛盾的，因而把资本推向解体”④，把资本的最佳形式和最高阶段降低为更佳形式和更高发展阶段的次一级的发展过程和发展环节。

最后，资本的扬弃是一个现实的历史过程。资本只有在物质生产力挣脱了最初始的发展阶段，进而实现自身力量与人的力量发展的协调一致，才能实现对自身的扬弃。在达到这一历史时期的必然的物质生产发展过程中，“生产力和社会关系……对于资本来说仅仅表现为手段，仅仅是资本用来从它的有限的基础出发进行生产的手段。但是，实际上它们是炸毁这个基础的物质条件”⑤。在经历了资本生产力发展的必然过程的真正的物质生产领域的彼岸，社会化的人将自然物质的交换和对生产力的调节置于真正符合人类本性的目的和角度下进行，到那时，“资本的生产力”将提升转化为“人的生产力”，人的本性和潜能也才能得到真正的满足和发挥。

总之，资本是资本主义社会构境的策略原则，马克思在《资本论》及其手

① 《马克思恩格斯全集》第30卷，人民出版社1995年版，第238页。

② 《马克思恩格斯全集》第30卷，人民出版社1995年版，第286页。

③ ［德］黑格尔著：《逻辑学》上卷，杨一之译，商务印书馆2013年版，第98页。

④ 《马克思恩格斯全集》第30卷，人民出版社1995年版，第539页。

⑤ 《马克思恩格斯全集》第31卷，人民出版社1998年版，第101页。

稿中对资本范畴、资本本质和资本逻辑进行了卓有成效的解蔽和破译，呈现了资本存在样态的多维面相，发现了多维面相背后隐藏的一以贯之的资本本质和资本逻辑，发掘了资本自身的限定性和否定性本质，创立了资本批判理论，指出了瓦解和超拔资本主义发展模式的现实性路径，从这一意义上说，马克思的《资本论》是现实性的超资本理论。

第二章　资本逻辑批判的路径方法

方法与内容一道共同构成了资本逻辑批判的“艺术整体”，对资本逻辑批判理论性质的界析与当代价值的阐扬离不开对于其分析方法的洞明和深挖。资本逻辑批判的方法是复杂的立体化架构系统，包括辩证—历史的批判分析方法、实体—关系的批判分析方法、抽象—具体的批判分析方法、哲学—科学的批判分析方法和具体—总体的批判分析方法。资本逻辑批判的当代价效既是时代和内容的在场，更是原则与方法的在场，因此对资本逻辑批判阐释路向的厘清和方法意蕴的总结，就成为现时代条件下“温故而知新”的题中之义和必要环节。

马克思在世时曾不无遗憾地指出，“人们对《资本论》中应用的方法理解得很差”①。这直接影响到人们对《资本论》中资本逻辑批判思想的正确理解和实际应用。可以想象，离开对方法的持续关注和正确解构，对资本逻辑批判思想的理解必然是杂多和混淆的，甚至是只见树木不见森林的。方法是横亘在真正亲近和准确切中马克思资本逻辑批判理论核心和关键面前的“山峰”和必经之地，只有在正确回答了马克思资本逻辑批判的分析方法究竟是什么的前提下，资本逻辑批判的理论性质和当代价值才能得到正确的显现、丰富和

① 《马克思恩格斯全集》第 44 卷，人民出版社 2001 年版，第 19 页。

深化。从这个意义上说,马克思思想理论在当代的存在理由和价值空间与其方法性质有着非常密切的关联,甚至可以更进一步说,马克思资本逻辑批判思想的当代在场和生命空间恰恰在于它的科学方法。恩格斯指出,“马克思的整个世界观不是教义,而是方法。它提供的不是现成的教条,而是进一步研究的出发点和供这种研究使用的方法。”①恩格斯进而提醒人们,不能将马克思和他的思想理论当作抽象固化的绝对公式而教条主义地生搬硬套和任意挪用,要学会根据具体的实际情况按照马克思那样的方式去思考和办事。马克思、恩格斯之后,卢卡奇把方法而不是单纯的马克思研究的观点结果看作是“正统”,他认为研究使用的方法远比无批判地接受研究结果更重要。方法是驱散掩映和遮蔽于资本逻辑之上的虚假迷雾和幻影的利剑,也是延续和发展马克思主义理论时代生命的最重要步骤。

一、辩证—历史的批判分析方法

“科学上正确的方法不应在辨证法之外”②,也不应在历史方法之外。对于公开宣称师承黑格尔的马克思来说,他的整个政治经济学的批判理论和方法本质上就是以唯物主义历史观和辩证法为前提和基础的。黑格尔是“全面地、有意识地”叙述“辩证法的一般运动形式”③的第一人,他的辩证法的伟大之处首先在于把“作为推动原则和创造原则的否定性”,“把人的自我产生看做一个过程,把对象化看做非对象化,看做外化和这种外化的扬弃”④。可见,他抓住了人和事物发展的主体性和否定性本质。但是,辩证法在黑格尔那里是形而上学的“倒立着”和“神秘化”的,他将“最高原因的基本原理”视为“存

① 《马克思恩格斯选集》第4卷,人民出版社1995年版,第742—743页。

② [日]见田石介著:《资本论的方法研究》,张小金等译,中国书籍出版社2012年版,第5页。

③ 《马克思恩格斯选集》第2卷,人民出版社2012年版,第94页。

④ 马克思著:《1844年经济学哲学手稿》,人民出版社2018年版,第126页。

在”,并在此前提规约下,“把全部‘存在’(自然、神、现实的人和现实的人类)以思维规定感性的方式‘改装’成为思维的规定——概念——的自我运动”①。因而,黑格尔将“帽子”变成了“观念”,他的辩证法本质上是披着“唯心主义外壳”的概念辩证法。不仅如此,他还“把实在理解为自我综合、自我深化和自我运动的思维的结果”②,因而认为“世界上过去发生的一切和现在还在发生的一切,就是他自己的思维中发生的一切。因此,历史的哲学仅仅是哲学的历史,即他自己的哲学的历史”③。由于黑格尔把“思维用来掌握具体的方式”和“具体本身的产生过程”④相等同和混淆,黑格尔的辩证法被拘泥和囚困于“批判的材料”层面,以致将自身打造和降格为自身的反面,即在批判一切的同时却“对批判的方法采取完全非批判的态度”⑤,黑格尔的辩证法最终沦为一种内卷化理论。

马克思的功绩首先在于,他把物质资料的生产和劳动作为整个人类历史和自身辩证法建构的出发点,进而以“现实存在”和“现实基础”为基准展开对黑格尔的“抽象存在”和“抽象理性”的扬弃和超越。“他……第一个把已经被遗忘的辩证方法、它和黑格尔辩证法的联系以及差别重新提到人们面前,同时在《资本论》中把这个方法应用到一种经验科学即政治经济学的事实上去。”⑥具体而言,马克思将“具体事物的运动过程”和“观念范畴的外化过程”及其关系根本区别过来,进而指出“观念的东西不外是移入人的头脑并在人的头脑中改造过的物质的东西而已”⑦,从而将黑格尔头脚倒置的辩证法重新倒立过来。并在此基础上解码了资产阶级社会资本对人的本质和关系的错位

① 孙正聿著:《辩证法研究》,北京师范大学出版社2020年版,第20页。
② 《马克思恩格斯全集》第30卷,人民出版社1995年版,第42页。
③ 《马克思恩格斯选集》第1卷,人民出版社2012年版,第221页。
④ 《马克思恩格斯全集》第30卷,人民出版社1995年版,第42页。
⑤ 马克思著:《1844年经济学哲学手稿》,人民出版社2018年版,第118页。
⑥ 《马克思恩格斯选集》第3卷,人民出版社2012年版,第878页。
⑦ 《马克思恩格斯全集》第44卷,人民出版社2001年版,第22页。

颠倒和“抽象统治”,恢复了辩证法的敞开性、革命性和批判性的质性特征,终结了资本主义非历史的永恒神话。马克思指出,以亚当·斯密和大卫·李嘉图为优秀代表的古典政治经济学的根本缺点就在于被商品价值量的分析牵扯和吸引了过多的精力和注意力,对价值的历史形成的考究和追问的缺位和空场抹去了历史性和发展性的任何过程痕迹,甚至成为了置身于商品本性之外的完全无关紧要和可有可无的东西。缘何古典政治经济学家在对价值形式的分析中沦陷和失落?其中隐藏得最深刻的原因在于,一旦捶问劳动产品的价值形式就必然诉诸其价值的诞生和历史嬗变,如此,资产阶级生产方式的阶段性和特殊性及其历史性和暂时性的真相必然浮出水面。如果要把资产阶级社会和资本主义生产方式论说为自然的和永恒的形式,就必须忽略历史,忽略在历史中的特性形式及其否定,依此,商品、货币、资本等的历史线索及其所具有的特定的历史形式也必须被抹除和忽略。古典的政治经济学家们用辩证—历史的眼光审视和揭穿了前资本主义经济社会发展的历史局限性和暂时性,为资本主义经济社会的出场和合法性准备了历史论证视角和资料。但是这种反观和省思的视角却无法内观自身,在“历史前提”和“既定现实”面前,资本主义生产方式变成了突破“历史限度”因而没有“历史限度”的永恒自然形式。因此,资本主义社会完全超脱了本该受限制的永恒的自然规律,成为不受时间影响和历史规律限制的例外的“发展传奇”,于是,以资本主义生产方式为隔点,在它诞生以前“是有历史的”,而“现在再也没有历史了”①。

总之,在马克思资本逻辑批判理论的图构中,马克思从“一只绵羊”和“两把石斧”的最简单和最初始的价值形式入手,从历史与逻辑的双重维度出发,厘清了价值形式和货币产生的历史轨迹和逻辑线索,渐次发现和深入地揭示了资本的产生及其“全面确权”和“抽象统治”。通过对资本的批判揭示了资本的“神圣形象”和拜物教幻觉,进而在“巨大的历史感”和“宏伟的历史观”

① 《马克思恩格斯选集》第1卷,人民出版社2012年版,第232页。

条件下指出，像资本主义社会产生的自然社会历史过程一样，它也将伴随资本逻辑的全面展开和异化操控的全面铺开而像它的出场一样必然退场，让位于真正人的独立和个性，即资本逻辑让位于人的逻辑，将人的世界重新归还于人本身，这正是马克思基于客观历史现实和价值追求而做出的科学论断。

二、实体—关系的批判分析方法

“马克思的辩证法也是他集中探讨关系问题的研究方法，这不仅仅涉及不同实体之间的关系，也涉及同一实体在不同时期（过去、现在和将来）的关系。”①就“实体之间的关系”而言，资本主义商品经济建立在社会分工的细致化和人的需要的全面性的矛盾基础上，它打破了简单商品经济以使用价值为前提的自我生产自我满足的孤立形式，将人的生存和需要的满足建立在仰仗商品生产者所提供的商品体身上。人和人之间生动的社会关系简单化约和扭曲为殊异的商品体之间的交换关系，商品交换成为人与人之间唯一有效的通约工具和勾连纽带。因此，交换价值凌驾于使用价值之上成为新商品经济形式“首选的表达方式”②，人们游弋和踌躇于琳琅满目的商品世界中，全然忘记了“交换价值，是以人口即在一定关系中进行生产的人口为前提的”③。更有甚者，基于分工和私有财产的劳动的私人性质和社会性质之间的关系转化和矛盾化解也只有通过顺利的交换环节才能得以达成。交换和货币分离岔开了人与自身所有产品的关系之后转而插足其中，成为人与自身创造物之间不可或缺的关系中介物。舍此，私人劳动将无法及时转化为社会劳动，具体劳动也将无法有效转化为抽象劳动。可见，商品世界以货币为完成形式，在货币形式

① ［美］奥尔曼著：《异化：马克思论资本主义社会中人的概念》，王贵贤译，北京师范大学出版社2011年版，第64页。

② ［美］奥尔曼著：《异化：马克思论资本主义社会中人的概念》，王贵贤译，北京师范大学出版社2011年版，第64页。

③ 《马克思恩格斯全集》第30卷，人民出版社1995年版，第42页。

上私人劳动的社会关系变成了货币关系，私人劳动的社会性质变成了物的社会性质，物的关系掩盖而不是揭示人的关系。马克思指出，古典经济学派由于“没有把价值分析作为一个社会关系而分析”，没有将“价值作为一个社会性的东西来理解”，因而，“交换价值采取一商品和他商品的关系这种奇妙形式的秘密也就会停留为无法揭开的谜”①。

这个“破谜”和“解密”的任务是由马克思历史地完成的。因为他不仅关注不同实体之间的关系，而且还关注“同一实体在不同时期的关系”。因而能将他的研究视界锁定在资本主义的生产方式以及与之相适应的生产关系和交换关系这种具有特殊规定性的关系上。马克思首先阐明了商品交换的社会关系属性，继而揭示了将商品的社会关系属性颠倒为自然属性的隐秘。他指出，“同商品体的可感觉的粗糙的对象性正好相反，在商品体的价值对象性中连一个自然物质原子也没有。因此，每一个商品不管你怎样颠来倒去，它作为价值物总是不可捉摸的。但是如果我们记得，商品只有作为同一的社会单位即人类劳动的表现才具有价值对象性，因而它们的价值对象性纯粹是社会的，那么不言而喻，价值对象性只能在商品同商品的社会关系中表现出来。”②“实在的社会关系”是对商品价值关系和商品拜物教最深刻的披露。由于进入马克思资本主义研究领域的要素都表现为一定的社会关系，因此这种关系不仅表现在商品交换的社会关系属性上，而且还表现在货币形式的社会关系本质上。货币作为“无处不在”的一般的“永久的商品”，货币拜物教是比商品拜物教更加耀眼炫目的升级形式。马克思指出，人们可以轻易从“把抹布当做抽象的人类劳动的一般化身”与皮靴、上衣等商品发生关系之中洞穿其“荒谬”之处。“但是当上衣、皮靴等等的生产者使这些商品同作为一般等价物的麻布（或者金银，这丝毫不改变问题的性质）发生关系时，他们的私人劳动同社会总劳动

① ［日］见田石介著：《资本论的方法研究》，张小金等译，中国书籍出版社 2012 年版，第 135 页。

② 《马克思恩格斯全集》第 44 卷，人民出版社 2001 年版，第 61 页。

的关系正是通过这种荒谬形式呈现在他们面前。"①在资本身上,这种"现实之间的关系"的颠倒和"历史的社会关系"的掩藏更进一步。马克思批判了古典政治经济学派的杰出代表李嘉图在资本性质上的狭隘认识,他指出,李嘉图仅仅指认了资本作为积累的劳动与"直接劳动"的区别,但是,李嘉图还仅仅将资本看作是一种"纯粹物质的东西"和"纯粹的劳动过程的要素","而从这个劳动过程是决不可能引出劳动和资本、工资和利润的关系来的"②。由于仅仅将资本视为纯粹的要素,李嘉图不懂资本的关系本质,即资本的产生和存续以及资本剥削雇佣劳动以获取增殖的价值必须在资本和雇佣劳动的关系再生产中持续、固定和扩大再生产中才能实现。资本的概念中必须包含资本家和雇佣劳动者这两种最基本的要素关系,如果没有雇佣劳动、商品、生产资料、价值、财产、货币、资本家和价格(这个过程还可以无限延续拉长)这些关系要素,资本就什么也不是。

总之,在马克思的资本逻辑批判的视域下,人与自然、人与人、分工与私有财产、商品与商品、资本家与雇佣劳动、价值增殖与资本积累、生产力与生产关系等要素的相互作用和复杂结构需要从内在关系的维度进行诠释,不这样,不仅可能"会导致马克思与滋养他的哲学传统彻底决裂"③,而且还会使我们迷失在变动不居和光怪陆离的要素关系的外在世界的迷宫之中,无法窥视资本主义社会的深层实质和了解马克思资本逻辑批判理论的主旨要义。

三、抽象—具体的批判分析方法

马克思的资本逻辑批判是伴随近代西方哲学的"认识论"转向而实现的。资

① 《马克思恩格斯全集》第44卷,人民出版社2001年版,第93页。

② 《马克思恩格斯全集》第26卷第二册,人民出版社1973年版,第456页。

③ [美]奥尔曼著:《异化:马克思论资本主义社会中人的概念》,王贵贤译,北京师范大学出版社2011年版,第37页。

本逻辑批判既批判了古典政治经济学非批判的“直观抽象”,又超越了德国古典哲学的“思辨抽象”,用真正现实的、革命的辩证法深入到资本主义生产关系内部进行“现实抽象”,因而在认识论转向的基础上实现了根本意义上的方法论变革。

马克思指出,“分析经济形式,既不能用显微镜,也不能用化学试剂。二者都必须用抽象力来代替。”①这种抽象力应用体现在方法论形式和方法论逻辑两个方面。就方法论的崭新逻辑而言,它告别了直接的表象思维和形式逻辑,因为表象思维作为一种“物质的思维”和“偶然的意识”,还只是沉浸和停留在材料里面,因而无法从单纯的物质材料中超拔出来获得自身的独立性。与表象思维相反,形式推理则以超出和脱离物质材料和内容为自由和骄傲。②在这两种形式中,前一种形式由于沉浸在量化的材料分析中无法超拔出来,无法对现存进行现实的批判,因而无法发现资本主义社会现实的非现实性。后一种形式由于无涉于资本主义生产关系和交换内容的具体性特征和特殊性内容,因而沉湎于纯粹的、最少受现实内容干扰的纯粹形式范围内打转,无法面向真实的事物自身,也无法呈现事物自身的本性及其真正性质的运动。马克思在“无批判的单纯内容”和“无内容的纯粹形式”之间区分了“思想的运动”和“主体的运动”,从而将自己的政治经济学和资本逻辑批判建立在真正的辩证法和抽象力基础之上。一方面,马克思指出“思想总体”和“思想具体”是思维用以把握现实的形式和过程,不同于现实事物的发展过程,它是思维自我运动和自我发展的结果,“具体总体作为思想总体、作为思想具体,事实上是思维的、理解的产物;但是,决不是处于直观和表象之外或驾于其上而思维着的、自我产生着的概念的产物,而是把直观和表象加工成概念这一过程的产物”③。另一方面,马克思指出,现实事物和客观主体在思维之外保持着不以人的思维为转移的自我运动的自由节律,人的思维要真正反映社会形式并展现其

① 《马克思恩格斯全集》第44卷,人民出版社2001年版,第8页。

② 黑格尔著:《精神现象学》上卷,贺麟、王玖兴译,商务印书馆1997年版,第40页。

③ 《马克思恩格斯全集》第30卷,人民出版社1995年版,第42—43页。

现实性和力量,就必须以这个已定事实为前提和基础才能达成。“实在主体仍然是在头脑之外保持着它的独立性;只要这个头脑还仅仅是思辨地、理论地活动着。因此,就是在理论方法上,主体,即社会,也必须始终作为前提浮现在表象面前。”①再一方面,现实事物和感性持存与思维过程和思维方法并不是毫无关联的,离开现实的感性持存的思维方式和离开具体思维方式而谈对现实事物和关系的认知同样是不可想象的。正如马克思指出,“抛开构成人口的阶级,人口就是一个抽象。如果我不知道这些阶级所依据的因素,如雇佣劳动、资本等等,阶级又是一句空话。而这些因素是以交换、分工、价格等等为前提的。”②

此外,就方法论的形式而言,马克思首先论述了方法论中抽象与具体相统一的立场和原则,马克思以对人口的分析为例指出,从人口入手得出关于人口整体的“混沌表象”,并在更切近的规定和分析中得出关于人口的简单概念。从“表象具体”到达最简单稀薄的抽象规定。然后再回过头来,重新回到人口,这时的人口不再是虚空的规定,而是具有丰富关系和规定的具体的总体。在此前提下,马克思具体擘画了从具体到抽象和从抽象回到具体的闭环式的认识论演绎验证路线。从“具体到抽象”的阶段,就是从“具体总体”到“思想总体”的过程,此时得到的只是关于整体的一个没有规定性的虚空,因而是混沌的表象。在此前提下,要分析“各种发展形式”,并“探寻这些形式的内在联系”,③进而从抽象回归具体。此时的具体并不是回到原点或者归于无,和初始化的具体相比已经发生了质的变化,“感性具体”已经变为了“理性具体”。在这样一来一去的认识回路中,借助于正确的认识方法和认识路线,事物自身所具有的具体的、历史的规定性就一览无余了。其次,马克思区分了“研究方法”殊异于“叙述方法”的路径特征。“在形式上……研究必须充分地占有材料,分析它的各种发展形式,探寻这些形式的内在联系。只有这项工作完成以

① 《马克思恩格斯全集》第30卷,人民出版社1995年版,第43页。
② 《马克思恩格斯全集》第30卷,人民出版社1995年版,第41页。
③ 《马克思恩格斯全集》第44卷,人民出版社2001年版,第21页。

后，现实的运动才能适当地叙述出来。这点一旦做到，材料的生命一旦在观念上反映出来，呈现在我们面前的就好像是一个先验的结构了。”①马克思通过这种逻辑方法的钻研和反思，呈现了资本逻辑批判对象的特殊性和本质性。在对价值形式和价值量的分析中，资本主义商品世界每天、每时每刻遇到的是具有不同使用价值的商品元素，马克思运用抽象的方法发现了隐藏于商品交换深处的价值奥秘，在用抽象力对生产商品的抽象劳动和具体劳动进行分析的过程中，探得了将不同质的商品使用价值转化为同质化的量的关系和比例的密钥，即抽象人类劳动，进而发现了物—物交换背后的人—人的关系。因而，马克思资本逻辑批判开创了“具体的抽象”（即现实的和历史的“实践抽象”）②这样一条正确的批判性的新方法路径。

四、哲学—科学的批判分析方法

马克思资本逻辑批判理论主要依托和集中于《资本论》，对《资本论》理论性质的争论是学界探讨资本逻辑批判分析方法的关键，反过来，对《资本论》阐释路径和分析方法的澄明对《资本论》理论性质的探讨也多有助益。《资本论》的副标题是“政治经济学批判”，长期以来，对《资本论》的研究集中于政治经济学领域，没有学者能够否认《资本论》是研究政治经济学的一部光辉典范。另一种对《资本论》研究的方法视角主要坚持于“哲学化”方面，用以集中探讨《资本论》批判哲学的内容。两种阐释路径都各自有立得住的依据和理由，事实上，“马克思真正哲学的地方是他的主要著作《资本论》”③。《资本论》也是马克思真正实现政治经济学变革和创新的典型代表。马克思的资本

① 《马克思恩格斯全集》第44卷，人民出版社2001年版，第21—22页。

② 参见白刚：《“抽象力”：〈资本论〉的“认识论”》，《哲学研究》2020年第3期。

③ [法]路易·阿尔都塞、[法]艾蒂安·巴里巴尔著：《读〈资本论〉》，李其庆、冯文光译，中央编译出版社2017年版，第27页。

逻辑批判理论和《资本论》并不是通常的一般意义上的经济学著作，而是融合了经济学、历史科学、哲学和其他新兴学科内容从而以一种“特殊的方式”构造的经济学哲学的一体化著作。科学（经济学）和哲学的批判分析方法不只是零星散落于马克思理论著作中的一个“侧面”或“局部”，相反，“它可以提供我们把握《资本论》本质和特征的途径”①。因此，马克思的资本逻辑批判既是政治经济学批判的创新理论，也是批判哲学的光辉典范，只有用哲学和科学（经济学）结合的批判分析方法才能从整体上真正探求其理论内核和真正效益。

就科学（经济学）的分析批判而言，在“社会—人类实在”中，经济并不是“现成的”实在，而是“社会—人类实在”和生产力—生产关系“发生历史形态变换的场所”，因而“占据着中心位置”。② 在资本主义社会中，这种经济表现为在资本的孕育产生中，劳动力商品以及在劳动力工资掩盖下资本家与雇佣劳动事实上的不公平和不对等关系，劳动沦为生物性的逃逸本能，劳动力下降为单纯为资本生产增殖的部件和机器。在资本的膨胀积累中，商品—货币—资本的拜物教结构将物的社会属性偷换成自然属性，人的面貌和人—人之间的关系被物—物的关系篡夺淹没，活劳动依附死劳动并在全社会劳动生产率提高的过程中，将赤裸裸、受限制的绝对剩余价值剥削升级为隐秘的、无限度的因而更持久稳固的相对剩余价值剥削，从而形成了一个“总体物相化”的动力系统和颠倒装置。在资本的瓦解退场中，资本引爆了存在于自身的爆破机关，利润率平均化的趋势将剩余价值偷换为利润，从而用商品生产价格置换商品价值，劳动者的剩余劳动与剩余价值之间的真正关系被利润率平均化掩盖遮蔽。利润率下降的危机、资本积累和有效消费不足的危机都表明资本开发和挖掘的生产力遇到了资本自身的限制。

---

① Karel Kosik, *Dialectics of the Concrete: A Study on Problems of Man and World*, D.Reidel Publishing Company, 1976, p.97.

② Karel Kosik, *Dialectics of the Concrete: A Study on Problems of Man and World*, D.Reidel Publishing Company, 1976, p.126.

就哲学的分析批判而言，资本逻辑批判理论实质是“关于现实的人及其历史发展的科学”①，穿透日常生活的伪装面具，把哲学的思维视镜和批判工具切入到资本主义生产关系和内在的社会现实之中，才能真正回答人的历史发展问题。哲学批判是科学（经济学）批判的前提，科学（经济学）无关“社会—人类实在”的动态历史生成，只关注对既成社会现实的描述，不对“超现实”的价值诉求进行意义追问，因而在实在的概念内涵面前是沉默和无能为力的。“在马克思看来，只有一件事情是重要的，那就是发现他所研究的那些现象的规律。而且他认为重要的，不仅是在这些现象具有完成形式和处于一定时期内可见到的联系中的时候支配着它们的那个规律。……最重要的是这些现象变化的规律，这些现象发展的规律，即它们由一种形式过渡到另一种形式，由一种联系秩序过渡到另一种联系秩序的规律。”②这种独特的分析功能恰恰是哲学的属性和批判功能所满足和具备的，哲学不接受未经审慎反思的当然前提和既成现实，它要求澄明前提和划清界限，因而能够对资本主义经济社会的“常识和拜物教化的日常生活现实提出质疑，对它们的适宜性和‘合理性’提出质疑，打破它们的确定性”，从而把“被遮蔽、被遗忘、被神秘化的东西揭示出来，”③使之成为显明的因而无法忍受的现实，从而唤起主体的自觉意识和培养主体的实践能力。更主要的是，经济学要想成为科学并实现范式创新就需要一整套概念范畴和思想变革的支撑，哲学为此提供了不可或缺的灵感和工具。“经济学要想真正成为科学而不是在科学的边缘徘徊，就必须建立在正确的社会实在概念之上，这个概念不是也不能是任何专门的科学学科使用的概念，相反，它只能是一种批判的哲学范畴。”④

---

① 《马克思恩格斯选集》第4卷，人民出版社2012年版，第247页。

② 《马克思恩格斯全集》第44卷，人民出版社2001年版，第20页。

③ Karel Kosik, *Dialectics of the Concrete: A Study on Problems of Man and World*, D.Reidel Publishing Company, 1976, p.134.

④ 冯潇：《从经济的形而上学到批判的哲学：柯西克对马克思哲学本质的诠释——柯西克〈具体的辩证法〉解读》，《学习与探索》2016年第12期。

总之，哲学和科学（经济学）是相互映衬的，马克思资本逻辑批判在哲学存在论的层面上揭示了资本操持和控制下的拜物教实质和物役化现实，探得了物相化世界关系背后真正人的本质和人的主体性地位，触及了其他同时代学者不可达到的“物自体”的“彼岸世界”。在哲学和科学的话语接榫和建构互动中，使哲学批判有了深入资本主义机体内部的实质内容，也使科学分析有了超越资本主义现实的实践价值指向，从这一意义上来说，资本逻辑批判是以严密的哲学和科学（经济学）方法建立以来的思想理论体系。

五、具体—总体的批判分析方法

资本逻辑批判“决不是对经济学的个别章节作零碎的批判，决不是对经济学的某些争论问题作孤立的研究。相反，它一开始就以系统地概括经济科学的全部复杂内容，并且在联系中阐述资产阶级生产和资产阶级交换的规律为目的”①。因之，具体—总体的批判分析方法也是资本逻辑批判最重要的方法之一。

具体—总体的批判分析方法“将实在视为具体，视为一种结构性的整体……视为一种进化着的整体……视为一种处在形成过程中的整体”②。马克思在对资本的界定和分析中就运用了具体—总体的批判方法。他认为，资本的本质是以一定的物质载体和中介为基础的特定的社会关系，资本的社会关系赋予其自身主体性和能动性，资本逻辑发挥其主体能动性的过程就是资本主体不断运动并将其实体内容纳入增殖图式的过程。了解资本逻辑，必须了解其作为社会关系的主体性，将其置于一定的“特殊的生产”之中，从而形成独特的批判研究对象。因为“生产也不只是特殊的生产，而始终是一定的

① 《马克思恩格斯选集》第2卷，人民出版社2012年版，第10页。

② Karel Kosik, *Dialectics of the Concrete: A Study on Problems of Man and World*, D.Reidel Publishing Company, 1976, p.19.

社会体即社会的主体在或广或窄的由各生产部门组成的总体中活动着”①。生产、交换、分配和消费构成生产关系的总体结构，生产关系总体结构中的生产、交换、分配和消费又是统一体中的差别性环节，要素关系和系统结构是相互决定的。

资本逻辑具体—总体的批判分析方法用“思想总体”再现“丰富总体”的过程也是一个开放进化的过程。1857 年 8 月，马克思首次提出了资本逻辑批判的“五篇结构”——“（1）一般的抽象的规定……（2）形成资产阶级社会内部结构并且成为基本阶级的依据的范畴。资本、雇佣劳动、土地所有制……（3）资产阶级社会在国家形式上的概括……（4）生产的国际关系……（5）世界市场和危机。”②1858 年 2 月 22 日，在《马克思致斐迪南·拉萨尔》的信中，马克思谈到了将全部著作分成六个分册的计划，“六册计划”包括“1. 资本（包括一些绪论性的章节）；2. 土地所有制；3. 雇佣劳动；4. 国家；5. 国际贸易；6. 世界市场。”③1866 年 10 月 13 日，在《马克思致路德维希·库格曼》的信中，马克思又谈到了全部著作的四个部分，即“四册结构”，包括“第一册是资本的生产过程；第二册是资本的流通过程；第三册是总过程的各种形式；第四册是理论史。第一卷包括第一、二册，第二卷为第三册，第三卷为第四册。”④从“五篇结构”到“六册计划”再到“四册结构”，资本逻辑批判随着对“具体总体”的深入考察，不断丰富升华“思想总体”，彰显了开放性的“总体结构”和发展性的总体批判思路。

在批判分析的范畴规定和范畴序列方面，范畴首先具有总体性和完备性，比如劳动范畴，“对任何种类的劳动的同样看待，以各种现实劳动组成的一个十分发达的总体为前提”，“劳动一般这个抽象，不仅仅是各种劳动组成的一

① 《马克思恩格斯全集》第 30 卷，人民出版社 1995 年版，第 27 页。
② 《马克思恩格斯全集》第 30 卷，人民出版社 1995 年版，第 50 页。
③ 《马克思恩格斯文集》第 10 卷，人民出版社 2009 年版，第 150 页。
④ 《马克思恩格斯选集》第 4 卷，人民出版社 2012 年版，第 742 页。

个具体总体的精神结果”①。并且“最简单的范畴”也只有在“最现代的社会”中才成为“实际上真实的东西”。这也遵循和验证了较简单、初级的社会发展的征兆只有在比较复杂、高级的社会发展阶段才能被认识和理解的原则。马克思指出,在对商业资本、借贷资本和产业资本的范畴对比中,产业资本是后于商业资本和借贷资本的新近的资本形式,但是就“产业资本是在资产阶级社会占统治地位的资本主义关系的基本形式”而言,“其他一切形式都不过是从这个基本形式派生的,或者与它相比是次要的”②。所以,商业资本和借贷资本只有放在产业资本的充分形成中才能获得自己存在的价值和意义。在产业资本主导下,商业资本和借贷资本处于派生的从属地位,其“特殊的职能”需要在产业资本职能的框架下解释和说明。

此外,具体—总体的批判分析方法“并非幼稚地渴望毫无遗漏地认识实在的一切方面,并不指望能够提供囊括全部无穷方面和特性的‘总体’图景。……并非捕捉并描绘实在的一切方面、属性、关系和过程的一种方式,而是关于实在的具体整体的理论”③。一方面,由于资本和资本的关系在资本主义社会中决定着“其他一切关系的地位和影响”④,因而,《资本论》的政治经济学批判抽象掉了诸多古老的、不成熟的和具有中间性质的不显要的经济形式,而以资本逻辑批判为主要内容。因此,采取了历史与逻辑相统一的分析批判方法。其中历史的发展充满了偶然条件和扰动因素,使其前进过程总是充满曲折性、复杂交叉性和跳跃性,事无巨细的丰富材料和无足轻重的枝节末梢常常搅扰思想节奏和迷乱思想进程。“因此,逻辑的方式是唯一适用的方式。”⑤实际上,逻辑方法本质上也是历史的研究方法,它是思想抽象再现历史

---

① 《马克思恩格斯全集》第30卷,人民出版社1995年版,第45页。

② 《马克思恩格斯全集》第26卷第三册,人民出版社1974年版,第518页。

③ Karel Kosik, *Dialectics of the Concrete: A Study on Problems of Man and World*, D.Reidel Publishing Company, 1976, p.19.

④ 《马克思恩格斯全集》第30卷,人民出版社1995年版,第48页。

⑤ 《马克思恩格斯选集》第2卷,人民出版社2012年版,第14页。

发展变化的实际过程的方法。不过,逻辑的方法并不是现实历史僵硬的按图索骥和按部就班,而是修正和“摆脱了历史的形式以及起扰乱作用的偶然性”①,在思想和理论上对历史过程前后一贯的形式上的反映,“这时,每一个要素可以在它完全成熟而具有典型性的发展点上加以考察”②。借由此,现实的“具体总体”才能上升为具有多种规定的历史综合的“具体总体”,此时的“具体总体”才告别了初级的“具体总体”而具有一般规定性。

总之,马克思坚持历史唯物主义和辩证法的根本原则,用辩证—历史的批判分析方法证明了资本和资本主义社会的历史性。实体—关系的分析批判方法和抽象—具体的批判分析方法在正确揭示资本、资本关系和资本逻辑本质的基础上,既科学(经济学)指出了资本生产力的现实,具体—总体地呈现了资本生产力发展的动态过程,又超越性地指示了资本解构自身的未来发展趋势。可见,正确理解资本逻辑批判的阐释路径和方法意蕴,既是正确理解马克思资本逻辑批判理论的前提,也是今天学习和发展马克思理论的必然选择。

① 《马克思恩格斯选集》第2卷,人民出版社2012年版,第14页。

② 《马克思恩格斯选集》第2卷,人民出版社2012年版,第14页。

第二部分

资本逻辑批判的主题设置

第三章　资本逻辑与生态

人与生态系统之间的物质变换和系统交流是人类生存发展的永恒议题，马克思的资本逻辑批判思想为考察和解决生态问题提供了科学的分析视角和有效的方法工具。在资本逻辑批判视域下，人与自然生态环境经历了分离、断裂与复归三个辩证阶段：通过劳动实践人与对象化的生态世界相脱钩与分离，资本增殖逻辑统摄下的技术、生产、文化、消费和生活等扩大了这种分离并将资本半径辐射到生态领域，暴露了资本逻辑的反生态本质和生态系统断裂的症结。生态危机倒逼我们问教于马克思，透过生态危机的浅层表象深入到内在机理找到生态危机爆发的本质源头，在此前提下，超越狭隘的资本逻辑，实现生态与资本的融合，进而构建和回复到真正的生态理性和生态资本逻辑。

人们惯常“以物质主义和消费主义的眼光来看待世界，这个世界正在产生各种各样的资源耗竭和环境恶化”①。大气和水污染、臭氧层漏洞、荒漠化和土地资源枯竭、被污染的北极和“哭泣”的南极、艾滋病和MERS病毒难控，加之埃博拉和全球新型冠状病毒肆虐，可以预知和不可预知的危机正在逼近我们，要求我们不能浮于问题的浅表，而要深入事物的构造和内在机理，找寻诱发生态危机的行为要因，分析生态危机的系统表征和消极影响，进而制定行

① ［美］戴维·哈维著：《正义、自然和差异地理学》，胡大平译，上海人民出版社2015年版，第133页。

之有效的疗治方案，马克思的资本逻辑批判思想为我们探知问题真相和寻求谜疑答案提供了审辨的视界和致思的逻辑。

一、分离：人与对象化的生态世界

人首先是自然的存在物，人是自然的一部分，自然是人的“无机的身体”，人和自然之间是有机的统一整体。同时，人在本质上还是“社会的存在物”，社会性是人的本质属性，因此自然又以外在于人的对象化的方式存在。在人类社会产生以前，自然界以“自在自然”即“第一自然”和“纯然自然”的方式存在并遵循自主的运动规律，这就是费尔巴哈所谓的无人涉足的“第一自然”“纯然自然”。与费尔巴哈等对无人涉足的“第一自然”和“纯然自然”的认识不同，马克思将自然、劳动、文化、技术、消费等视为一个系统性的整体，从系统性的关系和整体性的视域出发，马克思要探讨的是有人涉足和改造后的“第二自然”或曰“人化自然”，或者更准确地说，马克思关注的是在人的劳动、交往等形成的社会关系下，社会关系对自然关系、生态景观的合意性改造和重构。在人类社会产生以后，劳动实践充当起人与对象化世界之间的互动桥梁，自然储库为人类生存提供了最初始、最基本的生活资料和生产资料，开启了人与自然之间基于使用价值和自身真正需要的初始的物质变换关系。“劳动首先是人和自然之间的过程，是人以自身的活动来中介、调整和控制人和自然之间的物质变换的过程。”①这种天然的互动关系构成了人化自然的最初形态，人是自然之子，人在自然面前保持着最朴素的基本需要和始源性的崇拜尊敬。这种对自然的崇拜和敬重由于资本逻辑的加诸、主体价值的凸显和技术工具的介入而发生异变。从最根本的意义上说，自从资本逻辑加诸于人类社会和人与自然界之间的关系之上，并使人以理性化和工具化的意识对待自然界，以

① 《马克思恩格斯文集》第5卷，人民出版社2009年版，第207—208页。

短视的成本—收益模型换算不可化约的自然界价值，人与自然界之间的统一关系就破裂和中断了。具体而言，资本逻辑通过支配劳动实践重构了自然结构以及自然和人类之间的全面关系，劳动实践在“纯然自然”上镌刻了自身的烙印，产生了专属于人的“为我关系”，使人与自然之间形成了主体—客体的二元化主仆从属结构，“自然一经被纳入这种主—客二分框架（即马克思所谓的‘为我关系’），其内在价值就不可避免地遭到了遮蔽和剥夺。”①人以实践主体的身份将自然界视为“使用对象”和质料储库，自然界初始的本源价值属性被并归到在资本“指使”下由劳动开发的社会价值属性，在主体客体化的力量释放和主体对象化的确证行动中，自然的蒙昧状态被解蔽，同时也不可避免地被降格为满足人的物质能量需要的普通元素和质料工具。

作为“自然的存在物”，人首要的、不得不进行的第一种活动是通过物质生活资料的生产来满足自身生物性的存在和“种”的繁衍，并在此基础上构建了丰富多样的人与人之间的社会交往的关系网络，社会关系网络的形式是以处理人与自然界之间的关系为前提的。同时，社会关系网络一经形成，就会反过来钳制和影响人与自然界之间的关系以及人对自然界的价值认知，两者之间的互动关系以人类生产力发展的整体水平为基准而历史地铺陈和发展。例如，自然的储库和富源在“逐水草而居”的畜牧业和“靠天吃饭”的农业发展中源源不断地被过度挖掘和透支耗费，以土地肥力的减损丧失和水草的干瘪枯竭为表征，土地和水草等的自然力和新陈代谢周期被摧残和破坏，酿成了最初的生态问题。生产力低下、科技不发达以及空间动态迁移等某种程度上延缓和降解了早期的生态破坏力和注意力，使生态危机只获得了不充分表达和有限化敞显。作为“社会的存在物”，人在进行物质生活资料和生产关系的生产中“再生产整个自然界”，不仅再生产自然界的新陈代谢周期，而且再生产自然界的社会物质基础。人通过实践劳动将“自在自然”转

① 何中华：《马克思对人与自然对象性关系的历史建构——基于〈资本论〉语境的研究》，《哲学动态》2020年第1期。

化为“人化自然”，自然只有被纳入到“为我关系”中才获得存在的价值和意义。也因此，自然不再是没有任何人类足迹的“纯然自然”，而是与人的社会历史实践深刻勾连的具有社会历史痕迹的“真正自然”。正是在这个意义上可以说，“土地和资本，如劳动一样，也是生产关系”①，是“自然历史过程的产物”②。土地的开发利用程度和改良提升空间都受到历史的上一阶段科技水平和物质生产实践能力的限制和规约，这是新一代人的实践由以展开的前提，同时也是上一代人实践产生的积淀和结果。现实的自然基础构成其他一切发展的条件，而自然的社会建构使其在不同的历史时期和不同的发展阶段由于生产力发展水平、社会交往范围和人的发展程度相异而具有不同的涵容量和承载力。

人类一直抱持着自然资源无限性的幻觉，在实践基础上形成的人的主体性和需要的无限性与自然资源的有限性之间存在着恒久的对立。在满足人的需要的同时，实践的敞开性又将人的需要和需要的满足推至更高的层次，而新的实践活动不仅需要在更高的生产力水平上展开，而且需要耗费更多的土地、矿藏、森林、水和其他资源能源。在无限性错觉的蒙蔽下，人们在开发和利用自然资源面前忘乎所以，自然环境内在的规律性和制约性让位于人的实践活动的任意性和盲目性，自然资源自我更新和自我涵养退居于科学技术的创新节奏和物质消费的享受更替之后，自然自身循环往复的客观性和周期性拜倒在人类无限性的欲望和开土拓疆的雄心壮志之下。人们不仅在实践中最大限度地发掘自然潜力，而且在思想意识方面也高扬资本的尺度和人的需要，仅仅将自然看作简单的“有用物”，仅仅从有用性方面出发评估自然的价值意义，仅仅从便利资本增殖性角度发掘自然的富源，仅仅从对象化的异在角度看待人与自然之间的关系。人与自然之间丰富的内在血肉关系外化扭曲为简单的

---

① ［美］罗伯特·L.海尔布隆纳著:《马克思主义:赞成与反对》,东方出版社 2016 年版,第 72—73 页。

② 《马克思恩格斯全集》第 26 卷第二册,人民出版社 1973 年版,第 273 页。

取用关系，自然本身的自主性和丰富性以及人与自然之间的审美性和归属感也随之被抽空和淹没，自然生态价值的隐没和破坏在资本时代的城乡结构对立和城市化问题中得到体现并达到了顶峰，“资本主义生产使它汇集在各大中心的城市人口越来越占优势，这样一来，它一方面聚集着社会的历史动力，另一方面又破坏着人和土地之间的物质变换”①，也是在资本时代，人和自然之间的物质交换反制人与整个社会的全部关系，“由人类自身所推动的自然界的变化，反过来会决定人类历史发展的可能性及其界限”②。人类嗜欲的无限性和实践活动的扩展性在遭遇自然和地球设定的阈限时衍生喷发出生态危机，生态危机赶超经济危机等其他基本危机形式一跃成为影响和限定人类经济社会发展“不可逾越的存在论限度”。

二、断裂：资本逻辑的反生态偏向

人类从自然界的脱域尤其是资本时代的到来，彰显了资本伟大的文明进步力量，“以资本为基础的生产，……创造出一个普遍利用自然属性和人的属性的体系，创造出一个普遍有用性的体系”③，如果没有资本，自然系统向普遍有用的使用对象的全面转换无从谈起，更是不可想象的。詹姆斯·奥康纳以北欧新教移民对红树林的开采和破坏为例，说明了资本逻辑对自然系统的改写和重构。他指出，在资本逻辑尚未侵入这些原生性的红树林之前，这些树木对资本和市场而言保持着原生性的疏远和他性。然而，不断增长的木材市场的获利需求唤醒了这些移民的金钱欲望，加重了他们对外部环境进行窥探和控制的欲望，砍伐树木以建筑房屋和市镇的欲求彻底打开了原生性的红树林，

① 《马克思恩格斯全集》第44卷，人民出版社2001年版，第579页。

② ［美］詹姆斯·奥康纳著：《自然的理由——生态学马克思主义研究》，唐正东、臧佩洪译，南京大学出版社2003年版，第9页。

③ 《马克思恩格斯全集》第30卷，人民出版社1995年版，第389—390页。

并使人们的实践劳动和自然景观彻底服从于资本和资本增殖原则。资源和自然系统是资本主义生产的基础，反过来，资本也利用自身追求最大化价值增殖的动能全面地启动了科学和技术的直接力量，以此最快速和最大化地开发了自然系统的潜能。资本用最普遍的商品交换逻辑打造了资本主义社会，并创造了借由对商品资源和市场开发而对科学技术普遍而充分的运用，在此基础上，创造出了“社会成员对自然界和社会关系的普遍占有”。马克思总结到，只有在资本主义制度下，自然界才从“自为的力量”真正转变为“人的对象”和“有用物”，但是，这种转变并不代表对自然界和自然规律的真正认识，而是表现为“狡猾”，即对自然界独立规律的认识只是为了把自然界看作服从于人的需要的消费品和生产资料，为了这一目的和按照这一趋势，资本打破了自然流传的神话，撬动了日复一日和千篇一律的重复生产和生活状况，克服了闭关自守的区域阻隔和墨守成规的民族偏见，“资本破坏这一切并使之不断革命化，摧毁一切阻碍发展生产力、扩大需要、使生产多样化、利用和交换自然力量和精神力量的限制”①。资本具有文明进步和消极退步的双重效应，而其伟大文明的进步作用某种程度上是以自然生态的某种衰败退步为必要代价换来的。资本以启蒙理性和人本价值为旗帜，以工业发展和科学技术为两翼，自然神话的脆弱外观在利用和支配自然的功利主义和实用主义的策略下彻底幻灭，代之而起的是以人为中心、围绕人和资本增殖需要而展开的自然开掘和自然掠夺。资本冲破一切阻碍其增殖宏图的自然限制并将其归并为资本自身的力量，在科技、消费和空间的立体化规划中贯彻其专制意志。但同时，科技的应用限度、消费的过度张扬以及空间的外部扩散也斩断了人与自然之间天然的、“血缘般”的交互纽带，资本生产力的建设力量堕落为自然生态的破坏摧毁力量，资本反生态的内在本性和基因缺陷由此暴露显现。这种显现侵蚀和消解着资本的文明效应，使“文化与技术水平、协作方式、

① 《马克思恩格斯全集》第 30 卷，人民出版社 1995 年版，第 390 页。

生产工具和技术、自然界的形成以及自然景观的样态之间的统一性以一种更快的速度在消失着”①。这种分解和消失阻断和损害了财富生产的“原始资源”，产生了大量的废弃物和严重的污染，导致了资源能源的透支性消耗和无节制浪费，酿成了自然系统的枯竭和衰败。

首先，“资本增殖”跃升为最高目标。“资本不是物，而是一定的、社会的、属于一定历史社会形态的生产关系，后者体现在一个物上，并赋予这个物以独特的社会性质。”②作为特定的、历史的生产关系的资本不同于作为一般性生产要素的资本，资本以关系的囊括性和永久的膨胀性为内在的本质规定性，它“通过自己的增殖来表明自己是资本”③。因此，如果生产和生活资料只是作为“直接生产者的财产”，那么还不是资本。作为具体形态的物和生产生活资料只有在同时充当剥削和统治工人的手段并带来价值增殖额的时候，才是资本。资本在永无止歇寻求利润的扩张运动中摇身一变成为压倒一切的绝对意向，资本的至上性和资本增殖的指向性与对自然的全然蔑视和自然价值的实际贬低形成了鲜明的对比图像。对资本辖制下的工人劳动者而言，他们“不是作为用于享受的使用价值，而是作为用于获取货币的使用价值，被货币所消耗”④。他们只有确保自身为资本增殖持续不断有用的条件下才能存在和被雇佣，“这种生产关系把工人变成资本增殖的直接手段”⑤。对于资本引领下的社会生产力的跃升而言，“物质生产力的提高、特别是由机器体系的应用所带来的提高表现为资本的一个属性，乃至资本的一种产物”⑥。这种以价值和价值增殖为媒介和标尺的生产方式、物质变换和生态代谢，不可避免地造成物

---

① ［美］詹姆斯·奥康纳著：《自然的理由——生态学马克思主义研究》，唐正东、臧佩洪译，南京大学出版社2003年版，第145页。

② 《马克思恩格斯全集》第46卷，人民出版社2003年版，第922页。

③ 《马克思恩格斯全集》第25卷，人民出版社1974年版，第397页。

④ 《马克思恩格斯全集》第30卷，人民出版社1995年版，第465页。

⑤ 《马克思恩格斯全集》第44卷，人民出版社2001年版，第582页。

⑥ ［英］大卫·哈维著：《资本的限度》，张寅译，中信出版社2017年版，第184页。

质变换的搅动和裂缝即生态景观退化和生态危机。资本强势的“一意孤行”使其击退个人、机器和自然生态，将人对自然的胜利置换为资本对人的统辖，资本成为凌驾所有他者的自动主体，并自然形成了一种非常神秘的气质，“因为劳动的一切社会生产力”都好像是从资本自身生长出来的资本的力量和生产力，劳动的一切社会生产成果“都好像不为劳动本身所有，而为资本所有”①。自然生态为资本增殖和资本的弹性积累奠定了不可或缺的坚实物质基础，但也使自然生态绝对地失去了循环弹性，由此诞生了资本增殖逻辑下的生态灾难和生态悖论，即“在以资本自身积累为唯一目标的资本扩张动力的驱动下，依靠汲取生态系统中自然力母乳而日益强大的生产力，又以更强大的力量汲取生态系统的自然力母乳，由此导致正反馈循环：一方面形成了越来越强大的贯穿着资本扩张意志的社会生产力系统，其在价值上的表现即资本积累；另一方面形成了被这个资本积累过程吸收自然力而日益枯竭的生态系统。而资本扩张和积累又必须以这种生态系统的自然力为前提，于是资本扩张将面临难以为继的困境。”②资本增殖的最大化膨胀超出了自然最大的涵容量和承载力，资本自身发掘的社会生产力系统枯竭了自身立于其上的生态力系统，表现为资本扩张的生态悖论为资本川流不息的增殖运动设置了自然障碍，这一自然障碍不仅表明了自然无声的顽强抵抗，摧毁了资本增殖的天然基础，而且以一种危机方式揭秘了整个资本主义社会虚假繁荣背后最隐蔽的真实——一种空虚的、被掏空了的去未来化的增长。然而，“资本主义显然不可能给自己划上终止符，指望资本主义为疯狂掠夺地球资源的行为踩下刹车，也无异于痴人说梦”③。因此，生态问题和生态危机的产生和愈演愈烈就是资本增殖和资本主义运动发展的必然逻辑。

---

① 《马克思恩格斯文集》第 7 卷，人民出版社 2009 年版，第 937 页。

② 鲁品越：《〈资本论〉的生态哲学思想研究》，《学习与探索》2015 年第 1 期。

③ ［日］斋藤幸平：《马克思与生态问题》，《南京工业大学学报》（社会科学版）2020 年第 5 期。

其次,“控制自然”的理性观念泛滥。控制自然通常被看作是资本实现人的解放和自我实现的必要条件,资本的增殖逻辑要求“把自然界舒适宜人的故事加以理性化”①,这种理性化思维一方面形塑了一种崭新的人与自然的关系,即由资本的主体立场出发的“一种不断增长的对自然‘奥秘’和‘效用’的迷恋和一种要识破它们以获得力量和财富的渴望”②。这种对自然效用和对自然获利的执迷将推动人类开发自然科学和工业技术,从而不断深挖和发挥自然对财富创造和财富积累的积极效用。另一方面,形成了一种资本增殖取向标准的普遍化和对工业技术革新的崇高信仰,这种盲目的信仰陷阱“把环境质量问题归属于无所不包的经济核算问题”③,即单纯的价格和成本收益的经济问题。这种对问题的简单而错误的归因导致了一种盲目的乐观的态度——即使环境维护和环境治理价格费用昂贵,总可以通过科学技术的攻关和经济核算方式实现,由此导致的行为后果将是那种将自然完全视为满足人的需要和实现资本价值增殖的纯粹对象地位的思维方式的根深蒂固和行为规范的理所当然。这种思维理路和行动方式如果被广泛接受和实施,将进一步带动人们对自然界的疯狂进攻和无穷开发,由此将必然引发自然生态不可逆转的全面衰退。有学者认为,自然生态问题从来都不是单纯的自然问题,它是人类社会权力设置和权力施展在自然领域的蔓渗和遮掩,其背后隐藏的是在资本的强权操控下人对人的左右和操控。威廉·莱斯指出,“如果控制自然的观念有任何意义的话,那就是通过这些手段,即通过具有优越的技术能力——一些人企图统治和控制他人”④。由此,我们发现,编织和维护这种“控

① [美]詹姆斯·奥康纳著:《自然的理由——生态学马克思主义研究》,唐正东、臧佩洪译,南京大学出版社 2003 年版,第 145 页。

② [加]威廉·莱斯著:《自然的控制》,岳长龄、李建华译,重庆出版社 1993 年版,第 35 页。

③ [加]威廉·莱斯著:《自然的控制》,岳长龄、李建华译,重庆出版社 1993 年版,序言第 3 页。

④ [加]威廉·莱斯著:《自然的控制》,岳长龄、李建华译,重庆出版社 1993 年版,第 109 页。

制自然”的神话实质就是坚持以盲目的力量破坏自然的持续生产能力，从而维护资本全面的特权统治和压迫。

再次，科技以资本增殖为应用标尺。资本作为“普照的光”，将对自然的管辖纳入资本增殖逻辑之中是通过科技的中介和加速作用达成的。资本膨胀扩张的“温床”滋生了“工具主义的自然观”，即“把自然看成是资本财产的组成部分——供人类开采的资源”①。资本“赋予资本主义非凡的力量来对待和统治自然”②。这种非凡的力量释放出控制和支配自然的“荷尔蒙”，使人们盲目地自信“社会能够支配自然并根据人的需要彻底改造它，并主张全部自然的人性化原则上都是没有问题的计划”③。由此，自然被纳入到资本的增殖图式和“冰冷的算计”之中，成为可以被随时随地分割换算和转嫁替代的无限充裕的一般化生产要素，而且自然生态成本的累积沉没也使其主体生命力和存在论价值被削弱和忽视。

科学和技术是资本统治自然最直接和最有利的媒介和工具，科学“不费资本分文”的“生产力效能”使以利润最大化为最高使命的资本主义生产必然以技术作为载体以无限扩大和延伸资本力量。“自然科学及作为外化形态的技术一旦被纳入资本权力的支配之下，就不可避免地沦为人类过度征服自然的危险力量。因为科学技术使执行职能的资本获得了一种不以其一定量为转移的扩张的能力。”④机器作为“生产剩余价值的手段”⑤是技术最直接的物化形式，对资本来说，“只有在机器的价值和它所代替的劳动力的价值之间存在

---

① ［美］戴维·哈维著：《正义、自然和差异地理学》，胡大平译，上海人民出版社2015年版，第141页。

② ［美］戴维·哈维著：《正义、自然和差异地理学》，胡大平译，上海人民出版社2015年版，第149页。

③ ［美］戴维·哈维著：《正义、自然和差异地理学》，胡大平译，上海人民出版社2015年版，第149页。

④ 何中华：《马克思对人与自然对象性关系的历史建构——基于〈资本论〉语境的研究》，《哲学动态》2020年第1期。

⑤ 《马克思恩格斯全集》第44卷，人民出版社2001年版，第427页。

差额的情况下,机器才会被使用"①。换句话说,机器只有在对资本增殖有利和被资本积累所允许的条件下才能有效运转使用,机器只对资本增殖负责的"使用限制"规避了其对资本增殖的消解力和破坏力,而这种"完美回避"在使资本增殖不受任何基础量限制的同时也造成了对资源环境无以复加的损害。简言之,机器的使用和技术的进步提高了自然资源的开采和利用效率,但结果却是增加而不是减少了对资源的持续需求,因为效率改进的规模效应所引发的对能源需求量的增加远远高于机器尚未使用之前对能源较低的需求量,这样就造成了技术进步和资源环境保护之间的矛盾悖论。机器的第二个悖论是,资本总是"力图把有反抗性但又有弹性的人的自然界限的反抗压到最低限度"②,易言之,"价值生产率"才是超越"物质生产率"的真正目的,而"物质生产率"只不过是一种必要的手段,"因此,技术变革是作为促进资本积累的首要杠杆而存在的,因为它会不断提高劳动力的价值生产率"③。机器的悖论意味着在通过技术提高劳动力的价值生产率的同时,原本依靠劳动力完成的必要环节由机器所代替,资本积累的杠杆使其在技术一端不断弱化和架空劳动力对资本增殖的实际影响,而在人与人的自然界限一端又不断突破劳动力生存的底线。技术对不可再生资源和"土地、水资源、空气、野生动物"以及"整个生态系统"的破坏性开发利用,反过来限制和断送了"资本主义积累得以实现的可能性区域"④。结果,"机器本身是人对自然力的胜利,而它的资本主义应用使人受自然力奴役"⑤。资本的"恣意"和机器的"蛊惑"在更高的生产力水平下将人重新归于"洞穴般的生存状态"和"自然般的奴隶状态"。

复次,资本增殖以消费为实现途径。对资本来说,消费是剩余价值实现的

---

① 《马克思恩格斯全集》第44卷,人民出版社2001年版,第451页。

② 《马克思恩格斯全集》第44卷,人民出版社2001年版,第464页。

③ [英]大卫·哈维著:《资本的限度》,张寅译,中信出版社2017年版,第231页。

④ [美]詹姆斯·奥康纳著:《自然的理由——生态学马克思主义研究》,唐正东、臧佩洪译,南京大学出版社2003年版,第196页。

⑤ 《马克思恩格斯全集》第44卷,人民出版社2001年版,第508页。

最后场域,因而也是资本家获取剩余价值和劳动者排解劳动异化的最终场所。对资本家而言,他所能关心的并不是生态和自然的较远的较间接的影响和后果,相反,“最直接的效益”“最普遍的利润”才是唤醒和牵动他最敏感神经的唯一动力和目的,因此,“自然的成本付出”和“生态的持续补偿”并不在资本家关心的范围之内。资本要在消费领域中实现自身的价值,不断扩大的资本体量要求与之相适配的消费体系。因此,资本要求扩大现有的消费量,并把现有的消费推广到更大的范围,以便造成新的需要,并在新的需要中不断发现和创造出新的交换价值。但是,“同人的需求和需要相关的生产率大大有别于同创造剩余价值相关的生产率”①。劳动者创造剩余价值的力量转化为资本日益壮大的力量,却没有转化为劳动者的消费力量,于是资本主义商品生产总是面临着劳动者有效需求下降和不足的困境。随着生产力水平的跃升和经济总量的增加,劳动者整体的消费能力也得到了历史性的相对提升。但是,资本无限积累与劳动者有限消费能力之间的矛盾并没有得到缩小而是更加扩大,资本向金融资本和虚拟领域的进阶转变在加剧贫富两极分化的同时,紧缩了普通劳动者的消费能力,加重了生态负担。从另一角度看,交换领域表面上的和平和平等使在生产领域遭受事实上的剥削和歧视的劳动者不得不忍受劳动瘟疫般的折磨和颠倒式的扭曲,于是消费环节或消费领域成为他们释放情绪和弥补异化的唯一指望。但是,过度的折磨使他们不再基于使用价值和真正的需要而消费,而是基于符码和情绪的释放发泄而消费,是为了消费而消费,消费成了资本壮大的最大动力,却在生产消费中以不断扩大的规模再生产出“自我施加的异化”。消费不仅没有有效缓解异化对消费者的压抑反而加重了消费者身上的“锁链”,而且过度生产和过度消费产生了大量废弃物,它们没有办法重新回到原初形式或再循环利用,只能被排泄到自然界,成为不能被消化吸收的残余。让·鲍德里亚指认了我们今天所处的丰盛的“消费社会”,

① [英]大卫·哈维著:《资本的限度》,张寅译,中信出版社 2017 年版,第 189 页。

他认为,今天我们周围存在的"由不断增长的物、服务和物质财富所构成的惊人的消费和丰盛现象"构成了"人类自然环境中的一种根本变化"①。资本制造的消费丰盛的反面恰恰是生态环境的永久性枯竭和贫困的持续性积累,人的官能性消费完成了资本增殖的使命,但是却要以"增长的恶性循环"为任务的完成埋单。"我们处在'消费'控制着整个生活的这样一种境地。……'环境'是总体的,被整个装上了气温调节装置,安排有序,而且有文化氛围。这种对生活、资料、商品、服务、行为和社会关系总体的空气调节,代表着完善的'消费'阶段。"②在这一阶段,"景观的积聚"和"虚假的消费"充斥着整个社会,人们在不可遏制的非自觉的消费欲求操控下生产和扩大资本与生态之间的罅隙,生态危机成为根本性的生存危机。

最后,资本增殖以空间绵延为拓展方式。资本在"故乡"受利润率下降的催逼使其必须踏上全球化的布展和征途,在世界市场和全球化格局中,资本优势势能与其他落后国家地区之间形成资本动能的势力差,过剩的资本外溢寻求更大的原料市场和更广的市场空间,造成两方面的变化。一方面,高频普遍的商品交换使资本有了更大的作用空间和活动范围,而且流入资本本国的外国材料、原料和半成品用减少生产成本的方式强化了资本的力量。另一方面,强势资本对廉价劳动力和资源能源的过度吸吮打乱和阻断了这些落后国家或地区的生产力自主发展节奏,水土流失、环境退化、资源枯竭和挥之不去的贫困梦魇搅扰着弱势国家或地区,在资本贪婪的永动机装置和限定性的文明驯化下,资本试图在"有限的环境中实现无限扩张本身就是一个矛盾,因而全球环境之间形成了一个潜在的灾难性的冲突"③。欠发达的"他者体系"只充当了完成资本增殖使命的后备储库,却并未被纳入到资本的整个成本考量表和

① ［法］让·鲍德里亚著:《消费社会》,刘成富、全志钢译,南京大学出版社 2014 年版,第 1 页。

② ［法］让·鲍德里亚著:《消费社会》,刘成富、全志钢译,南京大学出版社 2014 年版,第 5 页。

③ Andre Gorz, Critique of Economic Reason, London and New York: Verso, 1988, p.2.

成果分配单之中,发达资本主义“优雅的超出寻常的饭店的精美外观,只有通过一系列日益肮脏和令人恶心的后房和厨房才能成为可能”①。除此之外,“新的时空概念和价值是由主要力量通过征服、帝国扩张或新殖民统治强加的”②。资本借助隐匿的市场原则和全球构序将其意志灌注给其他国家和地区,打开尚未开发的、封闭的潜在资源宝库,或快或慢地改变这些地区的社会框架并在全球资本环流中不断扩大和再生产出资本关系和价值增殖体系。在资本关系性的时空布局中,经济理性逻辑战胜生态正义理念系统地危害了环境,造成了自然失调和生态失控,其激增的生态债务和环境亏空侵蚀和离散了生态正义和环境逻辑,酿成了全球范围生态环境不可挽回的危机。资本的全球化运动将生态成本外部化,而资本增殖的利润则被资本所有者阶层独占化,生态环境问题被视为资本增殖必要的伴生物,最终自然的匮乏成为资本最快化和无限制增殖最根本的阻滞。

三、复归:回复真正的生态逻辑

马克思指出,“一切生产都是个人在一定社会形式中并借这种社会形式而进行的对自然的占有。”③在资本主义社会中,“对自然的占有”方式和“对自然的占有”后果都要受制于资本所统御的生产关系和社会形式。因此,资本主义社会中经济社会与自然生态之间天然地存在着紧张关系,这种紧张关系因为资本增殖的无限性和资源环境的制约性之间的冲突、劳动者消费能力的限制性和商品生产的扩大化之间的矛盾以及资本空间运动的流变性和空间环境结构的稳定化之间的对抗而愈发加重拓展。马克思以历史唯物主义的方

① [美]戴维·佩珀著:《生态社会主义:从深生态学到社会正义》,刘颖译,山东大学出版社2012年版,第111页。

② [美]戴维·哈维著:《正义、自然和差异地理学》,胡大平译,上海人民出版社2015年版,第253页。

③ 《马克思恩格斯文集》第8卷,人民出版社2009年版,第11页。

法对资本社会的剖析考察为超越资本逻辑进而恢复真正的和谐生态提供了理论启发和方向指引。他指出，跨越和超脱野蛮地与“自然搏斗”的“必然王国”阶段，进入人的需要与自然协调和解的“自由王国”阶段，将是这样的生态逻辑和生态场景——“社会化的人，联合起来的生产者，将合理地调节他们和自然之间的物质变换，把它置于他们的共同控制之下，而不让它作为一种盲目的力量来统治自己；靠消耗最小的力量，在最无愧于和最适合于他们的人类本性的条件下来进行这种物质变换”①。正是在资本辐射下，商品的使用价值让位于交换价值，真正的需求让位于虚假的需要，生产逻辑让位于增殖逻辑，人的主体性让位于资本的主体性，资本的同质化挤占并篡夺了人类社会和生态环境的丰富性和多元化，资本逻辑对其他价值元素的一体化和同构化反过来拒斥资本逻辑，资本遇到了自身的绝对限制。因此，超越资本时代和资本逻辑，在生产力高度发达和物质财富充分涌流的条件下，人的实践活动与资源环境之间的紧张关系才能得到舒缓和化解，而这只是化解生态危机的必要条件而非充分条件。我们需要在现时代条件下，在生态危机根本爆发之前，找到资本逻辑与生态环境之间的适当距离和合理张力，从而构建真正意义上的和谐生态资本。

首先，正确的自然观是前提。没有对问题根源的正确认识，就找不到解决问题的恰切方法，自觉的自然意识和正确的自然观是破解生态问题的必要条件和前提基础。培养自觉意识首先要识破既有社会秩序潜藏的“人类自由和人与自然关系的机械论圈套”②以及由此派生和延伸出来的“支配自然的世界观”③。正视生态质量剧降和生态危机毁灭性逼近的危险性和紧迫性，拒绝“理性的机巧”，反思挥动“技术的魔杖”改善和亲近环境的“标准方法”，破除

① 《马克思恩格斯全集》第46卷，人民出版社2003年版，第928—929页。

② ［美］约翰·贝拉米·福斯特著：《生态危机与资本主义》，耿建新译，上海译文出版社2006年版，第44页。

③ ［美］约翰·贝拉米·福斯特著：《生态危机与资本主义》，耿建新译，上海译文出版社2006年版，第44页。

技术万能的神话。在此前提下，扭转异化虚浮的消费理念，追求商品最终的实用性而不是越来越多的资本利润本身或产品令人应接不暇的样式翻新。正确识别自然关系与社会关系的相互制约关系，对自然关系而言，摒除“把解决环境问题仅仅看作是一个经济代价核算”和“在价格合适时可以购得的商品”①的错误认识，剖析环境问题所具有的人道精神和人文价值。对社会关系而言，培养觉悟和识别“人际关系中新发展的控制形式”②的能力，揭开和触及生态环境问题内部最深刻的社会经济隐秘，为自觉力量的集结创设可靠的物质前提，为问题的彻底解决谋划根本的方案出路。

其次，“预防比补救更可取。”③回归生态本质需要摒弃资本自残式的生产力增长方式，变冲突型要素组合为互利型要素嵌套，以生态可持续性发展的自觉眼光审视资本运行，以资本的合理运行推动生态改良和可持续性发展方案的落地实行。将生态要素内置于资本肌体之中，以资本涵养生态，以生态培植资本，形成生态—资本的良性互动。突破资本增长的极限，翻转和超越资本逻辑，变“为资本”进行科技创新为“为人民”进行科技创新，突破基于资本逐利的“狭隘的科技基础”，赋予科技创新性发展以人本性价值。变科技对劳动者的排斥性发展为科技解放劳动者的包容性发展，将劳动者从单调枯燥的异化劳动中解放出来，充盈劳动者个性化发展的自由时间，恢复和发挥劳动者的主体性和创造性。将目光由交换和消费领域转移到生产领域，使追逐交换价值的商品生产让位于以使用价值为基础的商品生产，控制和减少由于异化劳动和虚假需求引发的过度消费。将生态成本严格控制在周期性循环更新所要求的界限范围内，保持资源环境的持续稳定性和“自然界的整体持续性”，促进

① ［加］威廉·莱斯著：《自然的控制》，岳长龄、李建华译，重庆出版社 1993 年版，中译者序第 2 页。

② ［加］威廉·莱斯著：《自然的控制》，岳长龄、李建华译，重庆出版社 1993 年版，中译者序第 3 页。

③ ［美］戴维·哈维著：《正义、自然和差异地理学》，胡大平译，上海人民出版社 2015 年版，第 433 页。

需求满足与生态平衡的良性互动。跳脱出资本规则和资本圈层的禁锢和束缚,秉持自然共同体和社会共同体的全球化意识理念,调整和扭转资本全球化的偏畸结构,改变和去除对经济欠发达国家和地区的污染转移和生态剥削,培育基于技术创新和人力资本等健康要素的内涵式生态文明发展道路。

再次,发展比不发展更重要。“只有通过发现自然的‘真正法则’,我们才能学会以有利于我们物种的方式‘自然而然地与自然相处’。”①自然不是任由人类取用的纯粹的有用物,其存在和发展具有不以人的意志为转移的客观规律性,回到自然,不是重温“纯然自然”的先在性和谐的乌托邦式的浪漫幻想,而是在工业历史充分打开和人类生产力高度发达的基础上在更高层级上的复归,是人与自然关系的真正和解,是“自然的历史”和“历史的自然”的真正统一。在这一阶段,将克服资本宰制的狭隘偏见和征服自然的盲目自大,“根据对自然界的必然性的认识来支配我们自己和外部自然”②,回落到现实的生态运动,一方面如果“将可持续发展仅局限于我们是否能在现有的生产框架内开发出更高效的技术是毫无意义的,这就好像把我们整个生产体制连同非理性、浪费和剥削进行了‘升级’而已。……能解决问题的不是技术,而是社会经济制度本身”③。只有透过浅表的表现形式发现产生生态断裂的社会关系和经济制度的根源,才能找准生态危机的病灶,这是化解危机的基础前提。另一方面,确立社会主义的生态原则——“平等、消灭资本主义和贫穷、根据需要分配资源和对我们生活与共同体的民主控制”④。生态问题既是地区性的,也是全球性的,是空间性和超空间性的统一,制定生态文明切实可行

① [美]戴维·哈维著:《正义、自然和差异地理学》,胡大平译,上海人民出版社 2015 年版,第 140 页。

② 《马克思恩格斯文集》第 9 卷,人民出版社 2009 年版,第 120 页。

③ [美]约翰·贝拉米·福斯特著:《生态危机与资本主义》,耿建新译,上海译文出版社 2006 年版,第 95 页。

④ [英]戴维·佩珀著:《生态社会主义:从深生态学到社会正义》,刘颖译,山东大学出版社 2005 年版,第 356 页。

的行动纲领和方案,要求摒弃以邻为壑和嫁祸于人的错误观念,采取全球一致协同的环境正义行动,这是化解危机的必然过程。另外,解构资本逻辑,充分呈现和占有人的全面本质。人的本质是一切社会关系的总和,自然也是"社会的范畴",因而内在地构成了人的解放和自由全面发展的维度,要超越"自然有用性"的简单定义,重新生产和创造自然界,进而实现人与自然的本质统一。

最后,以行动构建生态命运共同体最关键。逆全球化回潮和新冠疫情肆虐一方面凸显了生态伦理表达和生命价值践履的优先性和紧迫性,另一方面逆全球化本土化的自顾倾向和新冠疫情阻断式的区化疗治延搁了生态伦理整合和生命共同体构建。真正的生态命运共同体应该摒弃生态或人类中心化的单维思想,超越经济或资本决定论的绝对限定,舍弃偏狭的资本增殖和经济效益,抛弃独断的生态探索和应对路径,以人与自然、生态与社会、伦理与价值等立体化的和谐共生理念为指引,以人类和全球化的命运福祉为旨归,开展跨区域的生态合作,构建超空间的生态屏障,建设整体性的生态防护,坚持全面性前提下健康型和可持续的经济发展道路,倡导发展性条件下绿色化和低碳化的生态保护准绳,遵循平衡性逻辑下安全性和长久性的生态协调原则,鼓励共同性基础上差异化和包容性的生态发展模式,树立最大化的生态关切,汇聚最大化的生态合力,形成全球关照的生态文明新类型和全球行动的生态实践新范式。

总之,生态问题与人类历史具有同样长久的历史,在资本时代生态问题更是凸显为关乎人类生死存亡的核心关键。生态危机不是资本时代的偶然事件,而是资本与生俱来的内生痼疾。只要资本以最大限度增殖为首要选择和最高目的,生态危机就会与之相伴而生。化解生态危机,不是要撤回到纯然自然的原点,相反,要在现实的社会关系和经济制度框架下找寻现实的突破之口,确立经济社会发展的生态原则,明确生态文明建设的行动主体,并在此基础之上开展现实的生态行动,只有如此,才能克服资本增殖弊端,利用资本的有序力量实现现实的生态正义。

第四章　资本逻辑与技术

技术是资本逻辑演进的关键环节和核心变量，技术在资本时代的革命性变革和荣耀登场构成了马克思资本逻辑批判的现实背景和重要理论指向，马克思在《资本论》及其相关手稿群中以“固定资本和社会生产力的发展”①“一般智力”“社会劳动力”等为题论述了技术与资本的天然共契与拱卫关系，资本追求价值利润的内驱本性和至高目的构成了技术资本主义应用的宏旨和目的。伴随技术的发展跃迁，资本剩余价值的生产也经历了绝对剩余价值生产和相对剩余价值生产两个阶段，并形成了劳动对机器和资本关系的形式从属和实质从属，造成了技术—资本对经济社会和人的发展的多重效应。回应西方马克思主义学者的“机器论片段”的相关论述和矫治“超越马克思的马克思”的理解偏差，在整体视域下历史地澄明技术与资本的联袂及其价效后果，才能以技术为支点，发掘超越资本逻辑的现实潜能和有益路径。

一、技术在资本时代的登场

技术在资本时代的登场，一方面得益于资本逻辑动态化和结构性的增殖本质，使其将技术纳入到资本增殖体系中来，成为资本的组成部分和属性特征。

① 《马克思恩格斯全集》第31卷，人民出版1998年版，第88—110页。

另一方面源自于技术革命的过程性持续,技术变革是多种合力共同作用的历史结果,经验、分工、科学和工人等多种力量的释放共同成就了技术的集成式发展。

第一,技术在资本时代的历史出场首先以科学的解放为前提。以文艺复兴为分水岭,文艺复兴以前,科学和实践是彼此疏离和相互对立的,一方面,科学研究不以实践生产为目的归宿,而是以纯粹理性思辨为驱策动力。另一方面,科学研究囚困于自然哲学的窠臼,在宗教藩篱和神学至上的羁绊下,沦落为为神学服务的仆从婢女。文艺复兴以后,"未知迷雾"在科学实验的助力下得以驱散,科学的职能也终于从"神学的婢女"中解放出来,亲近工业生产,直接为真正的资本主义工业实践服务。恩格斯对科学的"曲折发展""历史归位"和"崛起振兴"进行了系统描述,他指出,伴随中等阶级的兴起,力学、解剖学、天文学、物理学和生理学等科学和研究也必然兴起和振兴。对资产阶级来说,工业生产必须依靠科学知识对自然物体物理特性的查明和对自然力作用方式的解密,离开科学知识,工业发展的知识性科学原理无法展开,工业生产发展的物质机械装置也就失去了坚实可靠的制作基础。为了发展现代工业,资产阶级需要从宗教的控制中重新夺回科学,使科学从神学的婢女变成生产的助力。科学跳脱宗教神学圈定的牢笼,有意识地服务于工业生产和资产阶级的"历史反叛"。此时,科学和资产阶级的胜利一样,击退了非科学和伪科学,从而为真科学的历史登场和潜能释放提供了前提条件。

第二,技术在资本时代的革命变革以科学的独立为基础。恩格斯对比了科学技术发展的学校环境和社会动力,他指出,社会对技术的直接需要远远比大学更能推动科学的前进。技术以社会实践需要为基础和目标指向,资本社会的实践需要为科学的快速掘进提供了最根本的推动力。在资本主义社会以前,科学与经验直接相关,"科学……表现为传统经验、观察和通过实验方法得到的职业秘方的集中"①,科学在生产中的运用是同单个工人的知识、经验

① 《马克思恩格斯全集》第47卷,人民出版社1979年版,第571页。

和技能密不可分的，具有较多经验和较高熟练程度的工人在生产中也自然发挥着不可替代的重要作用。在这一阶段，手脑的一体化以及与劳动者的主客体合一即使科学的发展总是依赖于劳动者个体的知识和经验，科学对个体经验的直接依赖也使科学的发展始终是孤立和秘密的，科学的应用范围和实际效果也是极为不稳定和有限的。手脑缓慢分离的过程在简单协作中以联系和区别的形式为肇端，在工场手工业中以分工和协作的方式得到发展，最后在大工业中以机器和工艺的确立为完成。在资本主义大工业中，机器的发明和应用意味着科学和发明独立化并成为一种单独的职业，科学的应用也表现为物质生产过程的独立智力化，这种独立智力化的过程表明新的生产方式建立在工人的知识和技能以及直接经验与这一生产过程相分离的崭新基础上。以机器分工为基础的生产过程，压制了工人个体智力的任何发展，工人被剥夺了的知识和智力由科学和技术的物化形式——机器和机器体系代替。因此，从科学发展的历史过程和逻辑谱系来说，一方面，“劳动资料发展为机器体系，对资本来说并不是偶然的，而是使传统的继承下来的劳动资料适合于资本要求的历史性变革”①。或者更明确些说，科学挣脱墨守成规的经验摸索而被资本自觉开发应用于生产过程并被无偿占有，形成了科学到技术再到生产的双向互动传导模式，科学在这种传导中能够不断以问题为导向，发现问题并解决问题，推动生产的效率化革命和跨越式发展。另一方面，从科学演进的生产关系和物质基础来说，自然科学的发展是在资本主义生产的崭新基础上展开的，自然科学展开所需要的研究、观察和实验的物质手段在相当大的程度上是由资本主义生产所创造和提供的，离开资本主义生产创造和提供的物化工具和手段，自然科学的发展也将无从谈起。最后，从科学发展的目标指向和服务旨归来说，“随着资本主义生产的扩展，科学因素第一次被有意识地和广泛地加以发展、应用并体现在生活中，其规模是以往的时代根本想象不到的”②。可以

① 《马克思恩格斯全集》第31卷，人民出版社1998年版，第92页。
② 《马克思恩格斯全集》第47卷，人民出版社1979年版，第572页。

说,科学的构思一经并入资本增殖图式并体现在其生产生活中,其发展规模和拓延速度就同资本的变动性和资本的生产力所带来的全面性革命一样,是史无前例和不可限量的。与之相一致,技术的研发在科学分解的引导和直接生产的刺激下得以全面铺开和获得加速发展。

第三,技术在资本时代的功能释放以科学和技术的有机融合为特征。恩格斯指出,“科学的产生和发展一开始就是由生产决定的。”①为了适应游牧民族和农耕民族确定季节、了解气候以及后来航海的需要,产生了天文学。为了适应丈量土地、衡量容积和其他计算上的需要,产生了数学。为了适应建筑工程、手工业以及战争的需要,产生了力学。天文学和力学的发展,又促进了数学的发展。近代资本主义生产的发展,产生了对新动力的需要,适应这种需要出现了蒸汽机。对蒸汽机的研究和改造,又进一步推动了动力学、热力学和机械学的发展。在现实生产中,科学和技术有不同的分工和属性特征,就理论形态的科学或作为知识体系的自然科学而言,只是具有认识和改造自然从而从自然界获得物质生活资料的一般可能而不是现实,这时的科学只是一般意义上潜在的社会生产力而不是具体现实的生产力。就物质形态的科学或作为物质体系的现实技术而言,技术作为融合性的要素与生产过程中的诸要素尤其是最活跃的劳动者要素相结合,现实地变革劳动条件、劳动对象和劳动资料的性质,并转化为劳动者特有的劳动技能和劳动经验,由此,理论形态的自然科学才由潜在的生产力转化为具体现实的生产力,并引发全面性变革。进而言之,科学回答“是什么”“为什么”,它只是潜在和可能的生产力。技术回答“做什么”“怎么做”,它是现实和物化的生产力。科学是无目的的,而技术是有导向的,科学并不必然转化为技术,科学向技术的转化使技术赋能科学,使科学研究具有目的指向性和自觉应用性,从而形成了崭新的“工艺学”。大工业的发展创立了现代的工艺科学,它将五花八门的生产过程分解成井然有序的构

① 《马克思恩格斯选集》第3卷,人民出版社2012年版,第865页。

成要素，将“似无联系”的生产环节分解为层次分明的有机分类，并将固化形态的社会生产分解为为了取得预期效果而展开的系统应用。科学向技术的转化受到很多中间因素的搅扰和影响，资本主义大工业生产拉近了科学和技术的距离，为科学向技术的现实转化准备了充分条件和中间因素，马克思指出，“只有资本主义生产才第一次把物质生产过程变成科学在生产中的应用，——变成运用于实践的科学。”①科学和技术的融合包含两个互动方向。首先，科学向技术的转化，即科学技术化，是在机器和机器体系的物化形式中实现的。在机器生产中，整个生产过程是如何按性质分割的、每个生产流程是如何完成的以及众多局部环节是如何有机结合在一起的，所有这一切问题都由劳动者的经验阅历在生产中的应用化解转变为力学、机械学、化学等“在技术上的应用来解决”②。其次，技术向科学的求教，即技术科学化。在机器大工业时代，科学作为人类理论的进步成果并入生产和资本，成为为资本创造和生产财富并为资本利用和占有的科学。生产中技术难题的攻克和破解逐渐成为自然科学研究的自觉定向，科学系统的知识体系能够分化为成套的技术体系，为改造世界和生产物质财富提供认识世界的知识启发和理论支撑，“这个原则到处都起着决定性的作用”③。总之，科学和技术在资本主义大工业生产实践中的有机融合为资本的生产和增殖注入了真正的支撑和革命的动力。

二、技术与资本的拱卫共契

追求价值增殖的资本和追求效率提升的技术之间具有天然的亲密基因和与生俱来的共契耦合关系，资本逻辑的出场为技术价值的彰显提供了历史舞台和现实基础。正是资本首次使电力、风、水、蒸汽等自然力完全大规模地服

① 《马克思恩格斯全集》第 47 卷，人民出版社 1979 年版，第 576 页。
② 《马克思恩格斯全集》第 44 卷，人民出版社 2001 年版，第 437 页。
③ 《马克思恩格斯全集》第 44 卷，人民出版社 2001 年版，第 531 页。

务和从属于直接生产,从而使自然力介入并成为社会劳动的组成因素。资本的并吞整合能力在增殖膨胀自身的同时,证明了资本时代相对于前资本时代所具有的最强大的革命性和最坚实的历史合理性。正是由于技术对资本的拱卫,使“资产阶级在它的不到一百年的阶级统治中所创造的生产力,比过去一切世代创造的全部生产力还要多,还要大。……过去哪一个世纪料想到在社会劳动里蕴藏有这样的生产力呢?”①资本时代的生产力变革不仅得益于资本对技术的纳入,而且得益于以技术为重要支撑的竞争型资本主义商品经济的发展。在以“为他人生产”即以生产交换价值为目的的资本主义商品经济中,商品的价值量是以凝结在商品中的社会必要劳动时间为衡量标准的,对于单个的生产厂商来说,如果生产某种商品的个别劳动生产率提高了(即它的个别劳动时间低于社会必要劳动时间,从而使商品的个别价值低于社会价值),该种商品的多数企业劳动生产率还维持在较低水平,社会对该种商品的需求量还未得到完全满足,那么,按照社会必要劳动时间决定商品价值量的规律,率先提高该商品的劳动生产率的企业就能获得超额利润,迟迟不能提高劳动生产率的企业由于个体劳动无法转化为社会劳动就会被淘汰。当所有生产该商品的企业都相继提高劳动生产率,从而使生产该商品的所有企业的劳动生产率提高到一个崭新的同一水平时,该企业的超额利润将不复存在,整个社会的生产力水平也由于将生产商品的社会必要劳动时间不断降低到新的历史水平而达到新的历史高度。马克思指出,在真正的机器大工业阶段,“一旦工厂制度达到一定的广度和一定的成熟程度,特别是一旦它自己的技术基础即机器本身也用机器来生产,一旦煤和铁的采掘、金属加工以及交通运输业都发生革命,总之,一旦与大工业相适应的一般生产条件形成起来,这种生产方式就获得一种弹性,一种突然地跳跃式地扩展的能力”②,资本和机器的这种弹性扩张和超越力量就体现在技术资本化和资本技术化的双向互动之中。

---

① 马克思、恩格斯著:《共产党宣言》,人民出版社 2017 年版,第 32 页。

② 《马克思恩格斯全集》第 44 卷,人民出版社 2001 年版,第 518—519 页。

(一)技术资本化

所谓技术资本化,就是资本的增殖统合逻辑将技术纳入到其社会运行机制之中,通过对技术的开发、利用和占有,使技术成为资本的附庸形式,成为驾驭生产关系并实现价值增殖或利润的动能和权力。就资本主义的生产过程而言,"资本起初并不关心它所征服的劳动过程的技术性质。起初,它是遇到什么样的劳动过程就采用什么样的劳动过程"①。资本主义的生产过程是一般劳动过程和价值增殖过程的统一,或者更进一步讲,一般劳动过程之一般性是一切生产时代所共有的,而价值增殖是构成资本主义生产区别于其他生产方式的根本属性特征。所以,上述表述更确切地讲是,在初始化的劳动过程中,生产资料就是生产资料,生产工具也只是生产手段,资本在初始化阶段并不改变劳动过程的组织构成和技术性质,资本对劳动过程的拉入和聚拢还停留在外部层面,资本只是拼凑式地扩大生产链条和扩张统治版图。到了相对剩余价值生产阶段情况就完全不同了,资本对劳动过程的并吞和纳入由外围部分上升到内部机理,不仅劳动过程的技术构成在资本的支配下发生了彻底改变,而且生产资料和劳动工具也全部被当作资本而与工人相对立,在被使用的同时也变成了进一步捕获和索取他人劳动的手段。技术资本化首先就体现在技术及其诸种物化形式在资本主义生产中的应用目的上。具体而言,"机器是生产剩余价值的手段"②。"只有为资本家生产剩余价值或者为资本的自行增殖服务"③的机器,才是生产机器。机器和机器体系是资本意志由以展开的不二介质,资本是机器的目的因,技术促逼和技术座驾源于资本本性和资本意志。其次,就技术及其诸种物化形式在资本主义生产中的应用限度而言,并不是所有的技术和机器、机器体系都会被无条件地开发运用,资本为技术和机器

① 《马克思恩格斯全集》第44卷,人民出版社2001年版,第288页。
② 《马克思恩格斯全集》第44卷,人民出版社2001年版,第427页。
③ 《马克思恩格斯全集》第44卷,人民出版社2001年版,第582页。

的运用设定了界限和必要条件,即只有在机器创造的价值远远大于它所替代的劳动力创造的价值的情况下,机器的应用才有可能和必要。而且,机器应用的目的也表明,它不仅不是为了解放劳动力和“弥补劳动力的不足”,也不是为了减少劳动的绝对时间和减轻劳动力的劳动辛劳。相反,机器体系只有在大量劳动力存在的地方才能真正发挥效用,一方面能够将劳动力的数量和规模压缩和减少到没有就不行的最为必要的限度。另一方面用溢出的相对过剩劳动力排挤在役劳动军,从而使工业生产只是在十分必要的情况下才雇佣最少数量的劳动力。资本的目的和意图不仅限制了技术的开发以及机器的使用,而且体现在资本剩余价值生产的两个不同时期和阶段。

在资本主义发展初期,受制于发展程度和技术水平的限制,绝对延长劳动时间和提高劳动强度是剩余价值生产不得不采取的主要方法,因此我们不仅可以看到 10 小时、13 小时、14 小时、15 小时、16 小时、18 小时和 20 小时等极具弹性和长度不一的工作日。还可以看到总是冲破劳动者正常的“体力”“耐力”“健康”和“精神”发展“所允许的限度”而对劳动力商品毫无节制的“耗损”和“劫掠”。但是同时,资本却有一种“节约的趋势”,这种趋势教会资本和资本家用一种尽量节约的力量和最小化的成本,来达到自身生产和增殖的目的。资本这一始终如一的目的使受限于劳动者“生理极限”“工作日长度”和历史发展“道德底线”的绝对剩余价值的有限生产和有限增殖空间让位于相对剩余价值的生产和增殖。与粗放型、外延式的绝对剩余价值的生产范式相对,“相对剩余价值的生产使劳动的技术过程和社会组织发生彻底的革命”[①]。一方面,相对剩余价值的生产以全社会技术水平和劳动生产率的整体跃迁为前提,它引发一系列连锁效应,即科学技术进步带来的劳动生产率的普遍提高,使得从生产资料到生活资料的价值普遍下降,维持劳动力生产和再生产的生活资料价值下降,劳动力价值由此下降,劳动者为自己进行生产的必要劳动

① 《马克思恩格斯全集》第 44 卷,人民出版社 2001 年版,第 583 页。

时间相对减少,相对剩余价值形成。另一方面,相对剩余价值不再“禁足”于固定化的工作时长和无法承受的工作强度,它以社会整体的智力提升和技术改进为动能。因此,在相对剩余价值的生产阶段,“科学技术的不断进步”获得了比“劳动力所具有的伸缩性”更大的扩张性和生殖力,这种技术的伸缩性“使资本具有一种在一定范围内不取决于构成该资本的已有财富量的扩张能力”①。借力于科学和技术的协同,在相对剩余价值的生产阶段,在缩减工人的工作时间和减轻工人的工作强度的同时,文明隐匿地扩大了资本的增殖能力和增殖空间。

(二)资本技术化

所谓资本技术化,就是资本的技术化变革和改造,技术被纳入资本关系和资本的运作机制之中,成为资本价值增殖的“酵素”和“助手”,资本按照技术运作的规则和程式运转、调节和扩张,并形成资本运作的技术体系,以便更迅速和更大量地获取剩余价值。在剩余价值的生产中,“剩余价值不断再转化为资本”②,形成资本积累。在最初阶段,资本积累还只是停留在“量的增加”水平上,即在技术水平恒定不变的基础上单纯量的增加和扩大。但是,“量的增加”总是在积累和进行,超过一定的度,资本积累就告别单纯量的积攒而进入到质变阶段。在这一阶段,资本积累建立在资本有机构成的质变基础上,即通过改变不变和可变部分的有机组成,提升资本的技术构成水平,通过减少可变资本部分实现资本增殖。也就是说,在作为预付资本的不变部分即生产资料和可变部分即劳动力之间,由于技术机器范围增大的自觉应用和生产资料规模扩大的共同使用,由于劳动力价值的下降和相对过剩人口的溢出,预付资本中资本花费在可变资本部分的份额相对于不变资本而言不断缩减。因此,资本积累必然引起资本有机构成的提高,就资本的技术构成而言,“简单的积

① 《马克思恩格斯全集》第 49 卷,人民出版社 1982 年版,第 234 页。

② 《马克思恩格斯全集》第 44 卷,人民出版社 2001 年版,第 720 页。

累即总资本的绝对扩大,伴随有总资本的各个分子的集中,追加资本的技术变革,也伴随有原资本的技术变革"①。这一技术变革引致了资本"量的扩大"和"质的变化"。就资本的价值构成而言,是由资本的技术构成决定并反映资本的技术构成的。在资本的价值构成中,用来雇佣劳动力的可变资本部分的递减和缩小,以生产资料为存在形态的不变资本成为衡量资本积累的重要指标和尺度。

在一端,在由若干中小资本合并成一个或几个较大资本的资本集中中,除了能够加强和加速资本积累之外,还能"扩大和加速资本技术构成的变革,即减少资本的可变部分来增加它的不变部分"②,随着资本体量的膨胀和追加资本的新发现和新发明,规模和总量扩大的资本"会以技术上更加完善的形态再生出来。"③在另一端,在由单个资本通过剩余价值资本化来增大自己资本总额的资本积聚中,提高劳动社会生产力的方式同时也是提高剩余产品生产和资本积累的方法,两种方法的叠加复合,"引起资本技术构成的变化,从而使资本的可变组成部分同不变组成部分相比越来越小"④。总之,"随着资本主义生产方式的发展,可变资本同不变资本相比,从而同被推动的总资本相比,会相对减少,这是资本主义生产方式的规律"⑤。这一绝对规律引发了技术与资本联袂的多米诺骨牌效应,产生了一系列连锁的价效后果。

三、技术与资本拱卫共契的价效后果

技术与资本的拱卫共契在资本主义社会中产生了一系列连锁的价效后果,对这些价效后果的分析关涉到对技术和机器在资本主义应用环境和条件

① 《马克思恩格斯全集》第44卷,人民出版社2001年版,第725页。
② 《马克思恩格斯全集》第44卷,人民出版社2001年版,第724页。
③ 《马克思恩格斯全集》第44卷,人民出版社2001年版,第724页。
④ 《马克思恩格斯全集》第44卷,人民出版社2001年版,第721页。
⑤ 《马克思恩格斯全集》第25卷,人民出版社1974年版,第236页。

下的作用评析，以及在历史中回答人的解放是否可能？如何可能？以及潜藏的可能性解放路径等重大问题。

技术与资本的联袂合谋决定了技术应用的资本主义的尺度和限制。资本主义的生产从本质上来说就是剩余价值的生产，最大限度地创造和攫取剩余价值是资本主义生产不可撼动的至上法则和绝对律令，这一轴心原则规定了“使用机器的目的，决不是为了减轻或缩短工人每天的劳动”①，而是为了对抗和抵消工人日益高涨的利益诉求和罢工反抗，从而最大化资本增殖意图并对整个社会的生产进行统领布局。技术应用的这一绝对限度预示了它的资本主义应用的必然趋势，即“提高劳动生产力和最大限度否定必要劳动”②，并由此引致一系列连锁性后果表现在以下方面。

第一，工人由整体性的完整工人沦为片面性的局部工人。“局部工人”是生产力进步和分工发展的必然结果，生产力的发展加速了分工的进行，分工必然使劳动者由“操纵整体工具的全部技能的人”转化为“操纵局部工具的特定技能的人”。在工场手工业和机器大工业的分工协作和流水线生产中，负责各个生产程序和整个生产流程的“完整的工人”被分工的效率最大化规则肢解为负责单个生产程序和从属整个生产流程的“碎片化的人”，工人的主体性被剥夺，工人的自主意识被淹没，代之而起的是机器的主体性和机器的自主意识的树立。在这一情势下，工人作为“活的生产资料”附属被并入机器的“死机构”之中，个人被分割并在劳动分工和机器的摆置下被锁定为只是具有某种单一和特定功能的客体的“片面的人”。与之相适应，机器和自动机僭越主体性的人而成为新的主体，而工人则由主体变为客体，变为与自动机“无意识的器官”处于同一水平并相互并列的“有意识的器官”。更严重的是，单个工人由“独立个体”向“整体的一个环节”的退化，使得有血有肉的“人的工作节奏”让位于不知疲倦、永动的“死的自然力铁律”。总之，“分工将生产过程整

① 《马克思恩格斯全集》第 47 卷，人民出版社 1979 年版，第 359 页。

② 《马克思恩格斯全集》第 31 卷，人民出版社 1998 年版，第 92 页。

体肢解为碎片化的粘结，使‘完整的、整体性的人’退变为‘残缺的、局部性的人’，分工的细化和简化抽调了‘工人的特殊技巧’的无与伦比和独特价值，将生动的、活泼的工人劳动变为‘无限要投入紧张的体力和智力’的单调的、枯燥的均质化的机械力，工人不可替代的工匠技艺随时面临被大规模作业的‘简单职能’取而代之的危险，工人精神需求的多元性和创造享受的丰富性被粗糙的周而复始的单一化操作和沮丧的循环往复的片面化利用所阉割和淹没”①。

第二，工人由生产主体降格为工业生产的普通要素。资本赋予生产的科学性质使生产的整个环节和过程从“工人的直接技巧”进阶为“科学在工艺上的应用”，使整个劳动和劳动内容由“知识技艺的精湛运用”转变为“不需要任何教育技术”的无内容的简单反复和机械化重复，由于这种转化和降阶，直接劳动“被贬低为只是生产过程的一个要素”②。由特殊主体向普通要素的转换，是资本对工人最直接的影响之一，它导致资本对妇女劳动和儿童劳动等补充劳动的更大范围的吸纳占有，并减弱和稀释了成年男工对资本的反抗效用，因而“使工人家庭全体成员不分男女老少都受资本的直接统治”③。这一统辖管制，在使资本增加人身剥削材料和固有剥削领域的同时，也必然提高资本的剥削程度。不仅“他们的身体受到摧残”④，而且“人为地造成了智力的荒废”⑤，使人成为受技术机器随意摆布的布偶，甚至直接就是生产机器和部件。

第三，资本树立起对所有劳动者的绝对统治权力。技术的应用和机器的普及使“以人为器官”的生产让位于以“机器工人为器官”的生产，机器效率的改进形成了机器对工人的排挤以及对于资本增殖需要来说相对过剩的劳动力

① 姜英华：《贫困、贫困积累与贫困克服——马克思政治经济学批判的一条隐性线索》，《社会主义研究》2019年第2期。

② 《马克思恩格斯全集》第46卷下册，人民出版社1980年版，第211页。

③ 《马克思恩格斯全集》第44卷，人民出版社2001年版，第454页。

④ 《马克思恩格斯全集》第44卷，人民出版社2001年版，第457页。

⑤ 《马克思恩格斯全集》第44卷，人民出版社2001年版，第460页。

队伍。工人为了挤进就业大军和维护自身利益，必然通过罢工和砸毁机器等方式掀起对资本家的对抗活动，而资本家为了对抗工人的对抗又不断扩大对机器的采用，于是“机器成了资本的形式，成了资本驾驭劳动的权力，成了资本镇压劳动追求独立的一切要求的手段。在这里，机器就它本身的使命来说，也成了与劳动相敌对的资本形式”①。在技术和机器体系的应用中，科学和机器都表现为资本家主人的科学、资本家主人的机器和资本家主人的职能，资本家和工人直接的矛盾和对抗就间接地表现为科学与劳动以及“作为主体的机器”和“作为客体的劳动者”之间的对立。在这里，科学对于劳动来说，并不是缓解辛劳和驱散疲倦，也并没有转化为赋能和解放劳动的力量，而是异化为敌对和统治劳动的权力。

第四，工人生存条件的恶化。在被抛出传统的关系依附和惯常的生活节奏之后，工人的生存命运完全受市场波动决定。劳动创造了资本，积累的劳动本身就是资本，随着资本的积累必然引发分工的增加和扩大，而分工反过来又扩充和增强资本的积累，两种合力使劳动不断增加反对和控制自己的“别人的财产”，这种“别人的财产”越大，工人也就越完全地依赖自身劳动力的买卖，这种资本积累的技术构成越高，劳动的片面性和刻板化也就越严重。这样，劳动者的劳动就彻底失去了精神追求和主体特质，劳动者也就随之变成冷冰冰的没有任何生机的生产机器，“变成抽象的活动和胃，工人也越来越依赖于市场价格的一切波动，依赖于资本的使用和富人的兴致”②。而由于这种“劳动者机器”数量的增加，单个“劳动者机器”之间的竞争也越发激烈，也就削弱了卖方市场讨价还价的能力，“劳动者机器”的价格也就随之降低并在工厂制度下达到极致，乞讨、流浪、露宿街头和饿死总是市场价格的不断波动下工人的宿命。不仅逐渐失去了讨价还价的能力，就连工人的活动时间也全部被资本侵占。“劳动资料一作为机器出现，就立刻成了工人本身的竞争者。

① 《马克思恩格斯全集》第47卷，人民出版社1979年版，第385页。

② 《马克思恩格斯文集》第1卷，人民出版社2009年版，第120页。

资本借助机器进行的自行增殖,同生存条件被机器破坏的工人的人数成正比。"①在资本权杖的挥动下,一方面,机器的应用不断缩短必要劳动时间,从而激发和"创造了无限度地延长工作日的新的强大动机"②。另一方面,机器的应用还使更多的工人受制于资本的支配并被资本和机器的联合力量排挤游离出来成为相对过剩的劳动人口。"由此产生了经济学上的悖论,即缩短劳动时间的最有力的手段,竟变为把工人及其家属的全部生活时间转化为受资本支配的增殖资本价值的劳动时间的最可靠的手段。"③因此,工人的劳动强度得到了空前强化。"随着机器的进步和机器工人这一特殊类别工人的经验积累,劳动的速度,从而劳动的强度,自然也会增加。"④而伴随劳动强度的加大,"工人阶级中就业部分的过度劳动,扩大了它的后备军的队伍,而后者通过竞争加在就业工人身上的增大的压力,又反过来迫使就业工人不得不从事过度劳动和听从资本的摆布"⑤。可见,机器不仅延长了工人的劳动时间和强化了工人的劳动强度,而且通过资本积累的杠杆将竞争的压力转卸给了工人,资本与工人之间的分立对抗转换为机器与工人之间的异化独立,最后所有一切矛盾都转化聚焦为工人与工人之间的竞争抗衡,资本的"原罪"在矛盾的千百次转换中被掩盖和遮瞒。最后,资本的贪欲阉割了劳动力的交换价值,劳动力彻底沦为生产体系的"死部件"。马克思指出,对剩余劳动的盲目追逐、对工作日道德底线的不断冲破以及对工作日纯粹身体极限的突破,使资本不仅破坏人的健康、妨碍人的成长、中断人的正常发育和侵占人的自由时间,它甚至还克扣工人的吃饭时间和掠夺工人接触新鲜空气的自在时间,工人变得与一般生产资料并无二致。让工人吃饭、睡眠和呼吸新鲜空气就像给机器上油、

---

① 《马克思恩格斯全集》第44卷,人民出版社2001年版,第495页。

② 《马克思恩格斯全集》第44卷,人民出版社2001年版,第469页。

③ 《马克思恩格斯全集》第44卷,人民出版社2001年版,第469页。

④ 《马克思恩格斯全集》第44卷,人民出版社2001年版,第471页。

⑤ 《马克思恩格斯全集》第44卷,人民出版社2001年版,第733页。

给锅炉加煤和给设备维修一样，工人在资本的贪求中全面后撤和失守。

第五，资本增殖成本的转嫁。资本动机的达成和贪欲的宴飨来自于对活劳动的“生命窃取”和所谓节约。资本主义生产方式矛盾对立的性质，使任何与资本价值增殖和提高利润率不相和谐和冲突的要素都被取代和牺牲。因而，对资本增殖而言，它还必然“把浪费工人的生命和健康，压低工人的生存条件本身，看作不变资本使用上的节约，从而看作提高利润率的手段”①。资本对劳动力健康和生命的无视、窃取和压缩使用是通过增加为资本增殖服务的无偿劳动的数量来实现的。对于资本来说，重要的并不是劳动者的数量、劳动者的生命和劳动者的劳动时间，重要的是劳动者的代际补充和无酬劳动，即为资本和资本家无偿占有的部分，“像其他一切发展劳动生产力的方法一样，机器是要使商品便宜，是要缩短工人为自己花费的工作日部分，以便延长他无偿地给予资本家的工作日部分”②。最后，资本积累和整个社会劳动生产率的提升必然造成资本的部分贬值，但是，劳动者劳动条件和生存状态的相对改善和提升无法改变资本与劳动者不对等的剥削结构关系，资本的成长和发展是以“劳动者的失去”为必然代价的。马克思指出，“资本以新的形式无代价地合并了在它的旧形式背后所实现的社会进步。当然，生产力的这种发展同时会使正在执行职能的资本部分地贬值。只要这种贬值通过竞争被人们痛切地感觉到，主要负担就会落到工人身上，资本家力图用加强对工人剥削的办法来弥补自己的损失。”③因此，无论处于倒退、保持原状还是上升发展阶段，劳动者都只负责承担资本增殖和贬值的成本代价。

第六，工人批判意识的丧失。海德格尔对技术和形而上学的本质一致性进行了指认，他指出技术在资本逻辑的左右下构造和呈现整个世界，由此形成的技术便具有座驾的本质。座驾是指“那种促逼着的要求，正是这种要求把

① 《马克思恩格斯全集》第25卷，人民出版社1974年版，第102页。

② 《马克思恩格斯全集》第44卷，人民出版社2001年版，第427页。

③ 《马克思恩格斯全集》第23卷，人民出版社1972年版，第664页。

人聚集起来，使之去订造作为持存物的自行解蔽的东西”①。资本决定的现代技术本身是以自然科学的精细化计算和实验室科学的物质支撑为前提的，因而能够将人和自然界等任何一种要素当做“研究对象”来进行进攻和占有，就技术的这一职能来说，它本身是要将被遮蔽之物解蔽和显露出来的。同时，这种之于遮蔽的解蔽同时也是另外一种遮蔽本身，“即：一味地去追逐、推动那种在订造中被解蔽的东西，并且从那里采取一切尺度”②。技术解蔽本身成为一切的尺度，并穿上真理的佯装，闪烁和运作着真理的光芒，技术的合理性成为资本的经济社会的控制支配权的基础，需求、消费、标准化、大众生产、文化工业等经济行为结果被偷换为技术的运动结果，技术的合理性成为一切合理性本身并不断散发必然性和强制性本性，技术的权威性和强制性锁闭了人以原初状态进入“无蔽领域”和经验“无蔽状态”本质的通路，因而是极端盲目和危险的。进而言之，技术的促逼使其对内处在处置和被动的关系中，对外则提出了肆无忌惮的蛮横筹划和强暴要求，这种筹划和要求外化为以科学的计算性和技术的确定性宰制和削平的世界，造成了艺术和诸神的出走和逃离，引致了希望梦想的失落和价值虚无主义的泛滥。在技术的强制索取和捕获掌控中，“人被座落在此”③，并被技术的不可控力量挟制，这种无法控制的技术力量操控着人的持存并遣送人的命运，使人在技术的围城中沦为被技术操持的无根浮萍。这种“此在的沉沦”和失重的“无根状态”使人们陶醉于资本的商品化设计和市场的商业化规范之中，对资本和技术的依赖和过度推崇造成了情感和精神的崩溃和塌陷，人们丧失了对世界形而上学的意义追问和深层批判，从而折服和停留在现有世界框定的范围内游走，而不是挣脱和打破技术坚壁进行意义重塑和价值构筑。技术的创造力和超越性代替了人的创造力和超越性，人的批判性的反思精神和否定性的批判意识消解在单向度的技术合理

---

① 《海德格尔选集》下卷，孙周兴译，上海三联书店1996年版，第937页。

② 《海德格尔选集》下卷，孙周兴译，上海三联书店1996年版，第944页。

③ 《海德格尔选集》上卷，孙周兴译，上海三联书店1996年版，第319页。

性和技术控制之中，技术革命和技术自由成为一切。

四、资本与技术拱卫共契的解放潜能

基于资本逻辑的技术批判，马克思不仅在“技术的胜利”和技术的资本主义应用中对技术的二重性和技术拜物教进行了全面系统的批判，而且对技术和技术应用的主体条件进行了区分，从而既在资本逻辑视域下发现了生产力和社会关系之间的激烈对抗，也在这种对抗中发现了超越资本时代的技术解放的方向和潜能。

首先，技术的演化发展是人类解放的前提基础。“自由不在于幻想中摆脱自然规律而独立，而在于认识这些规律，从而能够有计划地使自然规律为一定的目的服务。……自由就在于根据对自然界的必然性的认识来支配我们自己和外部自然；因此它必然是历史发展的产物。”①在人的自由和现实解放的历史过程中，技术为人们摆脱物质资料匮乏的束缚和屈从于自然规律的外在桎梏提供了直接的工具和手段。“幻想的自由”只要在认识和思想上摆脱外在规律的制约即可，而真正“现实的自由”却只有在现实的解放条件已经具备的前提下才有可能实现。也就是说，“只有在现实的世界中并使用现实的手段才能实现真正的解放”②，因此，脱离了技术作为物化手段的物质奠基，人类只能退居到初始的低级阶段，争夺最基本、最必要的生存资料的活动将代替“作为目的本身的人类能力的发挥”③，人的自由和解放自然也无从谈起。

其次，技术异化的历史是人类解放的过渡阶段。把技术和技术的资本主义应用区别开来，一方面还原技术和技术资本主义应用的本来面目，另一方面

---

① 《马克思恩格斯文集》第9卷，人民出版社2009年版，第120页。

② 《马克思恩格斯选集》第1卷，人民出版社1995年版，第74页。

③ 《马克思恩格斯全集》第46卷，人民出版社2003年版，第929页。

正确认识技术资本主义应用的历史必然性、阶段性和暂时性。技术本身是一个集合解放性和受役性、正效应和负效应以及历史性和超越性的矛盾体，技术效能的发挥是在具体历史场域下实现的。与“去技术化”和“固态化”的前资本主义社会相比，技术在资本主义场域中的应用很大程度上改善了人与自然、人与人的现实生活关系，只不过这种“改善”是以“非人化”的异化歪曲的方式实现的，即自然科学通过工业的实践进入和改造人的生活，并为人的解放准备条件。尽管它还不得不暂时地以非人化的方式进行发展。但同时，这种异化歪曲中孕育着解放的前提和潜能。固然，在资本主义生产和大工业阶段，资本对雇佣劳动以及劳动对劳动条件和劳动产品的关系是以异化扭曲的形式呈现的，但是，这种扭曲和异化却“是一个必然的过渡点”，它的头脚倒置的自在形式蕴涵着资本的“一切狭隘的生产前提的解体，而且它还创造和建立无条件的生产前提，从而为个人生产力的全面的、普遍的发展创造和建立充分的物质条件”①。可见，技术是“双面”的，它既是人类自由和解放的“最坚固的羁绊”，同时也是人类自由和解放的“最可靠的手段”。

再次，技术异化的翻转是人类解放的必要条件。马克思在《法兰西内战》中指出，“只有在劳动共和国里面，科学才能起它的真正的作用”②。也就是说，在真正的“劳动共和国”中，消除技术机器与活劳动的对峙抵抗关系，改变资本财产与活劳动的异化敌对形式，将机器由少数资本家操控的现状变成为“联合的工人的财产”，这时“机器的分配”将得到根本改变，而“改变了的分配将以改变了的、由于历史过程才产生的新的生产基础为出发点”③。此时，技术的归正和真正的人类解放将代替旧式的技术分配被提及和实践，技术也将在“新的生产基础”上由被资本裹挟和运作的状态变为自由自主的状态。

最后，技术异化的扬弃是人类解放的可能路径。技术的解放维度和可能

---

① 《马克思恩格斯全集》第 30 卷，人民出版社 1995 年版，第 512 页。

② 《马克思恩格斯选集》第 3 卷，人民出版社 1995 年版，第 104 页。

③ 《马克思恩格斯全集》第 31 卷，人民出版社 1998 年版，第 245—246 页。

路径就在于"技术解放人的时间,促进了新的可能性的发展"①。马尔库塞指出,"机械化和标准化的工艺程序可能使个人的精力释放到一个未知的、超越需要的自由领域。人类生存的结构本身就会改变;个人将从劳动世界强加给他的那些异己的需要和异己的可能性中解放出来。这时,个人将会自由地支配他自己的生活。"②此时,资本和技术的矛盾体将解体,倒立歪曲的资本逻辑将隐退,技术将以减轻人的发展负担和符合人的发展需要的形式发挥效用,真正人的价值和人的逻辑将得以彰显。

总之,我们今天正处在技术变革加速度的新时代,深处这一大变革时代,技术演化和变革的速度、范围、层次和技术的多面性以及复杂程度超过了以往历史的任何时刻,但是马克思对于资本逻辑和技术的批判和基本认识依然是在场和有效的。所谓自由和解放,就是在经历了资本和技术唤醒和释放潜藏的巨大的生产力的同时,摆脱资本的扭曲支配和技术资本主义应用的异化局限,树立和成就"大写的人",即使人"成为自己的社会结合的主人","成为自然界的主人","成为自身的主人"。③

---

① ［荷兰］舒尔曼著:《科技文明与人类未来——在哲学深层的挑战》,李小兵等译,东方出版社 1995 年版,第 382 页。

② ［美］马尔库塞著:《单向度的人——发达工业社会意识形态研究》,刘继译,上海译文出版社 2008 年版,第 4 页。

③ 《马克思恩格斯选集》第 3 卷,人民出版社 1995 年版,第 760 页。

第五章　资本逻辑与空间

时空既是事物存在和发展的根本属性,也是马克思、恩格斯考察和省思资本主义整体性状况的基本视域。在马克思、恩格斯的理论视界中,时空作为推动、形塑和重构资本主义的动力学因子,渗透和表征着资本主义生产关系和资本主义社会的本质逻辑、体系架构和权力秩序,影响着资本主义生产方式、城市化进程、城乡关系、世界历史和经济全球化等相关关系议程。甚至可以说,马克思的资本逻辑批判理论本质上是在历史唯物主义的批判视域下关于资本逻辑的空间学。厘定资本逻辑与空间的关系,不仅是系统把握空间政治经济学的应有之义,也是回应和批判质疑马克思理论"空间缺位"或"去空间化"的内在要求,更是在新的时空约束下丰富和发展马克思空间政治经济学批判的必然选择。

一、资本对内的空间集聚和空间塑形

"资本一出现,就标志着社会生产过程的一个新时代"①——"资本的时代"。资本时代到来的最显著特征之一是"资本的流动性",即资本冲破一切

① 《马克思恩格斯全集》第44卷,人民出版社2001年版,第198页。

限制和阻碍自身运动和价值增殖的壁垒，实现内外空间的一体化，即资本的有内无外。为此，资本按照自身的要求首先开启了对内的空间调整和空间塑形。

（一）生产空间和空间生产

"空间是一切生产和一切人类活动的要素。"①作为"一切生产"和"人类活动"要素的空间一方面是指"自然空间"，即先于人类社会而存在，且土地、水、阳光、空气和其他自然要素和自然资源弥漫和存续其间的"前在自然空间"。另一方面是指"人化空间"，即在人类社会产生之后，基于人类社会存在和发展的需要，而对上述自然要素和自然资源重新进行空间规划和空间配置的"人化自然空间"。像对自然界的研习一样，马克思、恩格斯的学术旨趣并不是要探讨和研究那个尚未有人类涉足的"前在自然"或"纯然空间"。相反，那个内嵌于人类生产实践活动框架之中并影响和改造人类生产生活实践的空间关系，才是真正意义上的马克思、恩格斯所关心的实质性关系空间，马克思、恩格斯首先就是在"人化自然"的预设前提下构建自身新型空间学的。

在马克思、恩格斯的视域下，空间首先是"生产空间"。在资本主义社会中，空间的社会性源于资本主义商品经济的社会交换性，表现为资本主义社会的空间生产建立在资本和劳动力商品游离和分立的前提和基础之上，资本和劳动力商品的交换不同于一般商品之间的普通交换，它是整个资本主义商品经济建立的始源和枢机。"资本家和[VI—38]工人之间所进行的交换……是交换的最高发展。因为在劳动能力本身还没有发生交换以前，生产的基础还不是建立在交换上的。"②资本与劳动力之间的交换作为商品交换的最高表征，既生产出更多数量和更大规模的劳动者队伍，也生产出更大差距和更加坚固的资本—劳动的剥削关系，这种独特关系的维持在占据和产生资本增殖空间中发挥了根本性的决定作用。另一方面，与无限度地攫取商品交换价值进

① 《马克思恩格斯选集》第2卷，人民出版社2012年版，第639页。

② 《马克思恩格斯全集》第31卷，人民出版社1998年版，第69页。

而实现最大化剩余价值的本质动机相一致,空间的交换价值也成为商品交换的最主要方面,正是基于交换价值优先的资本主义空间生产的现实和本质,我们可以跳脱出“历史—地理景观”经验描述的视角局限,从“资本与劳动”之间交换的生产方式和内在关联的高度出发,作出我们从“空间中事物的生产”向“空间本身的生产”①的科学研判,并在此基础上,基于马克思、恩格斯的空间思想资源和当下空间演化的最新现实,尝试给出符合“空间正义”的“空间革命”的改革策略和可能的替代方案。

“生产空间”在最基本的层面是“空间中事物的生产”。在自然主导的前资本主义生产阶段,生产力水平低下、生产工具落后,人类的经济活动被自然空间隔绝和阻断,孤立的生产和偶然的交往局限在家庭和部落内部,分工也只是基于性别的纯粹家庭分工的简单扩大。伴随生产力水平的提升、生产工具的革命,人类经济活动和交往范围得以扩大,孤立的生产和偶然的交往由于社会大分工的助推而得到了根本性的革命和改观,由此,“生产空间”也与社会生产和生活方式的改变一道得到了彻底的塑形和改造,这种新型的厘革构成了资本主义生产方式殊异于其他生产方式的逻辑前提和现实起点。“资本主义生产实际上是在同一个资本同时雇用人数较多的工人,因而劳动过程扩大了自己的规模并提供了较大量的产品的时候才开始的。”②这一起点以“同一时间”和“相同空间”为征兆。资本主义生产的空间本性以及以交换价值为中心的生产逻辑使其在一开始就“致力于为……空间移动创造‘高效’和‘合理’的配置”③,在将不同时间、不同空间划归为“同一时间”“同一空间”的轨道时,商品生产操作在时间上的先后次序、在空间上的前后程序转化为在同一时间内空间上的并列协作,由此产生了“劳动者的集结、不同劳动过程的靠拢和

① [法]亨利·列斐伏尔著:《空间:社会产物与使用价值》,王志宏译,载包亚明主编:《现代性与空间的生产》,上海教育出版社2003年版,第47页。

② 《马克思恩格斯全集》第44卷,人民出版社2001年版,第374页。

③ [英]大卫·哈维著:《资本的城市化:资本主义城市化的历史与理论研究》,董慧译,苏州大学出版社2017年版,第22—23页。

生产资料的积聚”,造成了空间分工和时空压缩,一方面,扩大了“劳动的空间范围”,另一方面,“与生产规模相比相对地在空间上缩小生产领域。在劳动的作用范围扩大的同时劳动空间范围的这种缩小,会节约非生产费用(faux frais)”①。可见,资本的空间整合力使其创造了“结合劳动的效果”,即“由于许多力量融合为一个总的力量而产生的新力量”②,这些力量统统被纳入资本统辖之中,成为被资本无偿占有的生产力和力量。

上述有着最基本规定的空间,即“空间中事物的生产”必然引致空间布局和空间关系的变化,空间并不是被动和空白的地理几何,“空间里弥漫着社会关系;它不仅被社会关系支持,也生产社会关系和被社会关系所生产”③。对于“被社会关系支持”的空间而言,资本主义的生产关系“一开始就以出卖自己的劳动力给资本的自由雇佣工人为前提”④。这一前提建构了资本主义生产的模式框架,并以其资本关系的特殊性质灌注和渗透于空间谋篇和空间规划之中,“空间作为一个整体,进入了现代资本主义的生产模式;它被利用来生产剩余价值”⑤。反过来,资本和资本逻辑“作为新的规范和准则的化身”,浸透到空间的“每一个器官、组织和细胞”⑥,在资本增殖和扩大积累的预设和规约下,“空间被‘加工/集中/组织/标准化’”,⑦以关系凝固的模式保证资本增殖的势能,并以规模扩大的方式将资本关系以空间的方式呈现并内化和再生产出来。

① 《马克思恩格斯全集》第44卷,人民出版社2001年版,第381页。

② 《马克思恩格斯全集》第44卷,人民出版社2001年版,第379页。

③ [法]亨利·列斐伏尔:《空间:社会产物与使用价值》,王志宏译,载包亚明主编:《现代性与空间的生产》,上海教育出版社2003年版,第48页。

④ 《马克思恩格斯全集》第44卷,人民出版社2001年版,第388页。

⑤ [法]亨利·列斐伏尔:《空间:社会产物与使用价值》,王志宏译,载包亚明主编:《现代性与空间的生产》,上海教育出版社2003年版,第49页。

⑥ [英]齐格蒙特·鲍曼著:《流动的现代性》,欧阳景根译,中国人民大学出版社2017年版,第204页。

⑦ [英]齐格蒙特·鲍曼著:《全球化人类的后果》,郭国良、徐建华译,商务印书馆2013年版,第16页。

（二）栖居空间和生存空间

由于空间并不是纯粹自然和中立而是历史和社会的，因此，空间中充满和体现着经济、政治、文化和权力秩序等关系和意志倾向。追随社会空间的历史谱系和递推结构，可以发现，前现代中城市和乡村的关系要么是单纯城市的历史，要么是城乡尚未分化的无差别的混沌统一化的历史。与之不同，“现代的[历史]是乡村城市化，而不像在古代那样，是城市乡村化”①。资本空间关系的生产逻辑顺延到更大范围和程度的城乡分域和空间对立上，在资本主义时代就显示为“具有一定历史性的城市的扩张、社会的普遍都市化，以及空间性组织的问题等各方面”②。真正的城乡空间的分离和城市空间的膨胀是以“资本和地产的分离”，以及“以劳动和交换为基础的所有制”③为肇端的。乡村的开发、土地的利用、暴力的推波助澜以及传统手工业的破产，所有这一切为资本的诞生和资本的成长准备了最夯实的环境条件。乡村由孤立、独立的“世外桃源”转而成为联系的、附属的“域外城市”，乡村与城市之间的对立统一是资本统御下新的空间整合和空间增益。伴随乡村的城市化，一方面，“使农村屈服于城市的统治。……使城市人口比农村人口大大增加起来，因而使很大一部分居民脱离了农村生活的愚昧状态”④。另一方面，“城市已经表明了人口、生产工具、资本、享受和需求的集中这个事实；而在乡村则是完全相反的情况：隔绝和分散。城乡之间的对立只有在私有制的范围内才能存在。城乡之间的对立是个人屈从于分工、屈从于他被迫从事的某种活动的最鲜明的反映，这种屈从把一部分人变为受局限的城市动物，把另一部分人变为受局限

---

① 《马克思恩格斯文集》第8卷，人民出版社2009年版，第131页。

② ［法］亨利·列斐伏尔著：《空间：社会产物与使用价值》，王志宏译，载包亚明主编：《现代性与空间的生产》，上海教育出版社2003年版，第47页。

③ 《马克思恩格斯选集》第1卷，人民出版社2012年版，第185页。

④ 马克思、恩格斯著：《共产党宣言》，人民出版社2018年版，第32页。

的乡村动物,并且每天都重新产生二者利益之间的对立。"①城乡的空间分袂使安土重迁的"农村人"从乡村搬到城市,完全失掉土地等生产资料的"自由人""升级"为城市里的"打工人",进而进入城市的文明发展空间"安家落户",开始文明化的熏陶和改造。而两手空空的"自由人"不仅为资本腾退了土地空间,还为资本增殖提供了最持久的动力空间,非对等、非均衡的城乡空间矩阵和空间差别关系每天都在资本主体空间的横准下重新生产出这种差别,并不断重复和放大。

此外,资本空间关系的生产逻辑还顺延到生活和其他社会领域,从而起到格式化通约和同化的作用。这种顺延和同化首先就体现在城市空间的布展方面,"当我们谈论公寓的某个'房间'、街道上的某个'角落',或者某个'集市'、购物或文化中心、公共'场所'等空间时,……凸显的是这些空间的特殊用途,以及它们自身表述和建构出来的一种空间实践"②。马克思从资本和资本主义的历史发展和空间实践着手,对资本的空间碎化和空间重组的现实进行了刻画,并对由此产生的空间秩序化及其空间异化后果进行了批判指认。城市空间的拥堵挤压和倾斜失衡首先是工业发展的伴生物和工业时代的必然代谢物,他指出"属于旧曼彻斯特的那几百所房子老早就被原来的住户遗弃了,只是工业才把大批的工人(就是现在住在那里的工人)赶到里面去;只是工业才在这些老房子之间的每一小片空地上盖起房子,来安置它从农业区和爱尔兰吸引来的大批的人;只是工业才使这些牲畜栏的主人有可能仅仅为了自己发财致富,而把它们当做住宅以高价租给人们,剥削贫穷的工人,毁坏成千上万人的健康;……所有这些都只是工业造成的"③。在马克思看来,正是工业的大踏步进展和资本的广泛遍及将空间问题上升为重大的社会问题表现

---

① 《马克思恩格斯选集》第 1 卷,人民出版社 2012 年版,第 184—185 页。

② Henri Lefebvre, *The Production of Space*, Translated by Donald Nicholson-Smith, Oxford: Basil Black-well Ltd, 1991, p.16.

③ 《马克思恩格斯全集》第 2 卷,人民出版社 1957 年版,第 335 页。

和凸显出来——工业发展需要吸收最大数量的工人，而工人总是在激增和满溢的数量使得工业发展只需要“会劳动”的“器官”就行，至于超出“器官”作为“会劳动”的智能的其他累赘，是不在考虑范围内的。资本和工业只对使用劳动感兴趣，至于劳动能力的维持和维护则大可放心，因为劳动力总是显得相对过剩和无处安置。

在资本急速积累和投机扩张的过程中，空间的层级化既体现在拥有资本和生产资料的资产阶级的空间分层占有方面，也体现在丧失生产资料而一无所有的无产阶级的空间全面失去剥夺方面。恩格斯指出，在资产阶级内部的空间极化分区中，几乎所有的地区都产生一块所谓割据式的“纯粹的工人区”的隔离带，以隔离带为分界，隔离带以外与工人区相邻较近的整齐街道住着中等资产阶级，隔离带以外与工人区相距更远更高的空气更好更流畅的郊区别墅则住着更高等的资产阶级。如果说资产阶级的空间占有至少还能体现资产阶级光鲜体面的“人权”的话，那么无产阶级的空间失去是全面并且彻底的威胁到“人权”的，并且总是挑战和威逼着无产阶级可怜的“生存权”。不仅他们的生产空间是霉气弥漫、低矮局促和闷热拥堵的，就连他们的生活空间严格说来也是不能正常生活的，而且仅仅作为他们栖身之地的空间，也成为他们苟延残喘活下去而不得不承担的累赘负担，他们拼命赚来的“血汗钱”不得不被迫扔给对所有人来说都太差的住所。就工人阶级纯粹的栖身空间而言，“人又退回到洞穴中居住……然而是在一种异化的、敌对的形式下退回到那里的”①。在这种居住退化中，工人并不像野人在自然庇护中那样感到如鱼得水般的自由享受，相反，在破烂不堪的现代洞穴中只能感到寸步难行的陌生憋闷。对穷人而言，地下室是他们倾注和付出了自己所有血汗钱所铸造的“异己的住所”，这个住所仅仅是他蜷缩打盹儿的地方，而不是他的家园，或者说他并不配享有对住所拥有家园般的实际权利和深厚情感。他住在房东的家里

① 马克思著:《1844 年经济学哲学手稿》，人民出版社 2018 年版，第 127 页。

而不是自己的家里，他每时每刻都要接受房东的监视和交房租的逼促。房租是他与住所之间建立联系的唯一纽带，只要不及时或无法缴纳房租，他就会立即成为怠惰者而被抛向街头沦为连野人都不如的“无家可归”的无用人。在这种情况下，任何一个细心公正的观察者都能从感性直观方面感受到这种激烈的空间分割和空间异化的视觉冲击，一边是资本家生活的“归属感”和居住的“安全感”，资本家消费的“精致化”和享受的“高雅化”。另一边是工人生活的“漂泊感”和住所的“危机感”，工人生存的“粗陋化”和糊口的“劣质化”。工人对新鲜空气、明亮居室和清洁习性的需要被动物式的堕落、肮脏和腐化所取代，随着繁荣的工业和生产要素被划归给资本的所有者拥有，荒芜的自然和腐败的阴沟等非人的要素却无时无刻不在消耗腐蚀工人的身躯和生命要素。工人栖居空间的匮乏和身体空间的“去内涵化”（即人失去自己生存和发展的丰富内涵维度，沦为单纯为资本增殖积累服务的普通要素构件），掏空和去除了人的意义诉求和多维规定，在资本财富的增长和城市空间的“改良”之间、在生产资料的集合和无产阶级贫困的集中之间、在物的数量激增和人的精神堕落之间，“资本主义积累的对抗性质，从而整个资本主义财产关系的对抗性质，表现得如此明显”①，以致真正人的身体空间和发展空间在资本与空间的汇流和联姻下遭到僭越和褫夺，人的生活空间降格为生存空间，降低为为资本积累开辟道路和清除障碍的空间操控和空间操持。

二、资本对外的空间伸延和空间极化

资本的“普遍性”和“自由发展”，不仅表现为资本对内的空间集聚和空间塑形，而且表现为资本对外的空间伸延和空间极化。通过空间伸延，为资本自由运动推倒和排除任何阻碍界限，通过空间极化，为资本无限增殖存贮和激发

① 《马克思恩格斯全集》第44卷，人民出版社2001年版，第758页。

所有动力能量,从而真正培铸和丰满资本的“希望空间”。

(一)资本对外的空间伸延

打破古老的生产方式和固化的空间实践,不断地进行空间生产和空间整合是资本和资本主义社会出场和生存的必要条件,也是资本主义生产关系和生产模式确立自身“独特空间”的必然要求。马克思、恩格斯在描述资本主义社会的存续条件时发现了资产阶级和资产阶级社会的变革性和流动性,他们指出,与前资产阶级社会相比,革新,不停的、永恒的革新,以及变动,一直的变动和流动,是资产阶级社会深入血液的基因和生存要素。更进一步说,新的资本和资产阶级要有与之相适应的已经变革的社会和革命的生产方式,因为“如果未曾生产一个合适的空间,那么‘改变生活方式’、‘改变社会’等都是空话”①。为了给资本要素和资本关系清除旧有的残留痕迹进而创设适配的空间结构,资产阶级不断地改进生产工具和便利交通运输系统,资本借由这“两大利器”敲开了最野蛮民族的门户,锻造了全球市场和资本世界。

资本世界一经产生,就迅速开启了对外空间伸延的举措。一方面,商品的社会性和商品的交换价值超过商品自然的使用价值,是资本摧毁空间限制和构建全球市场的最有效的工具,不仅因为“抽象财富、价值、货币、从而抽象劳动的发展程度怎样,要看具体劳动发展为包括世界市场的各种不同劳动方式的总体的程度怎样”②。而且因为“资本主义生产建立在价值上,或者说,建立在包含在产品中的作为社会劳动的劳动的发展上。但是,这一点只有在对外贸易和世界市场的基础上[才有可能]”③。打破空间坚壁进而征服地球市场的过程“从本质上来说,就是推广以资本为基础的生产或与资本相适应的生

① [法]亨利·列斐伏尔著:《空间:社会产物与使用价值》,王志宏译,载包亚明主编:《现代性与空间的生产》,上海教育出版社 2003 年版,第 47 页。

② 《马克思恩格斯全集》第 26 卷第三册,人民出版社 1974 年版,第 278 页。

③ 《马克思恩格斯全集》第 26 卷第三册,人民出版社 1974 年版,第 278 页。

产方式”①的过程。自由贸易、世界市场和世界历史的形成发展史已经以事实证明了，“创造世界市场的趋势已经直接包含在资本的概念本身”②。资本生产本质上是以交换价值和价值增殖为目的的生产，“因此，资本的趋势是（1）不断扩大流通范围；（2）在一切地点把生产变成由资本推动的生产”③。由此，按照商品交换价值的抽象一般性和资本增殖扩大自身的趋势，世界空间得以告别过去地区化和区块化的狭隘格局，进而按照“资本的文明”和“资本的面貌”形成互通有无的世界性的环流体系和全球化的广阔空间。

另一方面，资本“又力求用时间去消灭空间”④。这一过程，需要借助资本的增长、技术的革新和交通运输条件的改善来实现。前在的纯然自然空间是固定的不变的量，但是，我们要探讨的是人类实践涉足之后的社会空间。相较于要付出巨大人力努力才能跨越的客观的自然空间距离，在社会化的自然空间里，距离褪去绝对客观的、非人化的自然面貌，它的长度随着交通运输条件的改良和交通工具的革新而变化、缩短和改观。因此，“重要的不是市场在空间上的远近，而是商品到达市场的速度”⑤，四通八达的交通运输体系和日新月异的变速加速技术构筑了人类社会现代化的相对空间，也正是在这个意义上，有学者将交通运输方式的不断变革和接续进步看作是资本“现代历史的标记”。对资本的生产过程而言，“空间条件，把产品运到市场，属于生产过程本身”⑥。减少纯粹物理上的空间距离，缩减由空间距离和空间条件而产生的资本的生产费用，就能在收缩资本生产增殖费用的基础上增加资本的收益，成全资本增殖的夙愿。

由于空间距离的压缩和资本增殖费用的减少，缩减了生产—分配—交

① 《马克思恩格斯全集》第30卷，人民出版社1995年版，第388页。
② 《马克思恩格斯全集》第30卷，人民出版社1995年版，第388页。
③ 《马克思恩格斯全集》第30卷，人民出版社1995年版，第388页。
④ 《马克思恩格斯全集》第30卷，人民出版社1995年版，第538页。
⑤ 《马克思恩格斯全集》第30卷，人民出版社1995年版，第536页。
⑥ 《马克思恩格斯全集》第30卷，人民出版社1995年版，第532页。

换—消费四环节之间间或的时间间隔,以全球范围为空间平台,形成了资本生产关系最大化的循环链条和空间布展,壮大了资本的生产力。反过来,资本的生产力越是扩大和得到提升,资本利润就越依赖交换,而"生产越是以交换价值为基础,因而越是以交换为基础,交换的物质条件——交通运输工具——对生产来说就越是重要。资本按其本性来说,力求超越一切空间界限"①。既然交通运输工具和系统对于资本生产来说,能够减少必要劳动时间和助力更远空间交换市场方面实现增殖,因而资本就担负起用时间碾压和消灭空间的使命,资本创造了便利的交通运输工具,反过来,便携的交通运输工具增强了资本的增殖能力,两者相互补益。

总之,资本对外的空间伸延实质就是资本借助无形的商品交换价值和有形的交通运输系统,助力资本在最大限度增殖自身的目的催逼下不可遏制地追求普遍性,由此在资本引发的时空变奏和时空压缩的前提下,改写和重筑了全球化的空间景观。

(二)资本对外的空间极化

在资本重构的全球化空间景观引发的影响后果中,首先值得一提的是资本的生产力倚靠强劲的冲击力开启了新型的全球化的空间环流,从而用空间敞显代替空间阻断,形成了世界历史和全球市场。马克思、恩格斯对资本的全球化关联进行了深入的阐述,指出资产阶级对世界市场的发掘和开拓将所有国家的生产和消费都纳入到了资本的生产体系,资产阶级对世界市场的拓展和延伸将所有国家的生死存亡都变为了休戚与共的共同体。但同时,全球化的宏图是以满足资本和资本先占国家和地区的贪欲为代价图绘出来的。新的世界版图是按照资本的需要和资产阶级自己的标准重新标注和划分的,新的标注和划分按照资本的逻辑使未开化的地区、蒙昧的农村和落后的国家从属

① 《马克思恩格斯全集》第30卷,人民出版社1995年版,第521页。

和倚赖于开化的国家、文明的城市和先进的国家，资本对外的空间极化现象由此形成。

其次，资本穿越和征服全球空间打破传统田园诗般的空间象限，以获取免费或廉价的空间富源，并在空间并存的关联中形成不可克服的空间失衡和空间对峙。马克思指出，“由于机器和蒸汽的应用，分工的规模已使脱离了本国基地的大工业完全依赖于世界市场、国际交换和国际分工”①。这就在加剧社会分工和人的分割的基础上，更大限度地“集结了资本”。与之相对应，“一种与机器生产中心相适应的新的国际分工产生了，它使地球的一部分转变为主要从事农业的生产地区，以服务于另一部分主要从事工业的生产地区”②。机器分工“非均衡”体系的确立和农业—工业空间分区的“不均等”构型的形成与资本掠夺性积累结构是同构同形的，一方面，资本积累就其自身而言本来就是一个牵涉生产和技术的深刻的“空间参与”和“地理事件”；另一方面，这种“空间差异”和“空间转移”本身也是资本主义存在和发展的物质支撑和先决条件。

再次，根据新的“社会必要劳动时间”进行的国际价值比较和国际贸易交易，加大和固化了空间倾斜和空间失衡，使全球化的天平偏斜于资本强大的国家和地区一方。具体而言，对单个的国家而言，按照商品价值量由社会必要劳动时间进行计算和商品交换的价值规律原则，“只有超过国民平均水平的强度，才会改变单纯按劳动的持续时间进行的价值计量”③。在空间的交互关系中，各个国家走出自身的“价值划定”，单位国家综合的“社会必要劳动”又成为更大范围的世界市场的组成要素和个别单位，所以交易的情形也就相应发生改变。因为从单个国家扩展到国际社会，各个不同国家的、或高或低的“中等强度的劳动”又形成一个新的平均数次序，“它的计量单位是世界劳动的平

① 《马克思恩格斯选集》第1卷，人民出版社2012年版，第246页。

② 《马克思恩格斯全集》第44卷，人民出版社2001年版，第519—520页。

③ 《马克思恩格斯全集》第44卷，人民出版社2001年版，第645页。

均单位”①。在全球化的经贸结构中,“一个国家的资本主义生产越发达,那里的国民劳动的强度和生产率,就越超过国际水平”②,因而也就越能在贸易交易中获利。“在不同国家之间……一个国家的三个工作日也可以同另一个国家的一个工作日交换……在这种情况下,比较富有的国家剥削比较贫穷的国家”③。因此,高额利润总是流向资本丰裕和技术发达的资本主义发达国家,而成本代价则总是落到资本匮乏和技术陈旧的落后地区和国家。在全球化牵一发而动全身的空间联动中,“自由竞争在一个国家内部所引起的一切破坏现象,都会在世界市场上以更大的规模再现出来”。④ 因此这种空间差异和空间矛盾将在更大范围、以更大冲突的方式更加全面彻底和激烈地暴露凸显出来,资本最隐秘的逻辑和全部规律将在更广的区域发生作用,从而成为全世界总体都不堪忍受的重压。

最后,资本对外的空间极化究其根源在于资本与现代性的同构与共谋。资本开启的全球化实质是资本的一齐化和一体化的过程,在这一过程中,资本的主导力量就表现为现代性一维的时间变构和时间规划。从本质上说,资本是“现代性驯化空间分裂性的一种方式”⑤,通过这种现代性的驯化,资本确立了“时间对空间的优先性”⑥,引发了时间的一维顺序在空间并置上的“积极回响”,“历时性”的时间序列磨平了“共时性”的空间异质,单一的线性时间消解了多维的广度空间,空间的丰富性价值和多样性的使用价值统统被抽取掏空,剩下具有同质性和均平化的空间的交换价值,时间的这种空间化表达,使多元化、多样化的空间沦为时间的牺牲品,化身为为资本增殖供职的均质空洞

① 《马克思恩格斯全集》第 44 卷,人民出版社 2001 年版,第 645 页。

② 《马克思恩格斯全集》第 44 卷,人民出版社 2001 年版,第 645 页。

③ 《马克思恩格斯全集》第 35 卷,人民出版社 2013 年版,第 111—112 页。

④ 《马克思恩格斯文集》第 1 卷,人民出版社 2009 年版,第 757 页。

⑤ [英]多琳·马西著:《保卫空间》,王爱松译,江苏凤凰教育出版社 2017 年版,第 126 页。

⑥ [英]多琳·马西著:《保卫空间》,王爱松译,江苏凤凰教育出版社 2017 年版,第 23 页。

的象限碎片。正是资本和现代性的时空隐含和时空经纬筹划成今天全球化在经济上的“中心—外围”的不平衡结构和在政治权力上的“主导—附属”的非正义的空间构造系统。

三、资本积累的时空修复和时空释放

时间与空间是相互交汇和转换的，时间就是空间，空间就是时间，资本积累在空间上遭遇的“围困”和限制不能单靠空间上的“突围”来解决，而需要诉诸“空间的时间维度”，在“时间的空间维度”和“空间的时间维度”的双重向度下考量时空修复的策略方案，并在可能的固有限度内找到超越现有时空修复方案的价值自觉和超越路径。

（一）当下，时空修复与时空修复的内在限度

空间和时间是内在嵌套和关联呼应的，但是，资本时代时间定义和裹挟空间的现代化和现代性展开铺陈的过程，同时也是资本积累矛盾累积扩大和空间反制对抗时间的历史过程。有学者指出，占据、重塑、转移和产生空间是资本主义生存的基础，也是其减轻内在矛盾的有效手段。但是，空间对资本增殖积累逻辑的服从隐含着空间自身的存在逻辑，资本摧毁空间自身存在逻辑的行为遭到空间的强烈回击，空间负载超重也将酿成资本积累的风险危机。大卫·哈维指认了资本积累的空间危机，并总结归纳了资本过度积累的经济危机的三种主要级别形式和危机理论，“第一级危机理论处理的是资本主义内在矛盾的根源问题。第二级危机理论考察的是通过金融与货币安排为终结形成的时间动力问题。第三级危机理论则是把不均衡发展的地理学整合到危机理论当中”①。基于对资本过度积累危机的研判和确证，哈维给出了两条解决

① David Harvey, *The Limits to Capital*, Oxford: Blackwell, 1982, p.425.

方案：其一，通过增加物质基础设施建设、劳动工具、机器体系和厂房设备等固定资本的相关投资，推迟价值在未来重新回流进入流通领域的时间。由于延缓了回流时间，过度积累的资本得以从满足即时需要的身份中抽离出来，推移到未来的用途上，从而在一定期间和程度内迟滞资本过度积累的危机。其二，通过开发旧的已有市场空间和发现新的域外市场，转移过剩的资源、生产能力、社会劳动和资本溢出等，以延缓危机，减轻危机对资本积累的破坏性和杀伤力。前者被称为“时间修复”，后者被称为“空间修复”。“时空修复”在资本主义发展的不同阶段都有不同程度的实践应用，对危机的延缓确实起到了某种积极的作用。遗憾的是，他没有从根本上发觉资本和资本主义生产方式的内在矛盾逻辑，即资本主观上为了生产剩余价值和最大限度增殖自身的手段方式客观上最大限度地推动发展了抵拒和瓦解自身的社会生产力，资本发展社会生产力的绝对趋势与资本的生产关系不能涵容“过剩”生产力，因而不得不靠使“现有资本贬值”和使利润率下降的方式维系资本狭窄的生产关系，资本的生产关系通过反噬和自毁生产力发展的情况，昭示了资本与生俱来的自反性和活生生的内在矛盾性，这显然不是外围式的资本修补和零敲碎打式的时空救场就能够克服和挽救的，自毁式的重生显然无法真正重生，也无法赓续。因此，“时空修复”的方案只能从迂回的角度在某种程度上改变危机发生的时间节段和周期性，但是这种修正尝试有时是以危机加重和危机的全球化拓展和蔓延为代价的，危机的破坏力更深，波及力更大。正如马克思所指出的，“资本主义生产总是竭力克服它所固有的这些限制，但是它用来克服这些限制的手段，只是使这些限制以更大的规模重新出现在它的面前。”①资本千方百计用以挣脱和治愈自身过度积累危机的愿望遇到了自身的限制，“整个逻辑现在回过头来在自己身上倒塌了”②。因此，哈维的方案效果是极为有限的。而要想根治资本过度积累的危机，必须要继续找寻更有效、更长远，也更

① 《马克思恩格斯全集》第46卷，人民出版社2003年版，第278页。

② ［英］大卫·哈维著：《资本的限度》，张寅译，中信出版社2017年版，第596页。

根本的路径方案。以现实为旨归，回到马克思，进而挖掘马克思资本逻辑批判的思想资源，怎样想来都是一个更明智和更正确的可行选择。

（二）未来，时空释放和时空释放的价值旨归

资本主义时代，是资本定义社会关系和生产方式的时代，资本是资本主义社会旋转的中轴纽结和核心逻辑，资本空间化和空间资本化的双向缠绕互译，形成了符合资本要求的空间排布。而资本最基本、最首要的需求和人权，就是“平等地剥削劳动力”①，因此，不可避免地形成了两种“去人化空间”的发展取向，一方面，资本增殖的绝对空间侵蚀取代了人的全面发展的空间，另一方面，剩余劳动时间的无度延长排挤篡夺了人的全面发展的空间。再一方面，全球化的时空断裂宣告“空间不可能被时间取消”。以往对时空关系的认知因为将时间缩减解读为由于交通运输和信息通信系统的发展而起到的取消距离的某些效果而被错误地理解了，“这里实际上正被缩减的是时间，正被扩大的（在社会关系/相互作用的形态，包括运输和通信的形态的意义）是空间（距离）”②。而且，“空间不只是距离。它是多样性内部开放式的塑形的领域”③。多样性的空间永远不可能被完全纯化和削平。今天部分后发国家和地区“寻找失落的时间”行为再次对全球化不可持续的空间格局提出了质疑和挑战，现代性导控下的全球化本质上是时间的而非空间的，扭转不合理非均衡的全球化结构，需要跳出时间的泥沼和陷阱，重新争夺失去的时间和空间。全球化使“单个人越是在更大的范围和更深程度上忍受自身之外的异己力量的支配，但同时，……也在更大范围和更深程度上彻底消灭这种越发不堪忍受的异己力量，……经济全球化为在更大范围内人的世界和人的关系的复归提供了

---

① 《马克思恩格斯全集》第 44 卷，人民出版社 2001 年版，第 338 页。

② ［英］多琳·马西著：《保卫空间》，王爱松译，江苏凤凰教育出版社 2017 年版，第 125 页。

③ ［英］多琳·马西著：《保卫空间》，王爱松译，江苏凤凰教育出版社 2017 年版，第 126 页。

实现的路径”①。马克思在论述从“必然王国”到“自由王国”以及从“个性扭曲”到“个性自由”的历史发展时,指出“节约时间”是首要的根本条件和经济规律。更重要的是,资本增殖的尺度不再以“盗窃他人的劳动时间”②为基础,以交换价值为基础的资本生产也将让位于以使用价值为基础的真正的生产,进而社会必要劳动时间缩减到最低将代替追逐更多剩余劳动时间,成为“节约时间”的最终目的,因此,我们不仅需要一种基于新的运动逻辑的空间本体论,还需要与新的空间本体论相适应的重新理顺过来的时间和空间,需要赋予斗争策略和出路以必不可少的时间考量和空间面向,而且需要以全球化和社会联合力量的方法付诸实施。

在对空间生产和空间政治学进行反思的过程中,列斐伏尔和马克思在空间发展的未来指向即空间正义的未来构建方面具有天然的相似性。列斐伏尔指出,“每种生产方式都有其专门性空间,从一种生产方式向另一种生产方式转变需要生产新的空间。”③因此,现有的空间与资本主义的生产方式并不是天然共契和无缝连接的。马克思在对资本逻辑和资本主义生产关系统摄下的世界市场和全球化的空间系统进行批判诊断时,也从最深刻处指出,“资本主义生产的真正限制是资本自身”④。因此,我们需要这样一个必经的历史发展阶段,即扭转资本空间化的全面宰制和逆流循环,结束资本全景式的空间监控和空间内卷,借助资本的力量充分发展和壮大社会生产力,扩充和丰富人的能力体系和发展空间,削减和改变一维性、历时性的时间剪刀对异质性、多元化空间的任意剪裁。我们要恢复和返回空间的丰富性和人的发展的自由性,“要从一切方面去探索地球”⑤和挖掘人的发展潜力,在新的时空交汇点上开

---

① 姜英华著:《经济全球化与中国方案》,兰州大学出版社 2019 年版,第 224 页。

② 《马克思恩格斯全集》第 31 卷,人民出版社 1998 年版,第 101 页。

③ Henri lefebvre, *The Production of Space*, tran, Donald Nicholson-Smith, Blackwell, 1991, p.46.

④ 《马克思恩格斯全集》第 46 卷,人民出版社 2003 年版,第 278 页。

⑤ 《马克思恩格斯全集》第 46 卷上册,人民出版社 1979 年版,第 392 页。

拓一种以人的自由发展为目标指向和以人的真正需要为旨归的环境世界，从而“使人在其中能体验到真正合乎人性的东西，使他常常体验到自己是人”①。在此基础上，在整个社会的范围内节约纯粹劳动的时间，“创造可以自由支配的时间”，“创造产生科学、艺术等等的时间”②，并使其转化为个人发展的自由空间，从而在新的历史场域条件下构建以时间涵养空间和以空间涵容时间的新的文明形态和发展道路。

① 《马克思恩格斯文集》第1卷，人民出版社2009年版，第334—335页。
② 《马克思恩格斯全集》第30卷，人民出版社1995年版，第379页。

第六章　资本逻辑与自由

在马克思的视域和思想谱系下，自由既是人的积极存在的最具灵魂性的表现，也是人的自由解放的最具高度性的价值主旨。马克思从资本主义生产方式和资本范畴辖制下人的现实生存状态、劳动状态和资本——自由状态出发考察和省思人的自由现状，并在实然和应然的张力中探讨通过高度发达的生产力、分工和共同体发展克服束缚自由的现实社会历史条件，并通过对资本颠倒错位的关系重新进行归置和再颠倒来实现人的个性自由和全面发展。

一、自由的传统与变奏

从西方自由的思想谱系来看，从亚里士多德的以自身为目的的“至上善”开始，精神和意识的自由就成为自由的主题而被提上历史的议事日程。但是，自由仅仅被限定为政治类的行为，只有交往、辩论等政治行为才能承载亚里士多德所框定的自由，而诸如劳动等经济行为则被排除在自由范围之外。因此，奴隶作为劳动的主体只是“会说话的工具”，只是为了政治行为的自由而必须充当的被动的劳动代具。到康德的自由由道德立法显现，绝对自由——自由意志——绝对自由的辩证线索为缘何追求自由提供了理论依据。黑格尔的绝对精神不再停留在简单的精神意识层面，在他看来，自由是不断贯彻自身意志的能动性的意识力量，逻辑学、自然哲学和精神哲学的逻辑演进体现了绝对理念贯彻自身意志和把握世界的辩证运动。绝对理念和自由意志通过不断克服历史条件的束缚和限制而得以贯彻实现，世界历史是绝对理念和自由意志实现的最高表现。马克思延续和坚持了黑格尔的辩证法思想，但同时，这种延续和坚持是有选择性的，并且是在否定性和超越性上的坚持和延续。马克思遵循了对人的精神层面的重点强调，并指出自由是精神的类本质，同时矫正了黑格尔对人的精神层面的过度放大和对人的物质层面的忽视。马克思意识到黑格尔的辩证法倒置了“观念的东西”和“物质现实”，因而不仅不能从物质现实和精神层面双重维度理解真正的和现实的自由，而且对于突破和超越经济社会现实而实现真正的变革性实践也是不足和缺失的。在黑格尔自由思想的地平上，马克思开启了他关于自由的探索之路。

作为黑格尔最名副其实的学徒，青年马克思和青年黑格尔派一样，认为宗教的他律是对精神自由和自我意识的侵犯和剥夺，对宗教的反对和批判最终指向和落实到对自由和个性的追求。马克思对自由的挚爱和追求在其博士论文中已初见端倪。在对德谟克利特和伊壁鸠鲁的“两种自然哲学”进行比较研究时，马克思认为原子的直线运动或偏斜运动构成两者哲学的根本区别。德谟克利特的“直线运动”将原子视为“纯粹物质性的存在”，因而把原子概念“变成一种强制的运动，一种盲目必然性的行为”①。伊壁鸠鲁将哲学研究和自由相等同，他指出“要得到真正的自由，你就必须为哲学服务。凡是倾心降志地献身于哲学的人，用不着久等，他立即就会获得解放，因为服务于哲学本身就是自由”②。与德谟克利特的“直线运动”不同，伊壁鸠鲁用“偏斜运动”来言说自由，他用对偶然性、排斥和不稳定性的强调代替了天命和必然性，他“以原子的直线运动表述了原子的物质性，又以脱离直线的偏斜实现了原子

① 《马克思恩格斯全集》第1卷，人民出版社1995年版，第37页。

② 《马克思恩格斯全集》第1卷，人民出版社1995年版，第24页。

的形式规定,而这些对立的规定又被看成是对直接对立的运动”①。正如卢克莱修指出,“偏斜打破了‘命运的束缚’”②,拯救和恢复了自由,因而获得了“自我意识的心灵的宁静”。③ 马克思认同伊壁鸠鲁的“原子偏斜运动说”,肯定了自我意识的自由性和自由精神的创造性,他将“哲学与自由等同了起来,其实质就是自我意识摆脱神的统治就是自由,自由就是自我意识的觉醒和确立”④。

博士论文时期,马克思对自由的理解还局限在纯粹精神层面和黑格尔哲学的领域,打破这一局限的重要一步是《莱茵报》时期对出版自由的论述。马克思指出,自由是人的本质,而“新闻出版就是人类自由的实现”⑤。即使是自由的反对者也在不自觉地践行和实现着自由。因此,自由由被摒弃的“人类本性的装饰品”擢升为人类本性必不可少的最珍贵的装饰品。新闻出版自由与人类自由本质和新闻出版本质是相符合和一致的。法律作为保护自由的措施,是自由实现的“圣经”。新闻出版法为了捍卫和保护自由而惩罚对自由的滥用,而“书报检查法却把自由看成一种滥用而加以惩罚”。⑥ 可以说,“自由报刊的本质,是自由所具有的刚毅的、理性的、道德的本质。受检查的报刊的特性,是不自由所固有的怯懦的丑恶本质,这种报刊是文明化的怪物,洒上香水的畸形儿”⑦。借由对书报检查制度的深入批判,马克思将自由的空谈和幻想转变为现实的对政治自由的争取,他强调,“自由报刊是人民精神的洞察一切的慧眼,是人民自我信任的体现,是把个人同国家和世界联结起来的有声的纽带,是使物质斗争升华为精神斗争,并且把斗争的粗糙物质形式观念化的一

① 《马克思恩格斯全集》第1卷,人民出版社1995年版,第33页。

② 《马克思恩格斯全集》第1卷,人民出版社1995年版,第33页。

③ 《马克思恩格斯全集》第1卷,人民出版社1995年版,第62页。

④ 白刚著:《回到〈资本论〉:21世纪的“政治经济学批判”》,人民出版社2018年版,第233页。

⑤ 《马克思恩格斯全集》第1卷,人民出版社1995年版,第166页。

⑥ 《马克思恩格斯全集》第1卷,人民出版社1995年版,第175页。

⑦ 《马克思恩格斯全集》第1卷,人民出版社1995年版,第171页。

种获得体现的文化。自由报刊是人民在自己面前的毫无顾虑的忏悔,……是人民用来观察自己的一面精神上的镜子,而自我审视是智慧的首要条件。自由报刊是国家精神,……它无所不及,无处不在无所不知。自由报刊是观念的世界,它不断从现实世界中涌出,又作为越来越丰富的精神唤起新的生机,流回现实世界。"①通过对自由报刊的描述论证,自由植根于更真实的土壤并拥有更丰富的维度和内容。

在物质利益上遇到的"难事"以及由此向政治经济学方向的转向,使马克思真正探求到自由的真谛,并形成成熟完整的自由观。为了解决令人苦恼的谜疑和难题,马克思写作的第一部著作"是对黑格尔法哲学的分析",他指出"法的关系正像国家的形式一样,既不能从它们本身来理解,也不能从所谓人类精神的一般发展来理解,相反,它们根源于物质的生活关系,这种物质的生活关系的总和,黑格尔按照 18 世纪的英国人和法国人的先例,概括为'市民社会',而对市民社会的解剖应该到政治经济学中去寻求"②。对黑格尔法哲学的批判,明晰了"颠倒的世界"和"颠倒的世界意识"之间的关系,归正了"虚幻的幸福"和"现实的幸福"之间的错位,最重要的是,颠覆和变革了马克思以往的哲学观,树立了"人的根本就是人本身。……人是人的最高本质"③等"人的主体性"意识。使马克思的自由观向前迈进一大步的是费尔巴哈"类本质"概念的阐释和对唯物主义人本学的阐发。马克思《1844 年经济学哲学手稿》对"人的类特性"和"异化劳动"的论述带有明显的费尔巴哈的痕迹和色彩。马克思指出,"一个种的整体特性、种的类特性就在于生命活动的性质,而自由的有意识的活动恰恰就是人的类特性。"④人是具有自由意识的"类存在物","就是说,他自己的生活对他来说是对象。仅仅由于这一点,他的活动

---

① 《马克思恩格斯全集》第 1 卷,人民出版社 1995 年版,第 179 页。

② 《马克思恩格斯选集》第 2 卷,人民出版社 2012 年版,第 2 页。

③ 《马克思恩格斯选集》第 1 卷,人民出版社 2012 年版,第 10 页。

④ 马克思著:《1844 年经济学哲学手稿》,人民出版社 2018 年版,第 53 页。

才是自由的活动"①。也正是在这一维度上,马克思将动物和自身的直接同一性与人和自身的自主创造性根本区别开来。真正使马克思清算和去除旧的哲学痕迹从而开启对自由观科学研究和阐述的,是标志唯物史观创立的《德意志意识形态》。在其中,马克思确立了"现实的人"的概念和"现实的人"的"现实的实践活动"的内涵,提出了人类社会形态的"三阶段说",并以生产力为基准指出了自由的范围和程度,他指出,"人们每次都不是在他们关于人的理想所决定和所容许的范围之内,而是在现有的生产力所决定和所容许的范围之内取得自由的"②。这就为自由的研究提供了宏观的视野和科学的方法。此后,在相关经济学手稿和《资本论》的研究中,马克思完整阐述并深化了对自由的认识。

二、资本与劳动的自由

马克思生活在资本和大工业的时代,马克思对自由的追求和渴望渗透在对劳动的崭新界定、对资本本质的揭示以及对资本与劳动关系的厘定中。就劳动而言,马克思将劳动提升到与人本身、与人的本质同等的高度,并将其和人的自由、价值和尊严等价齐观,"我的劳动是自由的生命表现,因此是生活的乐趣"③。劳动是人之为人的"类特性"及其对象化的确证施展,它不仅将人的尺度和人的主体性创造活动与动物的特性和动物的直接性生命过程相区分,而且真正意义上的劳动是劳动者在对客观规律和必然性正确透视和准确把握基础上的自由解放过程。这一过程在资本的作用下发生一定的扭曲和变形。首先,资本的生成史是暴力的不自由手段催生"自由劳动"的历史。"剥夺,使一部分人群丧失他们在世界上的位置,从而把他们赤裸裸地暴露在残酷

① 《马克思恩格斯文集》第1卷,人民出版社2009年版,第162页。
② 《马克思恩格斯全集》第3卷,人民出版社1960年版,第507页。
③ 《马克思恩格斯全集》第42卷,人民出版社1979年版,第38页。

的生活面前，既创造了最初的财富积累，又创造了把这种财富通过劳动转化为资本的可能性，这两者共同构成了资本主义经济兴起的条件。”①暴力剥夺将生产者从以往一切固有的束缚和依附关系中解放出来，成为自由到失去一切护身和保障的“自身出卖者”。这种丧失一切生产条件的自由劳动者要想获取劳动机会和劳动资格，就必须与已经失去的生产条件重新结合，因此，自由劳动者的劳动注定是不自由的。同时，这种强制性的暴力手段也催生了自由资本，即能够自由运动、自由归并和自由统治的最初资本形式，这种自由资本在与自由劳动既定的始源关系中不断再生出资本需要并为资本所有的“自由关系”。其次，资本的生产史实则是“自由劳动”不自由劳动的历史。对失去一切因而自由得一无所有的劳动者而言，“劳动是留给他们的唯一活动”②。基于别无选择的劳动自由实质是劳动的异化形式，这种异化劳动是不自由的劳动形式，一方面，它颠倒了目的和手段，把人的类生活和自由自主的活动贬低为手段，因而也就把真正人的类本质和普遍全面的积极活动降低为维持人的生存和肉体存在的手段。另一方面，这种不自由的劳动还表现为它是处在压制和强迫下的，因此也是为他人作嫁衣的被支配的活动。因此，劳动者深陷劳动之中却急于跳出劳动之外，劳动不是确证自身本质和肯定自己的积极活动而是丧失自身本质和否定自己的消极活动，劳动不是自己体力和智力的积极自由发挥而是自己肉体和精神的沮丧摧残折磨，劳动者在劳动过程中不是感到价值的彰显和意义的找寻而是感到价值的磨灭和意义的丢弃，痛苦而不是幸福萦绕在劳动者周围。在私有制条件下的劳动，只是为了获得必不可少的生存资料而不得不进行的受动劳动，作为“生命的外化”，我的劳动不是我生命的全面展开和充分绽放，而是生命的扭曲和变形、耗损和丧失。结果，诸如吃、喝、居住和生殖繁衍等人的动物本能战胜“美的塑造”、自由、自觉和自

---

① ［美］汉娜·阿伦特著：《人的境况》，王寅丽译，上海人民出版社 2017 年版，第 202 页。

② ［美］汉娜·阿伦特著：《人的境况》，王寅丽译，上海人民出版社 2017 年版，前言第 4 页。

主等真正人的机能而成为工人“首选的自由”，精神自由、自主劳动和美的享受则淹没在“首选的自由”之中。而且，动物的本能和东西反而成为人的需要和东西，而人的需要和东西转而成为动物的本能和东西，人与动物的属性错置使人的劳动成为反对和侵蚀人的活动，而不是相反。最后，资本的生产史同时也是资本积累和不自由固化的历史。自由劳动本身就是自由资本的成本，自由劳动者的自由劳动本身就是少数拥有资本的自由资本家不自由劳动的成本费用，这种一方的“自由所得”是另一方“自由所失”的结构在资本积累中被巩固并扩大。“剥夺和财富积累不仅带来了新财产和新的财富分配，而且又回馈给这个过程，造成了进一步的剥夺，更大的生产力和更多的占有。”①

商品的等价交换和劳动力的工资形式是资本时代自由的宣言和噱头，就商品交换而言，一方面，商品交换建立在“自由”和“自愿”的基础上，“从交换行为本身出发，每一个个人，都自身反映为排他的并占支配地位的（具有决定作用的）交换主体。因而这就确立了个人的完全自由：自愿的交易”②。另一方面，商品交换建立在“平等”和“等价”的基础上，“如果说经济形式，交换，在所有方面确立了主体之间的平等，那么内容，即促使人们去进行交换的个人和物质材料，则确立了自由”③。从商品交换的一般形式来看，劳动力商品的出卖和工资的获得，可以发现，一方面，劳动者能够把自己的劳动力作为商品自由地支配，他可以选择今天将劳动力商品出卖给 A 资本家，明天或下一刻便将劳动力商品出卖给 B 资本家，只要他愿意。另一方面，只要不能如期获益，资本家就可以自由并随时地辞退任何一个对他来说已经没有任何利用价值和无利可图的“无用工人”。可见，从商品等价交换的表面形式上看不出任何不自由和不平等的瑕疵和缺陷。马克思告诫人们，对自由的真正探寻不能停留在抽象的概念教条层面，要想探求事物的深层真相，就必须从“自由表层”深

① ［美］汉娜·阿伦特著：《人的境况》，王寅丽译，上海人民出版社 2021 年版，第 203 页。
② 《马克思恩格斯全集》第 30 卷，人民出版社 1995 年版，第 199 页。
③ 《马克思恩格斯全集》第 30 卷，人民出版社 1995 年版，第 199 页。

入到深层根底,从而才能识破和撕开自由的假面。这时,人们才会发现,“在现存的资产阶级社会的总体上,商品表现为价格以及商品的流通等等,只是表面的过程,而在这一过程的背后,在深处,进行的完全是不同的另一些过程,在这些过程中个人之间这种表面上的平等和自由就消失了”①。一方面,工人出卖的是自己自由支配的劳动力而不是自由劳动,工资支付的是工人自由劳动的价格而不是自由劳动力的价格,两者之间的差额隐藏着工资真正的秘密,即由劳动力创造和产生的“‘劳动力’(Arbeitskraft)的剩余”②被资本家不付任何等价物而无偿占有和吞并。另一方面,虽然工人可以自由选择任何一位需要劳动力的资本家出卖自己的自由劳动力,但是却没有不选择任何一位资本家出卖劳动力的自由。因为,“工人是以出卖劳动力为其收入的唯一来源的,如果他不愿饿死,就不能离开整个购买者阶级即资本家阶级。工人不是属于某一个资本家,而是属于整个资本家阶级。”③而且,虽然没有了主人和君主的支配,但是,贫困和“生存的紧迫性”仍然“强迫自由人像奴隶一样行事”④。因而,透过表面自由的假象而抓住事物深层本质的马克思提醒人们,“不要一听到自由这个抽象字眼就深受感动!这是谁的自由呢?这不是一个人在另一个人面前享有的自由。这是资本所享有的压榨工人的自由。”⑤资本设定了这一前提并管控这一生产过程和结果,资本定义了自由的范围和边界,在资本界限允许的范围内的活动是自由的,反之,则是不自由的。资本离不开自由的雇佣劳动,自由的雇佣劳动为资本生产了自由,却为自己制造了加固的锁链,其结果是,工人阶级为了自我生存越努力地为资本家阶级进行生产工作,就越迅速地增加和扩大与它敌对并支配它的财富权力。工人阶级为了生存而循环往复的生产工作本质就是为了资本而不断重新投入的过程,而且工人阶级的劳动

① 《马克思恩格斯全集》第30卷,人民出版社1995年版,第202页。
② [美]汉娜·阿伦特著:《人的境况》,王寅丽译,上海人民出版社2021年版,第65页。
③ 《马克思恩格斯文集》第1卷,人民出版社2009年版,第717页。
④ [美]汉娜·阿伦特著:《人的境况》,王寅丽译,上海人民出版社2021年版,第43页。
⑤ 《马克思恩格斯文集》第1卷,人民出版社2009年版,第757页。

工作在为工人生产更加不利的生存条件的同时却为资产阶级生产了更加有利的条件,工人阶级为资产阶级生产出用以牵制工人阶级自身的金锁链。总之,形式的和虚假的自由前提、真正的和现实的不自由过程,必然产生这样一个极度具有反差性的结果——真正失去自由的自由劳动力一方被拥有自由主导权的自由资本一方牵制和管束。

除了资本和劳动的自由之外,从更广泛的范围和意义上来说,资本造就了这样一个阶段,"在这个阶段上,社会上的一部分人靠牺牲另一部分人来强制和垄断社会发展(包括这种发展的物质方面和精神方面的利益)"①。现代自由的资本和劳动,"不仅不能把所有人都带入一个自由的时代,而且相反,它第一次迫使全体人类都处于必然性之轭下"②。这种必然性表现在分工的局限和异化所处的必经阶段。就分工的局限而言,资本造就的偏狭分工"使工人去从事屈辱身份的职能;被损害的灵魂与这种屈辱身份的职能相适应,而工资的不断急降又与灵魂的被损害相适应"③。机器分工将工人固着在机器的分工体系上,机器褫夺了工人的体力和智力,抽空了工人的气质和追求,将工人变成毫无精气神和独立性的机械和螺丝。而机器对工人的排挤和工资下降对工人整体发展和处境恶化更是雪上加霜,资本支付给工人的工资只是对资本自身来说没有就无法顺利增殖的部分,而对于工人来说,基本的生存只有在社会道德和代际补充的考虑下才被顾及。就异化所处的必经阶段而言,异化不仅涵盖自由劳动,而且还包括资本家,事实上,资本家和工人一样身处于被动和非人的抽象力量的控制之中。"异化既表现为我的生活资料属于别人,我所希望的东西是我不能得到的、别人的占有物;也表现为每个事物本身都是不同于它本身的另一个东西,我的活动是另一个东西,而最后,——这也适用

① 《马克思恩格斯全集》第46卷,人民出版社2003年版,第928页。

② [美]汉娜·阿伦特著:《人的境况》,王寅丽译,上海人民出版社2017年版,第93页。

③ 《马克思恩格斯选集》第1卷,人民出版社2012年版,第241页。

于资本家，——则表现为一种非人的力量统治一切。”①支配和被支配的双方都不能获得自由，因此，与资本主义发展阶段相适应，资本和劳动还没有“创造出……一些主观的和客观的条件，从而使劳动会成为吸引人的劳动，成为个人的自我实现”②。对自由的主客观条件的创造需要诉诸生产力的发展和驾驭资本的力量，在自由时间中培育和涵养人的自由个性，促进人的自由解放和全面发展。

三、人的解放与自由时间

商品成为资本主义生产方式和资本主义社会中占主导地位的普遍化的财富元素，商品的交换价值超越使用价值成为商品交换的本质规定性和目的，并由此规定人与人之间的社会关系。商品的价值或交换价值是抽象人类劳动的物化和对象化，它抽掉了诸如纺纱劳动、木匠劳动和瓦匠劳动等劳动的具体形式，抚平体脑劳动的差别，并将所有复杂劳动全部还原为简单平均劳动，由此就形成了相同的每个平常人都能操作和进行的劳动形式——抽象劳动形式。不同质的使用价值和商品在进行交换中，将不可比对的质转化为可以比较的量的正是上述相同的抽象人类劳动，而商品的价值和价值量是由小时、日、月等“劳动的持续时间来计量”③的，由此，物化的劳动时间就成为衡量资本主义时代和资产阶级社会财富的标准计量单位。由此，马克思认为，“资本逻辑与物化时间具有同构性”④。正是基于资本逻辑与物化时间同构化的研判，马克思进一步揭示了资本主义剩余价值生产的本质和根本目的，即无论是价值形

---

① 《马克思恩格斯文集》第1卷，人民出版社2009年版，第233页。

② 《马克思恩格斯全集》第30卷，人民出版社1995年版，第615—616页。

③ 《马克思恩格斯全集》第44卷，人民出版社2001年版，第51页。

④ 仰海峰：《资本逻辑与时间规划——基于〈资本论〉第一卷的研究》，《哲学研究》2013年第2期。

成还是价值增殖过程,劳动只表现为“量的方面”和“有目的地消耗的时间长度”,“都只按时间尺度计算”①。因此,就其实质而言,“剩余价值都只是来源于劳动在量上的剩余,来源于同一个劳动过程……的持续时间的延长”②。于是,时间就成为丈量人的存在方式和生存状态的重要尺度。

马克思剖析了资本逻辑对生产过程的决定作用,并以此为依据对剩余价值生产的不同形式和阶段进行了划分。资本无限度增殖的逻辑赋予了劳动无限的时间弹性,绝对延长劳动时间或提高劳动强度(等于变相延长劳动时间或取得与延长劳动时间相等同的效果)就成为资本自由增殖的第一顺位选择。在必要劳动时间和剩余劳动时间的关系上,马克思认为在资本逻辑的统管下,劳动者生产之外的自由都是对“资本的费用”的损耗和浪费,一旦必要劳动时间的扩展侵蚀了剩余劳动时间即资本的自由,劳动者的自由就会由资本的自由变为资本的禁锢,超出资本允许的界限,劳动者的必要劳动时间的存在变得没有意义。因此,劳动者的必要劳动时间和劳动者的自由是以剩余劳动时间和资本的自由为基准和前提的,舍此,劳动者的自由将变成资本自由的异在而不得不被节制或取消。剩余劳动时间或自由时间只是作为一种无限延长资本剩余价值生产时间的必要补充和施舍,自由时间没有自身独立存在的价值和意义,它的价值和意义依赖于它为剩余劳动时间服务和效力的价值和效果。它像给机器上润滑油或者作定期维修养护一样,目的只在于剩余劳动时间无休止地运行和无限制地延长。超出剩余劳动时间需要的这一限度,任何自由时间都被看作是与剩余劳动时间的对立或对资本剩余劳动时间的侵扰而被束缚、排斥和取消。因此,资本的自由时间就是劳动者全部的劳动时间,对劳动者而言,他的终生都是为资本服务的劳动力,因此劳动者的全部时间无论是按照自然要求还是法律规定都只是他自己用来自由支配的劳动时间。而劳动以外个人自由,运用脑体、进行社会交往、发展全面智力、履行社会职能和

① 《马克思恩格斯全集》第44卷,人民出版社2001年版,第228页。

② 《马克思恩格斯全集》第44卷,人民出版社2001年版,第230页。

接受自由教育的非劳动时间全都是非必要的浪费时间。由此,必然造成劳动者身体的萎缩和精神的呆滞以及身心的整体退化等一系列结果。因为时间是人的积极存在方式和人类的发展空间,具体个体生命时间的有限性使时间成为人的自由解放的必要条件。因此,对工人阶级来说,如果只有维持自身作为生物性存在的纯粹生理必需的时间,也就是说,除了替资本进行自由劳动的时间之外没有任何自己可以自由处置的时间,那么,人的自由自主的劳动自由将被工人机器的生产自由取代,失去任何自由时间的人决不是自由的人,而只是心智荒废的驯畜。

但是,毫无节制地延长劳动时间并不能满足资本毫无限度的价值增殖,资本要实现增殖就要诉诸动态的劳动生产率的提升和全部时间的比例调整。但是,必要劳动时间的缩短和劳动强度的提升并不必然导致劳动者自由时间的延长,甚至"最发达的机器体系现在迫使工人比野蛮人劳动的时间还要长,或者比他自己过去用最简单、最粗笨的工具时劳动的时间还要长"①。马克思指出,"在必要劳动时间之外,为整个社会和社会的每个成员创造大量可以自由支配的时间(即为个人生产力的充分发展,因而也为社会生产力的充分发展创造广阔余地),这样创造的非劳动时间,从资本的立场来看,和过去的一切阶段一样,表现为少数人的非劳动时间,自由时间"②。建立在对抗和不均等的资本逻辑基础上的劳动者和资本家之间的关系就表现为资本家的自由时间相对应的就是劳动者受奴役和过度劳动的时间,"既然所有自由时间都是供自由发展的时间,所以资本家是窃取了工人为社会创造的自由时间。"③在剩余价值生产阶段,资本占据了劳动者创造的属于全社会的自由时间,因而能够实现比资本初级阶段的绝对剩余价值生产更多的利润和剩余价值。

总之,资本逻辑与时间物化的同构产生了双重的结果并在结果的张力中

① 《马克思恩格斯全集》第31卷,人民出版社1998年版,第104页。
② 《马克思恩格斯全集》第31卷,人民出版社1998年版,第103页。
③ 《马克思恩格斯全集》第31卷,人民出版社1998年版,第23页。

初现了人的解放的端倪和曙光。对资本的力量和逻辑而言，资本追求利润的自由无意中为全体社会成员的自由发展奠定了生产力和物质基础，即资本违背和超脱自己的意志和意愿，“成了为社会可以自由支配的时间创造条件的工具”①，资本增殖对劳动时间的节约本身就是对自由时间的增加，“即增加使个人得到充分发展的时间，而个人的充分发展又作为最大的生产力反作用于劳动生产力。从直接生产过程的角度来看，节约劳动时间可以看作生产固定资本，这种固定资本就是人本身”②。于是，资本创造的生产力将脱离狭窄的资本和剩余价值的基础和束缚，劳动者的最基础的必然需要也将代替少数人的资本和财富而成为劳动时间的尺度，“那时，与此相适应，由于给所有的人腾出了时间和创造了手段，个人会在艺术、科学等等方面得到发展”③。

四、人的发展与自由个性

马克思对资本逻辑的批判最终指向人的解放和自由全面发展，资本在导向这一自由发展目标的过程中，不仅要通过不断创造高度发达的生产力而制造足够的自由发展时间，更要通过全面分工、自主劳动和消灭国家、“重建个人所有制”等方式形塑人的自由个性和实现人的自由全面发展。在前资本主义社会的“原始共同体”中，人具有原始的丰富性和全面性，但是这种原始的丰富性和全面性是以自然的神秘性和未开发性为前提的，而且这种丰富性和全面性之所以显得浪漫且迷人，恰恰是因为在发展的早期阶段，个人“还没有造成自己丰富的关系”④，也因为这种全面处于最初的因而也是完全自然发生的“人的依赖关系”阶段，人的生产和交往能力也只能局限在“狭小的范围内

① 《马克思恩格斯全集》第31卷，人民出版社1998年版，第103—104页。
② 《马克思恩格斯全集》第31卷，人民出版社1998年版，第107—108页。
③ 《马克思恩格斯全集》第31卷，人民出版社1998年版，第101页。
④ 《马克思恩格斯全集》第30卷，人民出版社1995年版，第112页。

和孤立的地点上”①。在资本主义社会的“抽象共同体”中，人所具有的原始全面性被商品的丰富性所代替，从而成为偶然性和独立性的个体，由于“生活条件对他们来说是偶然的”②，因而与前一阶段相比被设想得更自由些。但同时，这种“个体的独立性”是以资本和交换价值为中介的，也就是说，“不管活动采取怎样的个人表现形式，也不管活动的产品具有怎样的特性，活动和活动的产品都是交换价值，即一切个性，一切特性都已被否定和消灭的一种一般的东西”③。由此形成了与个体相对立的并独立于个体之外的不受个体控制的“社会权力和社会关系”，这种社会权力和社会关系“作为完全异己的力量威慑和驾驭着他们”④。因而，个人实质上受物的力量的支配和“更加屈从物的力量”，因而也更不自由。在抽象的、冒充的因而也是虚幻的共同体中，没有纯粹的“个体的自由”，而只有“阶级的自由”，个体生活的偶然性也只有在阶级和阶级关系的整体框景下才具有意义，即“个人自由只是对那些在统治阶级范围内发展的个人来说是存在的，他们之所以有个人自由，只是因为他们是这一阶级的个人”⑤。

无独有偶，在资本对社会分工的编排下，人的自由个性更是受到全面的制约和压抑。其实，早在分工出现和形成之时，一方面形成效率，另一方面也形成与之相适应的固化的分工系统和模式，把人放置在不由人自主选择的固定不变的生产地点和环节中，“任何人都有自己一定的特殊的活动范围，这个范围是强加于他的，他不能超出这个范围：他是一个猎人、渔夫或牧人，或者是一个批判的批判者，只要他不想失去生活资料，他就始终应该是这样的人”⑥。个人不仅无法占有自身创造出来的巨大生产力，而且还日益生产出庞大的侵

① 《马克思恩格斯全集》第30卷，人民出版社1995年版，第107页。

② 《马克思恩格斯文集》第1卷，人民出版社2009年版，第572页。

③ 《马克思恩格斯全集》第30卷，人民出版社1995年版，第106—107页。

④ 《马克思恩格斯文集》第1卷，人民出版社2009年版，第542页。

⑤ 《马克思恩格斯文集》第1卷，人民出版社2009年版，第571页。

⑥ 《马克思恩格斯文集》第1卷，人民出版社2009年版，第537页。

蚀和削弱自身的反对力量。在生产中,个人不需要发挥任何自主的个性和创造性,而只需像机器零件一样屈从于片面化和固定化的工作的需要和“安于奴隶般的关系”①,分工的尺度和劳动的目的“都是由外面提供的”,是由必须达到的资本增殖的目的和为了达到这个目的而必须由分工和劳动组合而加以避免和克服的障碍预设和框定的。受资本增殖这种所谓单纯外在必然性的辖制,人的劳动不是“主体的对象化”,而只是单纯的主体力量的外化,人在劳动分工中也不是感到幸福和自由,而是感到被动和不幸,个体以非主体的身份被加入到整个流水生产的过程中,成为机器系统这一“主体怪物”的附庸和随从,人的主体性、能力、独特性和充分性在为资本进行生产的过程中沦丧。劳动在为资本生产出自由时却使自身失去了仅剩的最小自由。对工人个体来说,劳动不是主动而是受动,不是得到而是失去。对他们来说,当紧张、压抑的活动停止以后,也就是“当他坐在饭桌旁,站在酒店柜台前,睡在床上的时候,生活才算开始”②。挣钱即用来维持活口的吃饭和睡觉的工资成为工人劳动的决定力量,劳动是人为了活下去不得不干的“倒霉事”。人的体力、智力、品质和智趣消磨在周而复始的单一重复化和枯燥循环式的机器运转中,而独立性、个性和自由自觉的活动也完全让位于生物性的直接同一和本能,人的生存被限定在仅剩的、最小的、没有就不行(对资本而言)的地步。

以资本主义社会的发展现实为依据,以人的全面发展和自由个性为导向,马克思作为“自由之子”,一生都在追逐“自由之光”并为之不懈努力奋斗。马克思认为要实现人的个性自由,首先需要彻底斩断和决裂与传统的资本所有制的关系,充分发挥资本伟大的历史和文明作用,最大限度地发展社会生产力。用资本所“形成普遍的社会物质变换、全面的关系、多方面的需要以及全面的能力的体系”③为自由个性的形成提供现实的物质基础和前提。就资本

① 《马克思恩格斯文集》第1卷,人民出版社2009年版,第559页。

② 《马克思恩格斯文集》第1卷,人民出版社2009年版,第716页。

③ 《马克思恩格斯全集》第30卷,人民出版社1995年版,第107页。

促进自由个性的使命和潜力而言，“资本作为孜孜不倦地追求财富的一般形式的欲望，驱使劳动超过自己自然需要的界限，来为发展丰富的个性创造出物质要素，这种个性无论在生产上和消费上都是全面的，因而个性的劳动也不再表现为劳动，而表现为活动本身的充分发展”①。资本是发展社会生产力的重要形式，当全体社会成员充分占有这种生产力总和的时候，人的需要的丰富性、劳动的能动性、个性的自主性和能力的全面性才能真正被激发并属于人。其次，对资本所属的狭窄的生产关系进行翻转，构建真正自由人的联合体。“从前各个人联合而成的虚假的共同体，总是相对于各个人而独立的；由于这种共同体是一个阶级反对另一个阶级的联合，因此对于被统治的阶级来说，它不仅是完全虚幻的共同体，而且是新的桎梏。在真正的共同体的条件下，各个人在自己的联合中并通过这种联合获得自己的自由。”②为此，无产者要消灭社会和个体的生存条件，推翻“各个人迄今借以表现为一个整体”③的国家形式，弥合特殊利益与共同利益之间的裂隙，在联合起来的个人充分占有全部生产力的基础上，消除盲目的和异在的外部力量，将“个人的自由发展和运动的条件置于他们的控制之下”④。最后，进行共产主义运动，实现真实的自由个性。实现多数人对少数人的运动，打破固化的分工模式和人的分工局限，在全社会范围复归自觉自主的劳动，实现人的多维度、立体化和全方位、内涵式的全面发展和自由个性。

总之，自由是马克思毕生奋斗追求的目标，资本逻辑的发现和理论纳入为自由之境的开辟和达致提供了现实的依凭和可能。依此，马克思剖绘了个体发展的历史轨迹，描述了个体从“自然依附”的个人过渡到“偶然独立”的个人再进阶到“自由个性”的个人的进阶曲线。马克思以资本为主题，主张在非自

① 《马克思恩格斯全集》第30卷，人民出版社1995年版，第286页。
② 《马克思恩格斯文集》第1卷，人民出版社2009年版，第571页。
③ 《马克思恩格斯文集》第1卷，人民出版社2009年版，第573页。
④ 《马克思恩格斯文集》第1卷，人民出版社2009年版，第573页。

由的现实中,以最广泛的劳动者为主体,展开改变和消灭非自由的现实状况的现实实践活动,并最终实现个体关系的丰富性和个体能力的全面性。因而他用对“资本之谜”的破解撬开了“自由之境”的大门,又用对“自由之境”的实践实现了对“资本之谜”的解答。因此,可以说,在马克思那里资本与自由的张力共同谱写了马克思关于自由和解放的协奏曲。

第七章　资本逻辑与现代性

现代性作为人类历史发展进程中的文明诉求，其发生逻辑源自于人的主体创造性和能动性本质，这种本质使得人类可以超越动物与自身生命的"直接同一性"，从而将人的价值和人的尺度灌注和应用于任何对象上进行塑形和改造。而人的这种主体性、能动性和创造性在经历了文艺复兴和启蒙运动的理性洗礼之后，便由潜藏于人自身内部的隐性因素上升为显性要素，因此，从这个一般的意义上可以说，现代性即为从自然脱域后的理性化运行模式和社会历史规制。但是，人的类特性只是现代性形成的必要条件，如果我们再进一步追问现代性的出场根源和根本致因，就会发现，现代社会的诞生和工业社会的形成从最初始和最本质的角度来看，"是由资本为其奠定基础、并制定方向的"①。资本导控和资本架构的现代化进程和现代性表征渗透着资本逻辑的特征，它的影响波及经济、文化、心理、生态、社会、制度等社会生活的各个领域和诸多方面，它的过程和特征具有多重维度和结构张力，它的后果呈现出可控性和非可控性、建设性和破坏性等多个向度。马克思穿透纷繁复杂的现代性丛林，阐明了资本逻辑与现代性的本质性关联，在此基础上，阐扬了资本导控下现代社会运行方式的根本变革和文明效应，透析了现代性的具体历史和

① 吴晓明:《论马克思对现代性的双重批判》,《学术月刊》2006 年第 2 期。

负面价值,发掘了具体和抽象、异质和同质、创价与代价、进步与退步、文明与野蛮、增殖与贬值、连接与裂变、物化与资本等现代性的悖反属性,彰显了资本现代性的现实遭遇和积极本质,暴露了资本现代性矛盾的内在本质和内在限度,并从历史唯物主义立场出发为超越资本现代性的未来指明了方向出路。

一、现代性的出场与表征

现代性是现代社会确立后所呈现出来的内涵和特征,从历时性的角度来看,现代性是一个脱域于自然状态的加速历史时期和历史阶段,它是一个流动的、包容的和开放的复杂结构和弹性系统。从共时性的角度来看,现代性是一个多元的、丰富的和离散的敞示星丛和共生体系。现代性的整体图景既具有个体性和差异性,也具有统一性和整体性,其多重维度和多元表征表现为资本逻辑统筹和涵容下的自然富源的开掘、工业发展的狂飙、个体自由的释放和全球进程的谋划。

(一)自然富源的开掘

现代性在自然领域的要求主要表现在两个方面:一是使人类对自然环境的认识从被动适应性的动物式反射反转为主动探索式的主体性反映。“社会生活在本质上是实践的。”①资本主义的生产实践,即“实验和工业”给予了哲学上不可知论最有力和最令人信服的驳斥。资本主义通过“实验和工业”生产“自然条件”和再造“自然过程”的方式使其为人类的目的服务,这一实践过程不仅确证了人类理解认识的正确性,而且终结了康德不可捉摸的“彼岸世界”和“自在之物”。“彼岸世界”的揭秘和“自在之物”的“完结”不仅揭开了自然界在人类面前不可捉摸的神秘面纱和不可抗拒的庞大力量,而且还将自然界改造成服务于我们目的设定的人化自然界,支配、利用、节约和驯服自然

① 《马克思恩格斯选集》第1卷,人民出版社2012年版,第139页。

力对产业发展起着基础性和决定性的作用。二是使人类对自然资源的开发从稳定有限性的使用价值方面转化为动态无限性的交换价值方面。现代性诉求源于人的主体性、能动性和超越性，而现代性出场的根源在于现代性的合理化生产，现代性的合理生产即资本的生产，其生产过程是生产使用价值的一般劳动过程和实现交换价值的价值增殖过程的统一。就前一方面而言，一般劳动过程首先是人和自然之间以劳动为中介的物质控制、调整和变换过程。而"劳动作为使用价值的创造者，……是人和自然之间的物质变换即人类生活得以实现的永恒的自然必然性"①。作为"永恒的自然必然性"的一般劳动过程是一切人类时代所共有的特征，因而不构成不同生产时代的殊异特征。就后一方面而言，人和自然的关系"在每一个时代都随着工业或慢或快的发展而不断改变"②，在资本主义时代，交换价值即剩余价值生产才是资本家真正喜爱的东西因而是资本生产的目的和本质特征，因为"交换价值表现个人支配他人的使用价值的权力，表现个人的社会关系"③。对交换价值的无止境追求便开启了对自然界使用价值的无止境开发和无节制挥霍，这种开发为资本生产力的发展奠定了自然物质基础，同时，自然最深层的生产力潜能也史无前例地被挖掘和开发了。总之，资本时代价值增殖的"社会关系"决定了"自然关系"，交换价值对使用价值的依赖唤醒了休眠的自然界和自然资源，将自然中蕴藏着的无限生产力发掘出来，并在一定目的设定上得到不断的开发和扩大的利用。

（二）工业发展的狂飙

从最根本也是最简要的意义上说，"现代性是现代社会或工业社会的缩略语"④。工业社会的现代经济与前工业社会的自然经济形式相比，在组织形

---

① 《马克思恩格斯全集》第44卷，人民出版社2001年版，第56页。

② 《马克思恩格斯选集》第1卷，人民出版社2012年版，第156页。

③ 《马克思恩格斯全集》第31卷，人民出版社1998年版，第344—345页。

④ ［英］安东尼·吉登斯著：《现代性——吉登斯访谈录》，尹宏毅译，新华出版社2001年版，第69页。

式、范围规模、运行机制、动力机制和总体特征方面，都具有根本性的不同。传统的自然经济是分散生产和封闭运行的，它由自然建制并建立在个人独立化生产的狭小规模的基础上，在农业和手工业内嵌化和一体化的原始生产中满足生产者自给自足的有限需求。自然经济建立在自然环境和自然条件基础上，它的生产环节和节奏设置遵循自然更替的节律和要求，并以生产者日复一日的重复经验和熟练操作为基础，安土重迁的稳定性和时空结构的固定性是自然经济的内置基因，在"去科学化"和"去技术化"的重复动作中，自然经济以蜗牛爬行般的速度缓慢行进。与之截然相反的是资本开启的现代经济，它建立在生产者和生产资料联合和开放的基础上，它由资本建制并建立在大规模、集中化的机器和机器体系生产的基础上。在以交换价值为目标的商品经济条件下，最大限度实现价值增殖的中心轴必然要求与之相适配的精细化分工和扩大化再生产。科学规划、合理运筹和理性计算代替有限范围、偶然结合和经验成见成为推动资本生产力和价值增殖的动能机制，新的大工业的生产建立在日新月异的创新研发和突破进展基础上，现代经济在不停的变动性和不断的革命化进程中不断加速拓展。

表1　自然经济和现代经济

经济运行类型和方式					
类型	组织方式	范围规模	运行机制	动力机制	总体特性
自然经济	分散的 封闭的	自然建制，小规模 满足欲望的自给自足	经验型 自然节律	熟练经验	稳定性，固定性 缓慢
现代经济	联合的 开放的	资本建制，大规模 最大限度的价值增殖	理性型 增殖规律	科学技术	变动性，革命性 加速

资本主义的机器大工业为现代经济和现代性的重构奠定了最深刻、最根本的物质基础，而大工业的发展源于科学技术的应用、生产工具的革新和全部社会关系的变革。就科学技术的应用而言，在工场手工业中，科学技术还没有得到真正的应用，分工只限于主观分工的原则，生产也还仅仅停留在手工工具

阶段。在机器生产中，主观经验的分工原则让位于客观科学的分解原则，生产由简单的拼接组合变成依据事物自身性质进行的有机分解和结合，机械力学、化学等科学在技术上的应用彻底改观了生产过程并逐渐在生产中发挥不可替代的决定性作用。如此，技术的理性设计和合理布排就以更科学有效的方式直接服务于机器大工业生产，而完全主观的意见和经验则逐渐淡出真正的有效率的科学生产。就生产工具的革新而言，用什么样的生产工具进行生产是人类劳动力发展和不同经济时代相区别的测量仪和指示器，马克思指出，“在劳动资料本身中，机械性的劳动资料……更能显示一个社会生产时代的具有决定意义的特征。”①借助于生产工具不断革命性的变革，资本主义生产方式获得了前所未有的自由发展。就全部社会关系的变革而言，马克思从简单流通和商品流通的区别入手，指出商品流通是资本和资本产生的前提和起点，货币向资本的转化和资本对剩余价值永恒不变的追逐形成的竞争压力，转化为科学技术革命和生产工具升级的不竭动力，“蒸汽和新的工具机把工场手工业变成了现代的大工业，从而使资产阶级社会的整个基础发生了革命。工场手工业时代的迟缓的发展进程转变成了生产中的真正的狂飙时期”②。因此，资本主义大工业谱写了现代性的革命宣言，即“在这个世界上，稳定只能意味着熵，意味着缓慢的死亡，而我们的进步感和成长感是我们确信自己活着的唯一方式”③。资本主义大工业的进步性推动着人类社会进入现代性发展的快车道和加速带。

（三）个体自由的释放

“自由是现代人的基础。”④现代人对自由的回归既包括获得个体身份的

---

① 《马克思恩格斯全集》第44卷，人民出版社2001年版，第210页。

② 《马克思恩格斯选集》第3卷，人民出版社2012年版，第648页。

③ ［美］马歇尔·伯曼著：《一切坚固的东西都烟消云散了》，徐大建、张辑译，商务印书馆2013年版，第123页。

④ ［匈］阿格尼丝·赫勒著：《现代性理论》，李瑞华译，商务印书馆2005年版，第26页。

自由和个体能力的释放，也包括对人的真正本质的正确审度。在前现代社会中，个体在结构固化的传统社会结构中从出生到死亡都拥有一个稳定和不容更改的身份地位和社会标签，他是农民、地主、小商人还是手工业者从其出生之时就已确定，这种基于血缘亲缘关系和社会等级结构而获取的个体在社会中的定位将人牢牢固定在传统社会制度所允许的秩序模式之内。它窒息了个体的独立价值和创造能力，沉没了社会的流动性和创新能力。资本开启的现代性和资产阶级取得统治地位的地方首先将个体从“天然角色”和“始发纽带”中解脱出来，它使“一切传统的血缘关系、宗法从属关系、家庭关系都解体了”①。旧的宗法关系和封建羁绊的破裂使个体从人身依附和从属地位中解放出来，从而用“自力争得的自由”替代了“无数特许的自由”。而且，资本开启的现代性在使个体获得自身自由的基础上，同时还蔑视和淹没了素来被传统社会尊崇的“宗教虔诚、骑士热忱、小市民伤感这些情感的神圣发作”，进而使个体识破由“宗教幻想和政治幻想掩盖着的剥削”，“它把医生、律师、教士、诗人和学者变成了它出钱招雇的雇佣劳动者。”②总之，“一切等级的和固定的东西都烟消云散了，一切神圣的东西都被亵渎了。人们终于不得不用冷静的眼光来看他们的生活地位、他们的相互关系”③。它消弭了由前现代社会注定和颁布的阶级定势和永恒定律，从而用个体身份的变更、个体实践的流动和个体职能的变动代替了个体身份的固化、个体实践的稳态和个体职能的凝固，人们告别了千篇一律和一成不变的陈旧生活，过上了一种千差万别和变动不居的新生活。

易言之，这种旧社会的解体“以生产中人的（历史的）一切固定的依赖关系的解体为前提”④。而这种固定依赖关系的解体反过来又将个体从传统的

① 《马克思恩格斯选集》第3卷，人民出版社2012年版，第648页。
② 马克思、恩格斯著：《共产党宣言》，人民出版社2018年版，第30页。
③ 马克思、恩格斯著：《共产党宣言》，人民出版社2018年版，第30—31页。
④ 《马克思恩格斯文集》第8卷，人民出版社2009年版，第50页。

关系“庇护”下抛到“赤裸的”全新的商品世界和生存环境中。事实上,资本主导的现代性最重要的时代特征是,新的生存环境的形塑实质是在资本的统筹下将一切活动和商品的使用价值都转化为均质的、无差别的交换价值。也正是从这个意义上,可以说,“资本一出现,就标志着社会生产过程的一个新时代。”①资本定义和诠释的新时代,消解了“神性的人”“感性的人”“理性的人”和“抽象的人”②的前现代解释,使真正的“现实的人”正式出场。马克思指出,“人不是抽象的蛰居于世界之外的存在物。”③而是拥有“现实的需要”并处在“现实的关系”中的“现实的人”,“现实的人”的工业实践是“人的本质力量的公开的展示”④。与自然发生的“人的依赖关系”完全不同,这种工业时代和本质力量的公开展示,“第一次证明了,人的活动能够取得什么样的成就”⑤。个体的价值在新的主体哲学和主体实践中得到了正视和凸显,也因此,人类告别初始的“人的依赖关系”,步入到“以物的依赖性为基础的人的独立性阶段”。在这一阶段,“才形成普遍的社会物质变换、全面的关系、多方面的需要以及全面的能力的体系”⑥。个体价值和独立性的彰显与现代社会和现代性一道获得同步发展。

(四)全球进程的谋划

全球化是资本普遍性诉求和现代性逻辑的时空布展和世界表达。现代性“从本质上来说,就是推广以资本为基础的生产或与资本相适应的生产方式”⑦,因此,现代性的必然趋势隐遁在资本的概念和本质之中,马克思指出,

① 《马克思恩格斯全集》第44卷,人民出版社2001年版,第198页。

② 姜英华著:《经济全球化与中国方案》,兰州大学出版社2019年版,第221页。

③ 《马克思恩格斯选集》第1卷,人民出版社2012年版,第1页。

④ 马克思著:《1844年经济学哲学手稿》,人民出版社2018年版,第86页。

⑤ 马克思、恩格斯著:《共产党宣言》,人民出版社2018年版,第30页。

⑥ 《马克思恩格斯文集》第8卷,人民出版社2009年版,第52页。

⑦ 《马克思恩格斯全集》第30卷,人民出版社1995年版,第388页。

"资本的趋势是(1)不断扩大流通范围;(2)在一切地点把生产变成由资本推动的生产。"①资本贯彻自身普遍性意志的运动就是现代性勾画全球图景和普及资本主义生产方式的运动,充当这一运动的有形双足的,对内是民族社会内部的分化和分工,资本借助暴力工具打破劳动者和劳动条件的天然统一,使劳动者变为由劳动条件和资本雇佣共同役使统治的雇佣劳动者。对外是资本通过坚船利炮的强力,强制传播自己的文明方式和凭借廉价商品的竞争力强行贯彻自己意志的生产方式。一句话,资本母版按照自身的面貌,借助世界历史创立的机遇和过程重新洗牌和塑造了现代性的文明方式和过程。这一重塑过程首先是资本主义社会关系的重铸,资本使地方的自给自足和遥远的闭关自守让位于民族的仰给于人和世界的互联互通。恩格斯指出,大工业建立起来的世界市场"把全球各国人民,尤其是各文明国家的人民,彼此紧紧地联系起来,以致每一国家的人民都受到另一国家发生的事情的影响"②。大工业力量的施展是通过"社会制度的抽离化"实现的,资本超出一切限制的内在品质使其将"社会关系从地方性的场景中'挖出来'(lifting out)并使社会关系在无限的时空地带中'再联结'"③。这种打破"旧联结"从而"再联结"的关系改写同样重建了资本主义的时空格局。"在前现代的情境下,时间和空间通过空间的定位而联结在一起。"④区域阻隔的物理现实和社会关系的凝滞闭塞,使传统社会中共时的空间异质性优先于历时的时间均质性,空间在时空联结中充当了联结的基础纽带。与之相反,"现代性本质上是一种后传统秩序。时空转型伴随着抽离化机制,驱使社会生活脱离固有的规则或实践的控制。"⑤在

① 《马克思恩格斯全集》第30卷,人民出版社1995年版,第388页。

② 《马克思恩格斯选集》第1卷,人民出版社2012年版,第306页。

③ [英]安东尼·吉登斯著:《现代性与自我认同:现代晚期的自我与社会》,赵旭东、方文译,生活·读书·新知三联书店1998年版,第19页。

④ [英]安东尼·吉登斯著:《现代性与自我认同:现代晚期的自我与社会》,赵旭东、方文译,生活·读书·新知三联书店1998年版,第18页。

⑤ [英]安东尼·吉登斯著:《现代性与自我认同:现代晚期的自我与社会》,赵旭东、方文译,生活·读书·新知三联书店1998年版,第22页。

资本规划的现代社会和现代性中，资本无所不能的播撒能力使其能够超越自然的禁区和物理的阻遏而对人的行动重新进行协调和组合。借由生产工具的改进和交通运输条件的便利，资本用“时间虚空”去消灭了“空间构层”，用时间的一维秩序吞没同化了空间的多维异质，与之同频的深层机理在于，“世界地图，作为一种全球规划，其上面再也没有禁地，它在空间的‘虚空’上是与钟表一样的符号。它不仅仅是描绘‘那有什么’或作为地球地理学的模型，而且更是社会关系中基本转型的建构性要素”①。

资本勾画的全球化实质是资本控制和统治的全球一体化，这种一体化首先形成了全球化的资源优化配置和资本产出的最大化，一方面，暴力的政治力和商品的经济力软硬兼施地重构了全球关系，这种全球关系的建构是先进生产方式战胜统合落后生产方式以及资本力战胜归并自然力，从而最大程度地集合了全球优势资源壮大资本力量和实现资本的现代化使命。另一方面，资本全球化牵动和引发了经济、政治和文化等全方位的全球化，资本是实现历史进步的不自觉的工具。而且，不均衡的全球化共时结构以历时性的发展差序为前提，它使前现代社会形式、现代社会形式甚至后现代社会形式萌芽共同存在，从而为社会形式的借鉴和跨越式发展提供了可能和条件。

二、现代性的肇因与面向

现代性的出场是多种力量合力的结果，而其表征又是多种特征的汇聚。但是，揆诸现代性出场的根本动力和生发现代性多维表征的根本肇因，需要从最根本和最深层次的生产力和生产关系入手。资本作为催生新生产力、生产方式和社会关系的根本力量，无疑是原因背后的原因，因此，对现代性肇因的追问要继续深入到资本逻辑的内部，从其内在结构和机理中进行剖析和解读。

① ［英］安东尼·吉登斯著：《现代性与自我认同：现代晚期的自我与社会》，赵旭东、方文译，生活·读书·新知三联书店 1998 年版，第 18 页。

（一）以资本增殖为核心的经济理性

与前资本主义社会相比较，“合乎理性地使用资本和按照资本主义生产方式合乎理性地组织劳动”①是现代资本主义社会的决定性因素和主导性力量。由于货币资本无处不在的工具性和无所不能的包容性，因而在一系列目的论的关系秩序排列中，资本增殖或赚钱是目的的目的，更确切地说，“就资产阶级所展现出来的一切了不起的活动模式而言，对其成员来说真正有价值的惟一活动就是挣钱、积累资本和堆积剩余价值”②。正是资本价值增殖的最高目标将资本主义社会中存在的一切个人、要素、价值和关系转换为交换价值，它把不可化约的复杂世界转译成“一个巨大的算数问题，把发生的事件和事物质的规定性当成一个数字系统”③。它打消了除了赚钱之外的其他所有杂念，并取消了对赚钱无关紧要的一切“无价值行为”，它“代表了事物内在价值的抽象形式具有算术般的精确形式，并因而具有绝对的理性确定性”④。它使人的思想和行为符合完全的数字逻辑和“纯粹的客观性”，使我们用“计量和盘算的思想方式”⑤来解析和把握现实世界，并“迫使我们在日常事务处理中必须不断地进行数学计算”⑥。因此，资本是天生的“精明派”，它用资本化的“最完善”的经济计算手段和“最理性”的资本核算制度以及“最普遍”的营利性经营活动精确无

---

① ［德］马克斯·韦伯著：《新教伦理与资本主义精神》，于晓、陈维刚等译，三联书店 1987 年版，第 41 页。

② ［美］马歇尔·伯曼著：《一切坚固的东西都烟消云散了》，徐大建、张辑译，商务印书馆 2013 年版，第 120 页。

③ ［德］西美尔著：《货币哲学》，陈戎女、耿开君、文聘元译，华夏出版社 2007 年版，第 358 页。

④ ［德］西美尔著：《货币哲学》，陈戎女、耿开君、文聘元译，华夏出版社 2007 年版，第 360 页。

⑤ ［德］西美尔著：《货币哲学》，陈戎女、耿开君、文聘元译，华夏出版社 2007 年版，第 358 页。

⑥ ［德］西美尔著：《货币哲学》，陈戎女、耿开君、文聘元译，华夏出版社 2007 年版，第 359 页。

误地反映资本世界和准确无误地表达资本意愿。它使生活中的自然关系、经济关系和其他方面都烙印资本的印章，进而使任何不可换算和不可估量的要素都得到严格的换算、精密的核算和准确的计算，它用涵盖一切的“一种纯粹数量的值”和“对纯粹计算多少”的无法阻抗的兴趣毫不掩饰地表达自己的理性和精明。

除此之外，资本还是天生的“平等派”，“它随时准备不仅用自己的灵魂而且用自己的肉体去换取任何别的商品”①。而“任何别的商品”在资本看来都是平等的要素，资本的平等诉求首先就是将一切要素都消融和等同化为可以相互换算和自由交换的商品，于是，“人们本身劳动的社会性质”以及“生产者同总劳动的社会关系”通过“商品形式”的变形表达，被误认为“劳动产品本身的物的性质”以及外在于生产者的“物与物之间的社会关系”。② 社会关系的商品表达使一切这些关系剔除任何主观的影子和遗留的残片，从而在等价交换中冷静化、理性化和计算化。这种冷静化和理性化在货币关系中比在商品关系中得到了更全面、更闪耀的显现。货币使“一种非常一般性的、到处都同等有效的利益媒介、联系媒介和理解手段成为可能”③。作为承载商品通约和交换媒介的一般等价物，使各式各样和形形色色的东西和要素得到平衡，并把一切事物之间质的差别转换成仅仅是“价格多少的差别”。“货币是不带任何色彩的，是中立的，所以货币便以一切价值的公分母自居，成了最严厉的调解者。货币挖空了事物的核心，挖空了事物的特性、特有的价值和特点，毫无挽回的余地。事物都以相同的比重在滚滚向前的货币洪流中漂流，全都处于同一个水平，仅仅是一个个的大小不同。”④正因如此，货币以目不暇接的灵活性、无穷无尽的可分性和不偏不倚的平等性清理和剔除了经济运行和人际关系中的个人要素和主观因素。质言之，货币“承载和关联着千差万别的事物和社会阶层，使

---

① 《马克思恩格斯全集》第44卷，人民出版社2001年版，第104页。

② 《马克思恩格斯全集》第44卷，人民出版社2001年版，第89页。

③ 西美尔著：《金钱、性别、现代生活风格》，顾仁明译，上海学林出版社2000年版，第6页。

④ 西美尔著：《桥与门——齐美尔随笔集》，涯鸿、宇声译，三联书店1991年版，第265—266页。

它们日趋平均化，从而导致社会文化价值的量化、世俗化和理性化”①。因此，作为“平等派”的资本表明，只要生产要素和条件的自身价值和新创造的价值之间存在可观的数量差额，资本就会毫不犹疑地将其视为同等的媒介和无差别的工具，从而使其服庸和服务于价值增殖这一唯一目的和宗旨。所以，科学会提速发展只是因为科学的发展会推动生产力和交往范围的扩大，从而打开资本价值增殖的最大空间。技术会被广泛应用只是因为技术的创新应用会对活劳动产生替代效应，从而挣脱资本价值增殖的阈限，形塑资本价值增殖的无限可能。②

再者，资本还是天生的“自由派”，马克思指出，所谓“贸易的自由”实质就是“资本的自由”，自由贸易“排除一些仍然阻碍着资本自由发展的民族障碍，只不过是让资本能充分地自由活动罢了”③。资本最大限度地追求剩余价值的本性，要求扫除一切国家和地区的地域障碍，解除一切民族和心理的排外情绪，取消一切生产和交换的保护措施，迎接一切鞭策保存和价值增殖的自由运动。总之，在资本运动中，增殖是资本的天性，追求剩余价值的吁求和价值增殖的运动，使资本一方面“力求摧毁交往即交换的一切地方限制，征服整个地球作为它的市场，另一方面，它又力求用时间去消灭空间，就是说，把商品从一个地方转移到另一个地方所花费的时间缩减到最低限度”④。正是资本最大化价值增殖的质性和资本的自由化跨国运动，从根本上引发和推动了经济全球化。因此，可以说，一开始经济全球化的趋势就已经直接地包含在资本的概念本身之中了。在资本全球化的后果中，对内而言，资本揭开了“去传统化”的现代化进程，它克服了“自然神话的现象”，克服了“流传下来的、在一定界限内闭关自守地满足于现有需要和重复旧生活方式的状况”⑤，因而使人们形

---

① ［德］西美尔著：《货币哲学》，陈戎女、耿开君、文聘元译，华夏出版社 2007 年版，译者导言第 11 页。

② 姜英华：《资本逻辑下“逆全球化”的根源与出路》，《理论导刊》2020 年第 1 期。

③ 《马克思恩格斯选集》第 1 卷，人民出版社 2012 年版，第 373 页。

④ 《马克思恩格斯文集》第 8 卷，人民出版社 2009 年版，第 169 页。

⑤ 《马克思恩格斯全集》第 30 卷，人民出版社 1995 年版，第 390 页。

成了一种动态化的，完全不同的以相互依赖和商品交换为介质的社会化和现代化的经济关系和交往关系。对外而言，资本开始了全球化的文明化进程，资本自由的脱域化运动和普遍性旨趣克服了民族界限和偏见，它破坏这一切并使之不断革命化和文明化。总之，资本终结了独立国家的“国别史”和周而复始的传统社会的“自然史”，因而谱写了资本全球化整合的现代一体化和融合性的现代史和社会史。

（二）以科学技术为支撑的工具理性

从科学技术现代化和动态化的意义上说，“所谓现代性，就是发现我们自己身处一种环境之中，这种环境允许我们去历险，去获得权力、快乐和成长，去改变我们自己和世界”①。以往的哲学只是因困于“解释世界”，而马克思主义哲学理论将“解释世界”和“改造世界”结合起来。在现代社会中，一切以资本为中轴和纽枢的组织结构和制度安排必然使科学为之服务，为此，科学承担了去除遮蔽在客观物质世界上面的一切神秘因素和面纱的使命。具体而言，资本除去了迄今为止世界历史沿革和遵循的成见，它使“以往的一切社会形式和国家形式、一切传统观念，都被当做不合理性的东西扔到垃圾堆里去了”，并用“永恒的真理、永恒的正义、基于自然的平等和不可剥夺的人权”取代了令人鄙视的旧式的“迷信、非正义、特权和压迫”②。科学批判了蒙昧的自然观和神秘的宗教观，克服了传统的教条和专断品格，废除了前现代的和超验的价值和理想，从而“把理性当做一切现存事物的唯一的裁判者”③。在自然方面，“关于自然的现代科学导致了自然本身的祛魅。”④科学理性祛除了自然

---

① ［美］马歇尔·伯曼著：《一切坚固的东西都烟消云散了》，徐大建、张辑译，商务印书馆2013年版，第15页。

② 《马克思恩格斯选集》第3卷，人民出版社2012年版，第392页。

③ 《马克思恩格斯选集》第3卷，人民出版社2012年版，第643页。

④ ［美］大卫·格里芬著：《后现代科学——科学魅力的再现》，马季方译，中央编译出版社1995年版，第2页。

的神秘特质,改观了原始的动物式的被动自然直观,从而根本逆转了人在自然面前的地位和人与自然的关系。自然界由浑然一体的神秘性质和不可控力量蜕变为可以被人们认识、利用甚至支配和控制的自然资源储库。资本生产和增殖的"绝对支点"借助技术的调动力和撬动力开发了自然界的资源能源储库,人们从原始的自然依赖和自然匮乏中解放出来,开始与自然界之间的能动互动,就此而言,人们在自然界面前取得了某种程度的"胜利"。同时,对整个社会而言,科学的理性光辉还导致了整个世界的去魅,它驱散了弥漫于人们与世界之间的一切不可通约和化简的复杂条件和异质要素,使客观世界和一切行动在世俗基础和科学准则的衡量下符合投入产出比的组织标准和效率原则。"劳动者的集结""劳动过程的靠拢""生产资料的积聚"和"劳动条件的节约",所有这些加总在一起,"在劳动过程的物质条件上引起革命"①,单个分散力量的加总转化为联合协同的结合力量,许多力量由于融合为一个总的力量而生发出新的力量,集体力和集中力本身就是生产力,这种生产力作为资本的生产力,是由科学对操作的严格规定和对程式的精确计算实现的,这种工具理性由资本增殖的经济目的驱使,并最终实现资本价值增大的预期结果和功利性目的。

在科学理性的指挥下,技术以其革命改造性和直接现实性在与科学理性内在嵌套和有机结合的基础上,充当起科学改造世界的工具载体和物质依托。一方面,技术将科学原则对生产过程的理性分解和效率筹划转化为生产工具的革新和生产组织的适应性变革,在此基础上确立了规模化的生产和机械化的生产体系。"现在,一台发动机可以同时推动许多工作机。随着同时被推动的工作机数量的增加,发动机也在增大,传动机构也跟着扩大发展成为一个庞大的装置。"②发动机、工作机和传动机形成了资本主义生产高效能的机器生产体系。另一方面,技术按照科学原则对从事生产活动的工人劳动者重新

① 《马克思恩格斯全集》第 44 卷,人民出版社 2001 年版,第 376—377 页。

② 《马克思恩格斯全集》第 44 卷,人民出版社 2001 年版,第 434 页。

进行技能培训和职能定位，将传统劳动的技能一体化和环节承接性转化为技能专业化和生产同步化，形成了生产的高度社会化和管理的高度集中化，由此形成的高度协调化的“规模较大的直接社会劳动”和“共同劳动”不同于“独立器官的运动”，其规模化和效率化成为资本理性最强有力的表征。

最后，科学因素和技术因素的联合变革了人的生活环境和发展条件。资本是“工业上的最高权力”①，资本发展科学技术和树立工具理性权威的现代性维度必然贯彻和浸润到劳动和生活的方方面面。就劳动者的劳动组织和劳动状态的现代性而言，“劳动者在有计划地同别人共同工作中，摆脱了他的个人局限，并发挥出他的种属能力”②。就劳动者生活状态和发展样态的现代性而言，人身依附关系的解除和雇佣劳动制度的实行，“解放了人类发展的能力和冲动，这种发展是指永恒的变化以及每一种个人和社会生活方式的不断变动和更新”③。对个人而言，失去变化和发展的能力就意味着被排除出社会生活的正常轨道，对于社会生活而言，失去效率的提升和不断的加速就意味着自我萎缩和驱逐放弃。因此，个人和社会两种力量合力释放和壮大了资本内在的社会生产力，而失去不断的变动性和强大的生产力的确证，对个人和社会而言也意味着致命的毁灭性和存在的无意义。

三、现代性的迷失与救赎

现代性最为深厚的现实基础和依据是资本，资本内置于现代性本己之中，现代性根植于资本逻辑，资本逻辑架构了现代性的地基和框架体系，资本逻辑的冲突和矛盾决定着现代性的悖论和裂变，外显为现代性的迷失和宰制，集中

① 《马克思恩格斯全集》第44卷，人民出版社2001年版，第386页。

② 《马克思恩格斯全集》第44卷，人民出版社2001年版，第382页。

③ ［美］马歇尔·伯曼著:《一切坚固的东西都烟消云散了》，徐大建、张辑译，商务印书馆2013年版，第121页。

体现为文明与野蛮、进步与退步以及创价与代价的量度和张力。马克思从现代性的资本根基入手，识别和评价了全面、立体、真正的“现代性”，揭露和批判了现代性的本质和弊端，发现了资本生发的新的现代性潜能和向度，并在此基础上开辟了通向超越资本逻辑的现代性解放和救赎路径。

（一）现代性的断裂与破碎

马克思在剖解资本机体的基础上，发觉了现代性相反相成的悖论性特征和面向，透过马克思对现代性断裂的分析，首先可以发现文明与野蛮的对置和分裂。现代性的脱域和文明价效首先要归功于资本，自然的开掘、人身依附关系的解除、机器工具的创新与现实应用、冷静理性的现代性思想的树立和阐扬以及现代性文明的扎根，所有这一切离开资本对生产力的根本解放和对生产关系的崭新塑造是根本无法完成的。但同时，现代性的文明价效同时伴生现代性的狰狞野蛮，自然的开掘和现代农业的进步是以自然和谐状态的破坏和衰败为代价的，资本主义农业和工业的任何进步都是对劳动者和土地双重技巧的变相掠夺，“在一定时期内提高土地肥力的任何进步，同时也是破坏土地肥力持久源泉的进步。……因此，资本主义生产发展了社会生产过程的技术和结合，只是由于它同时破坏了一切财富的源泉——土地和工人”①。因此，资本在释放了科学和工业的最大化革命力量和取得了一切令人类最伟大的创举都相形见绌和黯然失色的辉煌成就的同时，也暴露了破坏“永恒的自然条件”和“丰富的社会关系”的致命弊端，甚至显现了超越罗马帝国末期的混乱和衰颓。新的经济形式和工业力量解除了有形的人身束缚，恢复了形式上的人身自由，但这种人身自由是由资本的崭新支配和资本的自由选择决定的，因此资本在形成人的自由和全面流动性的同时，也产生和酿就了最明显的阶级分化和贫穷压迫，“无家可归的人挤在大城市的贫民窟里；……劳动时间，特

① 《马克思恩格斯全集》第 44 卷，人民出版社 2001 年版，第 579—580 页。

别是女工和童工的劳动时间延长到可怕的程度；突然被抛到全新的环境中的劳动阶级大批地堕落了”①。除了大城市中令人触目惊心的反差图景之外，贫困和堕落还同时破坏着城乡工人的身体健康和侵蚀着他们的精神世界，劳动时间的无限延展和自由时间的硬性挤占，使人们堕落成生物性役畜的可怜进步，文明发生了毁灭和崩塌并逆袭成它的野蛮反面——“有智慧的生命”沦陷为“愚钝的物质力量”。

其次，我们可以发现同质与异质的交叠和矛盾。资本是现代世界的真正开端，是现代性的基础、总纲、原则和支柱，从最深的结构层次来说，资本奠定了现代性的世俗基础并制订了现代性的根本方向。资本谋划和制订现代性的过程首先是资本普遍性和同质化的过程，资本的“类同化”打碎了旧式的生产力、生产关系、价值观念、文化传统和意识形态，用资本的增殖原则和权力意志代替以往旧的权威原则，成为“人类社会生活的普遍追求、体验、规则与体制”②。对内而言，资本“类同化”意味着商品世界的制订以及商品买卖关系的“高度限制性”架构和原则溢出，资本轴心和资本调性在不断扩张中谋求自身的生存发展，也在不断扩充中夷平和消弭一切异类和差别，打磨和剪灭“各种内容和质的力量”，从而实现经济社会“进步强制”的同时将其变成由资本和商品世界化约的同质化结构。对外而言，“类同化”就是资本追求全球化和一体化的过程。资本对外部世界的“类同化”意味着按照交易关系和资本的生产效用原则勾勒和重塑资本中心国以外的世界，即资本按照自身面貌对外部边缘地带进行纳入、同化并确立全面统治。与资本原则相勾连和契合的是商品知性科学的高扬和形而上学的卫护，从而形成了上下一体化、内外联通化的同质化结构。但同时，这种同质化结构在实现资本最佳和最优化的同时，也损失侵犯了个体、社会和区域的个体性、特色化、本土化和差异化。对个体而

① 《马克思恩格斯选集》第3卷，人民出版社2012年版，第648页。

② 欧阳康、张明仓著：《在观念激荡与现实变革之间——马克思实践观的当代阐释》，中国人民大学出版社2008年版，第157页。

言,个体的特长和志趣被资本的生产性原则直接裁断,资本按照自身需要去除和改写个体的个体化特征,使其成为千人一面的资本生产机器和商品生产的物质要素。对社会和区域而言,在全球的竞技场中,资本普遍性的经济模式和“去差异化”的文化筑模不断在全球舞台上再生产自身,这就要求将空间的异质性打磨成线性的一维化,从而将全球商品世界换算化和平面化,形成资本化的全球等级结构。同质与异质之间,同质化的打造损失扰乱了差异化和异质化,这必然招致异质化的反对和抵抗,在同质与异质的统治与抵抗的张力结构中,显露出资本普遍化的极限范围和同质化的最高限度。

同时,我们可以发现进步与退步的分化和交缠。现代性最亮眼、最显明的表征就是社会生产力的进步和跃迁,但社会生产力的整体进步只是资本生产力增进的附庸和从属,只有作为资本生产力和资本增殖的有效手段和工具,社会生产力的进步才能够实现。进言之,在资本的现代性进步中,“文明的一切进步,……社会生产力的一切增长,也可以说劳动本身的生产力的一切增长,……都不会使工人致富,而只会使资本致富;也就是只会使支配劳动的权力更加增大;只会使资本的生产力增长。因为资本是工人的对立面,所以文明的进步只会增大支配劳动的客体的权力”①。所以说,资本的力量和文明进步只是资本现代性的一个方面,而资本的进步效应是以很大程度的退步为必要补充的。一方面,资本为了致富和价值增殖将商品经济的公平竞争现实化为贿赂和商业欺诈,由此,“革命的箴言‘博爱’化为竞争中的蓄意刁难和忌妒。……金钱代替刀剑成了社会权力的第一杠杆。”②这一“第一杠杆”在撑起资本主义大工业发展的抱负和实现资本盈利的野心的同时,杠杆的另一端必然是低落的——贫穷、倒退和衰落。因此,作为资本增殖亦即社会生存条件的劳动群众,他们的劳而不得和贫穷困苦等物质生存条件的恶化就成为不可避免的必然代价。另一方面,资本为了贯彻增殖的绝对意志和绝对律令,取消

① 《马克思恩格斯全集》第30卷,人民出版社1995年版,第267页。

② 《马克思恩格斯选集》第3卷,人民出版社2012年版,第644页。

了丰富化的精神生活和高尚化的价值追求，资本成为唯一有效的价值评判标尺，在这一标尺的衡准下，“人们越来越迅速地同事物中那些经济上无法表达的特别意义擦肩而过。对此的报应似乎就是产生了那些沉闷的、十分现代的感受：生活的核心和意义总是一再从我们手边滑落；我们越来越少获得确定无疑的满足，所有的操劳最终毫无价值可言”①。以资本意志为原色和基底的现代性图画没有多姿多彩的价值泼墨，而只有资本一成不变的枯燥色调，所有的价值被强制性地同一化为金钱的单一色彩。由此，人类社会的超越性本质沦陷了，在资本炒作和金钱操控的节奏中失去了自己的精神追求和道德家园，狭隘的金钱欲让人们在“一切向钱看”的逐鹿中处于漂浮的无根状态，精神的涣散萎缩成为了经济突击猛冲的另一必要代价。现代性在经济猛进和精神退化的失衡结构中陷入颠簸、滑坡、失控和危险的境地。

最后，我们可以发现创价与代价的异位和错置。在现代性的影响评估和结果分析中，资本严格管控了现代性的前提、过程和结果的成本。在现代性的前提创设中，资本裹挟暴力制造了劳动者和劳动条件的分离，这一分置性前提决定了在现代性的生产过程中劳动的创造力量和资本的控制力量之间的紊乱关系，即在虚假的等价交换的掩蔽下，资本用不付等价物的隐蔽形式将劳动力和劳动力生产财富的力量据为己有，进而在财富分配中最大化占有生产成果。固然，在现代性的生产中也是要支付成本的，而且与前现代的生产范式相比，资本主义的生产方式是最无度、最浪费的一种形式，“它不仅浪费人的血和肉，而且浪费人的智慧和神经”②。资本是最豪奢的，它用尽一切手段将不可能转化为可能，为此，甚至不惜远渡重洋和动用最令人发指的野蛮武力为自己征服最大的生产范围和增殖空间，资本永无止境地追求利润。同时资本也是最吝啬的，它是最理性的经济人，因而想尽一切办法和用尽一切手段将资本的

① ［德］西美尔著：《金钱、性别、现代生活风格》，顾仁明译，上海学林出版社 2000 年版，第 8 页。

② 《马克思恩格斯全集》第 47 卷，人民出版社 1979 年版，第 190 页。

成本降低到最必要和最不可避免的程度，即没有就不能实现最大化增殖的地步。但是，资本的吝啬并不涵括工人和物质资料，一方面，资本对人身材料的耗损是非常浪费的，它把人身材料的浪费等同于不变资本的节约，“这种节约的范围包括：使工人挤在一个狭窄的有害健康的场所，用资本家的话来说，这叫作节约建筑物；把危险的机器塞进同一些场所而不安装安全设备；对于那些按其性质来说有害健康的生产过程，或对于像采矿业中那样有危险的生产过程，不采取任何预防措施，等等。更不用说缺乏一切对工人来说能使生产过程合乎人性、舒适或至少可以忍受的设备了。从资本主义的观点来看，这会是一种完全没有目的和没有意义的浪费”①。另一方面，资本对物质资料的使用也是非常靡费的，它把物质资料的浪费看作可以随时通过竞争和分配消除和转嫁的成本，在它看来，“资本主义生产一方面使社会失去的东西，就是另一方面使各个资本家获得的东西”②。正如人以空虚化和片面化的发展代替初始化的充实性和全面性一样，资本主义生产方式按照它的矛盾性和对立性也使资本和劳动力相互对立，并使凡属于资本的一切形式的生产力都被歪曲为“劳动力的倒置、换位”，这种扭曲和异位实质是资本主义发展和现代性进步的有益成果被资本独占和私享，而资本主义发展和现代性进步的主要代价则由大多数人承受和负担，创价与代价之间的错置使人性目标与资本增殖脱节、悖置，从而使现代性陷入碎片化和残破化的迷离困局。

（二）现代性的批判与超越

现代性的裂隙和缺陷促逼人们对现代性进行考察和省思，如何真正把握现代性？现代性“终结”了吗？现代性又将通往何方？对此，有学者主张“以过去为定向”的外在超越的乌托邦化解策略，他们认为现代性的病根并非在于现代性本身，对现代性的拯救需要返回古希腊的思想源头，从古典的城邦世

① 《马克思恩格斯全集》第46卷，人民出版社2003年版，第101页。

② 《马克思恩格斯全集》第46卷，人民出版社2003年版，第101页。

界和诗性哲学中汲取思想灵感，进而把脉现代性的病灶和疗治现代性的危机。也有学者主张“以未来为定向”的具有后现代意味的外围解放路径，他们认为必须拒斥现代性并与现代性决裂，并提出了诸如“反宏大叙事”和“符号政治经济学批判”的替代方案。笔者认为，现代性批判的任务在于面向现代性本身，正确认识和把握现代性。只有这样的现代性批判才是有的放矢和正中要害的，也只有以正确的批判为前提，才能真正找到现代性问题爆发的源头，从而从根基处提出突围和化解方案。从唯物史观的基本观点和方法原则出发，我们知道，社会历史的发展是具有承续性的，每一代都在前一代所创造的物质基础的地平上接续前行。同时，社会形态的更迭又是断代性的，一种新的社会形态代替旧的社会形态需要建立崭新的与之相拱卫的配套设施。因此，对现代性的批判就需要将现代性本身和资本的现代性区别开来。进而言之，现代性的出路不在现代性之外，现代性的出路就存在于现代性的批判之中，要在现代性批判中指出现代性的问题表征，揭示现代性的本质症候，发现现代性的本源性诱因，在现代性内在矛盾的否定中发现破解现代性谜疑和消解现代性矛盾的否定之否定的超越路径。

首先，识别现代性的本质症候。识别现代性的本质症候实质是要说明现代性存在的历史性特征和必然性，指出现代性存在的合理性。一方面，全面发展的个人和共产主义社会是人类社会发展的最高目标，这个目标不是“自然的产物”，而是“历史的产物”，要通达这个最高目标，需要经历一系列历史性的准备和发展的必然性阶段。而在资本时代和现代性阶段，这种个人的全面性发展“正是以建立在交换价值基础上的生产为前提的”，而这种生产也必然会生产出“个人同自己和同别人相异化的普遍性”①，并在资本的扩大再生产中，扩大再生产出这种异己的关系和压迫力量。另一方面，普遍的异化生产同时也是真正的全面生产和自由发展的前提，只有在资本的扩大再生产和生产

① 《马克思恩格斯全集》第30卷，人民出版社1995年版，第112页。

力高度文明化的前提下，才能“培养社会的人的一切属性，并且把他作为具有尽可能丰富的属性和联系的人，因而具有尽可能广泛需要的人生产出来——把他作为尽可能完整的和全面的社会产品生产出来（因为要多方面享受，他就必须有享受的能力，因此他必须是具有高度文明的人）”①。因此，相较于人的解放和自由全面发展，资本主义条件下资本的现代性实质是通向新的生产形式和新的现代性的“单纯过渡点”，而新的现代性因素就潜藏和蕴涵在这个旧的现代性母胎之中。随着新的要素的发展，旧的母胎由新要素的营养和保护变为新形式的禁锢和束缚，那时，新的现代性就会从母体中脱落，获得新的内涵和发展形式。

其次，探求现代性的本源致因。在识别现代性本质症候的基础上，需要指出这种历史必然性同时也表明了它的历史暂时性。现代性与一般生产劳动过程不同，对现代性生产的识别需要从一般性的共同生产中剥离出这种特殊的生产。作为特殊形式的生产，现代性的逻辑本质上是资本的逻辑，因而现代性的矛盾冲突实质也是资本的矛盾冲突，于是，问题就返归到资本的私有制和社会化生产之间的矛盾。马克思指出，“生产资料和生产实质上已经社会化了。但是，它们仍然……以个体的私人生产为前提，……生产方式虽然已经消灭了这一占有形式的前提，但是它仍然服从于这一占有形式。赋予新的生产方式以资本主义性质的这一矛盾，已经包含着现代的一切冲突的萌芽”②。因此，问题不在于现代性本身，而在于现代性的资本逻辑，要冲决和变革资本的现代性，就需要从资本本身入手，对其进行翻转，从而将资本的生产力重新归还给社会，即将资本垄断转化为全社会共同占有和集体调控，从而解除狭窄的资本关系对社会生产力的禁锢，将压迫的力量扭转为解放的力量，扶正和彰显真正的主体即人的价值和力量。

最后，指认现代性的超越路径。识别现代性的本质症候和探求现代性的

① 《马克思恩格斯全集》第30卷，人民出版社1995年版，第389页。

② 《马克思恩格斯选集》第3卷，人民出版社2012年版，第658页。

本源致因，最终指向现代性的救赎和超越。一方面，无论资本的现代性取得了多么灿烂辉煌的成绩，都无法根除它的对抗性本质，即“不论是机器的改进，科学在生产上的应用，交通工具的改良，新的殖民地的开辟，向外移民，扩大市场，自由贸易，或者是所有这一切加在一起，……都不可避免地要加深社会对比和加强社会对抗”①。因此，资本的现代性不是归途，也不是最终的归宿。而现代性救赎既不能浮于细枝末节的表象上，也不能求助于无关紧要的外部世界，超越现代性需要探秘现代性背后的隐藏真相，深入到资本和资本主义制度的本质之中，从而得出掩盖现代性矛盾和裂变的根本力量是资本的正确论断。也因此，只有翻转资本，既承续资本创造的物质财富和其他一切社会文明成果，同时消解和消除资本的消极影响，让社会共同力量的共同协调控制和社会化生产代替资本的狭窄视界和私有化生产，只有如此才能实现真正的关系和解和建构新的现代性。尽管任重而道远，但是“社会化生产”、一切社会成员的富足和“一天比一天充裕的物质生活”以及他们体力和智力的充分自由发展和运用，使得“这种可能性现在第一次出现了，但它确实是出现了”②。

---

① 《马克思恩格斯选集》第 3 卷，人民出版社 2012 年版，第 6 页。

② 《马克思恩格斯选集》第 3 卷，人民出版社 2012 年版，第 670 页。

第三部分

资本逻辑批判的现代论域

第八章　资本逻辑与虚拟经济

资本自诞生以来,不仅将人类的物质生产实践拓延到一个前所未有的水平和高度,而且其无所不能的广延性和无处不在的浸润性也彰显了资本强势的统制力量和话语形式。尤其伴随资本范式转换出场的虚拟资本,更以其超越“资本一般”的“自我活动”和增殖能力将经济社会带入了“自我创生”的“最高辉煌”,但同时,资本的阈限也使其难以逃脱“自我毁灭”的“破产魔咒”。资本范式是如何转换的?资本逻辑如何在范式转换中生成虚拟资本?虚拟资本“自行增殖”的衍生逻辑又是如何分离实体经济与虚拟经济导致两者的脱钩与背离?对这些问题的追问和回答潜藏着重构虚实关系的可能性策略和构序虚实相济的可行性方案。

一、进阶与嬗变——资本范式转化与虚拟化

资本是资本主义社会一切生产由以展开和进行的“弹簧”和“底垫”,是驭摄和统筹一切活动目的的最高目的。作为运动中增殖的价值,资本的范式和形态也在价值体系的增殖扩张中不断进阶和嬗变。当前,虚拟化和虚拟资本成为资本的当代形式和主导样态,虚拟经济与实体经济的协调发展更成为关涉人类经济社会可持续发展前景的重大议题。剖绘资本范式的转换轨迹,钩

沉资本演化的逻辑轴线,有益于自觉导控、积极扬弃和超越资本逻辑,从而助推经济社会通达行稳致远的未来之境。

资本最显著的特质是价值增殖以及由此形塑的价值增殖体系,资本在增殖积累中相对于自身无止境的运动和无上限的最大化增殖的嗜欲而言,资本的溢出和相对过剩就成为一种逻辑的冲动和现实的必然。为打通资本增殖的阻滞以便始终贯彻和完成资本价值增殖的“初衷”和“使命”,货币资本的所有者在拥有所有权的前提下将货币的使用权通过贷放形式让渡和预付给执行职能的资本家和“第三方”,以使被支出的货币在“经过一定时期以后,带着一个增长额流回来。预付的货币额得到补偿,并且加上了剩余价值”①。这种表面上不借助“中介作用”和“中间运动”,因而表现为自身对自身的会生出货币的货币资本形式即生息资本。生息资本一经产生,其增加额便分为作为“单纯资本所有权的果实”的利息和作为“资本执行职能的果实”的企业主收入,这种所有权与使用权、占有权与经营权的分离对立使资本与雇佣劳动者之间的本质对立由生息资本的“颠倒错乱形式”所掩盖和遮蔽。马克思以具体的算例说明了生息资本对资本——劳动力剥削关系的掩瞒,他指出,如果将劳动力一年的工资定为50镑,而利息率为5%,那么劳动力一年的工资就被认为是价值为1000镑的资本,于是劳动力工资就获得了生息资本的神秘形式。“生息资本的形式造成这样的结果:每一个确定的和有规则的货币收入都表现为一个资本的利息,而不论这种收入是不是由一个资本生出。货币收入首先转化为利息,有了利息,然后得出产生这个货币收入的资本。”②如果假定年平均利息率是20%,将3000镑的金额转化为生息资本,一年就会生出600镑。因此,每一笔600镑的固定年收入,都可以看作是3000镑资本的利息。而且,这种“虚幻的形式”和“纯粹幻想的观念”即使在国债中也表现得淋漓尽致。就国债而言,国家每年要付给债权人一定的利息,债权人不能解除与债务人的

① 《马克思恩格斯全集》第46卷,人民出版社2003年版,第385页。

② 《马克思恩格斯全集》第46卷,人民出版社2003年版,第526页。

契约，只能卖掉“所有权证书”，而“资本本身已经由国家花掉了，耗费了”①。以算例来说明就是，假如债权人持有一张500镑的国债券，如果按5%的利息率并可以从国家的年税收中索取25镑，那么持有者第一人在国家保障可靠的前提下，就可以将手中的债券按照500镑卖给另一个人，对于这第二个人来说，无论是支付500镑从国家的年税收中得到25镑还是按年利息率5%借给别人获得25镑，结果都是一样的。可见，贷出的国债资本并不是现实的资本，而是“纯粹的虚拟资本”。

信用的发展膨胀了虚拟资本的虚拟性，同时也加剧了虚拟资本的投机性。由于信用制度的介入和技术手段的革新，诱发和助长了人性中以小博大的“全部的投机倾向”。赚钱、获取收益已经不是投资者的投资目的，“投资者”已经退化为“投机者”甚至“骗子”，因为，买只是为了卖或者说买只是为了更快更贵地卖是这些投机者的最大动力。不仅如此，信用异化和信用体系负面效应的推波助澜，还越来越使现实货币和实际积累成为必须不断突破的阻隔和限制。国债券、股票、有息证券等所有权凭证的超额透支和预设资本成为挥舞的刀剑，不断斩断禁锢虚拟资本的关联束缚和现实干系。票据流通、符号流通代替货币流通成为流通的最普遍和最常见形式，支付承诺、预期收益、债券抵押等在信用体系放大和颠倒的作用下，越来越成为不受现实“管束”并反噬现实资本的虚拟符码。信用体系这个“可怕的武器”，一方面使资本“这个自动的物神，自行增殖的价值，会生出货币的货币，纯粹地表现出来了，并且在这个形式上再也看不到它的起源的任何痕迹了”②。另一方面，“一切资本好像都会增加一倍，有时甚至增加两倍，……这种‘货币资本’的最大部分纯粹是虚拟的”③。

进阶到垄断阶段，金融资本代替产业资本成为资本的最高形态和统治形

① 《马克思恩格斯全集》第46卷，人民出版社2003年版，第527页。
② 《马克思恩格斯全集》第46卷，人民出版社2003年版，第441页。
③ 《马克思恩格斯全集》第46卷，人民出版社2003年版，第533页。

式,希法亭指出,“……银行资本和产业资本之间越来越密切的关系。……由于这种关系,资本便采取自己最高和最抽象的表现形式,即金融资本形式”①。金融资本用创造资本集合和资本集中的方式促进了自身最大化独立程度,并通过对自由竞争的限制和对利润率平均化的阻滞最大化膨胀和增殖自身。在工业资本与金融资本的这种内嵌式融合与结构性分袂中,金融资本通过信贷、利息和红利等手段和方式由生产的参与者和附庸者,变成为外置于生产但却操控生产链条并分割占有越来越多利润的主导者和统辖者。因此,金融资本也越来越倾向于疏离真正有益人民的生产领域而将溢出资本投资于最具高收益和高风险的纯粹投机领域。综合而言,金融资本获取了魔法般的不经历生产阵痛和不经受工业风险却能不断扩大的不可思议的生殖能力和“独立性的外观”,因而也就成为了“不切实际的会计核算和彻头彻尾的空资产所支撑的不可回收的虚拟资本”②。20 世纪 70 年代,资本迎来了真正的虚拟化和金融全球化时代,在“特里芬难题”扯引下崩溃和退场的“布雷顿森林体系”,“将人类货币体系与物质商品的最后一点儿联系连根拔起,彻底摧毁”③,人类进入“信用货币(fiat money)”和“无锚货币(unanchored monetary)”时代。一方面大大加速了虚拟资本的无定在循环和空转膨胀,另一方面又大大促进了虚拟资本的“纯粹活动”和全球扩延。在虚拟资本昭然若揭的野心和开土拓疆的运动中,新自由主义充当了自觉的“欺诈”“掠夺”和“盗窃”的强有力工具。新自由主义作为强大的“国家权力”与贪婪的“金融资本”相勾结的“秃鹫资本主义”,“其目标主要是为了掠夺和制造贬值,而不是通过有效投资增加资

---

① [奥]鲁道夫·希法亭著:《金融资本——资本主义最新发展研究》,福民等译,商务印书馆 1994 年版,第 1 页。

② [英]大卫·哈维著:《新帝国主义》,初立忠、沈晓雷译,社会科学文献出版社 2009 年版,第 153 页。

③ 向松祚著:《新资本论——全球金融资本主义的兴起、危机和救赎》,中信出版社 2015 年版,第 139 页。

产"①。因此,新自由主义典型的投机套利本性使其不满足于国内的聚敛和搅动,还将过度金融化和虚拟幻象嫁接和复制转移到异质性的非资本主义的国家和地区,不合时宜地、漫灌式地宰制和畸化了这些地区尚不健全的资本市场,并将其打造成为虚拟资本扩张增殖需要的投机活动的场所,造成了这些国家和地区产业结构的扭曲脱节和社会资源的倒挂错配,引发了一系列经济社会的长期性倒退和毁灭性打击。紧缺的资金被"发达"的金融市场和"玄奥"的金融操控和欺诈卷走,打乱了金融发展的节奏,扰乱了金融市场的秩序,扩大了经济危机和"灾难性损失"的危害,资本原则"超区域性"的势力蔓延和过度"普及"使经济社会濒临一种随时可能崩溃的危险境地。

二、脱钩与背离——虚拟资本"自行增殖"的衍生逻辑

尽管任何资本都期冀在不费吹灰之力的瞬间实现价值繁衍,但是资本只有在生生不息和永无止歇的运动中才能带来自身的增加额即剩余价值。与实体资本和"资本一般"不同,"虚拟资本有它的独特的运动"②。就生息资本的增殖运动而言,"把货币放出即贷出一定时期,然后把它连同利息(剩余价值)一起收回,是生息资本本身所具有的运动的全部形式"③。但是,事实并没有这么简单,隐藏在生息资本背后的真正的现实运动杂糅着复杂的过程,对货币的贷出一方而言,它将货币转手贷放给职能资本家,单是由于这一转手的动作,货币就已经是资本了;对于货币的借贷一方而言,它从货币资本家的手里接过货币,并将其投入到现实的生产过程之中,也单是由于这一投入的行为,货币已经在它的手里变为资本了。这是两种不同的运动形式,就贷出运动

① [美]大卫·哈维著:《世界的逻辑》,周大昕译,中信出版社 2017 年版,第 309 页。

② 《马克思恩格斯全集》第 46 卷,人民出版社 2003 年版,第 527 页。

③ 《马克思恩格斯全集》第 46 卷,人民出版社 2003 年版,第 390 页。

(即前台)来说,G—G'(G'=G+△G)是它的最直接的形式;就借方运动(即后台)来说,发生了比较复杂的运动,G—(P_m,A)…P…W′—G′(G′=G+△G)是它一般的形式。在这里,对贷放的资本家而言,借方的职能资本家所进行的一系列的经济行为对他来说无关紧要,重要的是按照法律契约的规定资本能够带着它的利息和增加额(A+1/x·A)重新回到贷方手中,这就是生息资本的所谓有意义的全部运动。至于作为借方的职能资本家所进行的资本的现实运动以及资本的现实回流则不需要货币资本的贷出方关心。因此,生息资本用表面与现实的分离来掩盖现实,在生息资本 G—G′(G′=G+△G)的纯粹形式和完成形态上,我们看到的只是“贷出”和“偿还”这样一去一回的运动(事实上是两去两回的运动),生息资本的完成形式观念地取消了从 G—W…P…W′—G′(G′=G+△G)“两极间起中介作用的过程”。资本关系取得了与现实运动无关的可以自我增殖的“最表面”“最神秘”和“最颠倒”“最显眼”的拜物教形式。资本成为“指涉物的幻影”①和支配现实的某种意识形态的符号,“符号囊括并操控了现实”②,并在“能指”和“所指”、“过去”和“未来”以及“现实”和“可能”之间树立起分割和对峙的关系。

银行制度的布展和完备,使生息资本摇身一变成为担负社会职责的社会资本即银行家资本,银行家资本作为一种新式的信用资本,它的收益和增殖更多地取决于银行家和参与者的“心理预期”甚或“舆论渲染”,因为与实体资本相比,“银行家资本的最大部分纯粹是虚拟的,是由债权(汇票),国债券(它代表过去的资本)和股票(对未来收益的支取凭证)构成的。……银行家保险箱内的这些证券,即使是对收益的可靠支取凭证(例如国债券),或者是现实资本的所有权证书(例如股票),它们所代表的资本的货币价值也完全是虚拟

① [法]让·鲍德里亚著:《符号政治经济学批判》,夏莹译,南京大学出版社 2015 年版,第 201 页。

② [法]让·鲍德里亚著:《符号政治经济学批判》,夏莹译,南京大学出版社 2015 年版,第 203 页。

的，是不以它们至少部分地代表的现实资本的价值为转移的。”①更确切地说，杂多的参数变量和交错的上涨预期，加之银行家的蓄意制造和决策者的过度自负，银行家资本在虚拟与现实、眼下和未来的时空张力之间编织了一张不受所代表的现实资本的价值控制和不以所立基的现实经济的状况为转移的“过度弹性”的价值谜网。银行家资本所代表的纯粹的虚拟资本的独立运动在使银行家和部分董事投机者盆满钵满的同时，也使无数中小资本在虚拟经济这个“不稳定性”和“不确定性”的风险体系中血本无归。这些中小资本不得不铤而走险，以其人之道还治其人之身，在虚拟经济的吸盘中不断寻找一本万利和一夜暴富的“良机”，它们无暇顾及现实的资本运动而将眼睛紧盯资本的钻营，而债券、股票和汇票等和“它们有权代表的现实资本的价值变动完全无关”②。虚幻证券的纸质复本，则由于其契合资本专营的特征而广受投机者欢迎。在这里，有价证券和所有权证书的“价值的独立运动”以及“名义价值”和“市场价值”殊异的决定方法，使证券交易越来越具有迷恋幻想和投机诈欺的性质。用他人的“钱”和社会的“共有资本”圆自己私人的“发财梦”，这不得不使原本使用自己“节衣缩食”攒下“辛苦钱”和“自有资本”的活动沾染上肆无忌惮的游戏气和铤而走险的冒险气，因而加剧了经济体的债务规模和风险层级。

真正脱胎于银行家资本的金融资本更紧盯快速度、热衷高风险和追逐高利润，“诱人的高额利润，使人们远远超出拥有的流动资金所许可的范围来进行过度的扩充活动”③。为此，他们乐于“进入一个无限借债——为还债而借债——的愉快过程”④。如果说以往资本分割了利润和大量社会财富，那么，虚拟化和虚拟资本的“独立的价值运动”助力虚拟资本在更发达的阶段和更

① 《马克思恩格斯全集》第46卷，人民出版社2003年版，第532页。
② 《马克思恩格斯全集》第46卷，人民出版社2003年版，第541页。
③ 《马克思恩格斯全集》第46卷，人民出版社2003年版，第459页。
④ 《马克思恩格斯全集》第46卷，人民出版社2003年版，第446页。

丰裕的财富面前,把控和攫取更多的剩余价值和社会资源。在发达的现代信用制度下,“由这种所有权证书的价格变动而造成的盈亏,……就其本质来说,越来越成为赌博的结果。赌博已经取代劳动,表现为夺取资本财产的本来的方法”①。而最新的虚拟资本和金融衍生工具,“都只是代表已积累的对于未来生产的索取权或权利证书,它们的货币价值或资本价值,或者像国债那样不代表任何资本,或者完全不决定于它们所代表的现实资本的价值”②。虚拟资本这种“层层虚构”和“虚上加虚”的无限空转循环,不仅疏远了虚拟资本和它的“基体”,将“真实资本”日益同化和变异为“虚拟资本”,而且还分化和决裂了虚拟资本与实际资产之间的任何关联,虚拟资本和金融市场挣脱了刚性的财富约束和最大区间的货币上限,转而以心理预期和主观判断为波动轴线。“羊群效应”的普遍存在,使原本动荡不安的金融市场因为受反应迟钝、不足或过度的偏差搅扰而越发跌宕起伏和凶险难料,而“对于股票期货、利率指数期货等虚拟资产的交易,……其性质和赌博已经没有多大区别”③。因此,大卫·哈维认为,金融资本等对“无实际产出的活动”的热衷,“其目的就是为了钱生钱,……华尔街上的大部分举动不是为了推动有效投资。华尔街完全就是投机”④。虚拟资本与信用制度(不仅仅是实体)的投机、欺诈与赌博行动不仅为资本投机者“形成第二形式的剩余价值”⑤,而且“生产过程中产生的大部分价值和剩余价值都通过复杂的虚拟流动被抽走”⑥。实体经济原本的投资发展基金被窃取和篡夺,出现了实体经济与虚拟经济的方向逆转和反向变动,“资本化”和“证券化”冒跃成为决定和统合一切的关键。

---

① 《马克思恩格斯全集》第46卷,人民出版社2003年版,第541页。

② 《马克思恩格斯全集》第46卷,人民出版社2003年版,第531页。

③ 吴德礼、曹国华、李惠彬著:《虚拟资本与实体经济》,中国财政经济出版社2014年版,第61页。

④ [美]大卫·哈维著:《世界的逻辑》,周大昕译,中信出版社2017年版,第308页。

⑤ [美]大卫·哈维著:《世界的逻辑》,周大昕译,中信出版社2017年版,第341页。

⑥ [美]大卫·哈维著:《世界的逻辑》,周大昕译,中信出版社2017年版,第341页。

总之，资本虚拟化已经成为当代经济发展的核心特征和主要形式，其与现实资本的脱钩以及与信用制度的“媾和”，形塑了虚拟资本脱离现实资本、虚拟经济背离实体经济的天然属性和倾向，释放和制造了虚拟资本过度膨胀、虚拟经济“非理性繁荣”的虚假幻象，在偏执地满足短期增殖欲望的同时断送了长期可持续发展的前景，为经济危机和崩溃埋下了深深的隐患。

三、失衡与错配——实体经济与虚拟经济的协调困境

之所以说虚拟资本脱离现实资本、虚拟经济背离实体经济是虚拟经济时代的天然属性和自然倾向，是基于资本价值增殖的逻辑和虚拟经济本质的科学研判。按照资本的质性，为达到剩余价值和收益最大化的“鹄的”，是不问过程、用途和手段的。而在众多大小资本的价值和利润的“争夺赛”中，随着剩余价值的资本化即资本额的不断累积扩大，催逼资本家为不断加大的“资本剩余”寻找继续升值的出路。而资本有机构成提高这一曾经充当强化资本积累的前提转而成了结果，限制和挤压了资本盈利的空间和能力。商品价格下跌，资本利润率下降，过剩资本和喷薄的生产能力因为找不到释放出口而不断沉淀静止，失去动能的闲置资本反向侵蚀了新增投资的获利可能和利润空间。由于虚拟资本不断走虚的独特运动取消了实体经济漫长的“物质转换过程”和循环增长周期，虚拟资本和虚拟经济领域的投资收益率远远高过和快于实体资本和实体经济领域的生产性投资回报率，这一特点诱导“生产型企业越来越多地通过并购甚至金融或货币市场投资来追求短期效益”①。这种挤出和虹吸的双重效应将大量社会资本推涌至虚拟经济领域。虚拟经济领域的资本供应越来越多，在信用制度和金融杠杆的集聚和放大效应下，越来越压

① ［美］大卫·哈维著：《世界的逻辑》，周大昕译，中信出版社 2017 年版，第 130 页。

缩实体经济的生产性资本和生存空间，加宽了实体经济与虚拟经济之间的矛盾鸿沟。一旦实体经济领域的利润率与虚拟经济领域的资本回报率形成倒挂，持续将资本注入回报率虚高的虚拟经济领域，就会造成依赖过度流动性的虚拟经济的虚假繁荣和依靠生产性投资的实体经济的真实衰微，形成虚实倒挂和悖论。

高利润和高收益的另一面必然是高风险。首先，虚拟资本和虚拟经济制造了经济平稳繁荣的虚假幻象。这部分地因为“虚拟资本在实际的积累之前就被创造出来”①，所以可以用虚拟资本的积累掩盖和粉饰“根本性的不均衡”和“裂缝”。另外也部分地因为，全部复杂的交易过程在依靠牺牲受骗的货币贷出方和生产者之后，还能维持平静稳定和可靠流畅的“回流假象”。在“假象”的包围中，虚拟经济排挤和褫夺了货币的真实位置，并蜕变为无规则、无约束的“膨胀乱象”和抽取实体经济的“无底黑洞”。资本收益率的高企和实体经济回报率的直降之间的全面对抗被虚高的经济增长率“熨平”和“掩瞒”，人们沉迷在经济浮华和形势一片大好的泡沫彩虹之中，却无时无刻不与金融机构和虚拟经济侵夺、炒作、投机、诈骗和赌博的“列车”一道驶向“悬崖”和毁灭。其次，虚拟资本和虚拟经济激起了“非理性繁荣”的投机泡沫。由于“虚拟价值的创造处于实际的商品生产和实现之前”②，虚拟资本“没有以任何坚固的抵押作为后盾”，③因此，“它的价值几乎是不可能评估的”④，在典型的“庞氏骗局”中，“骗局制造者向投资者许诺，投资便能赚得大量收益，但是投资者付出的投资款几乎没有或根本没有被投向任何真正的资产”⑤。“庞氏

---

① [英]大卫·哈维著:《资本的限度》,张寅译,中信出版社 2017 年版,第 480 页。

② [英]大卫·哈维著:《资本的限度》,张寅译,中信出版社 2017 年版,第 419 页。

③ [英]大卫·哈维著:《资本的限度》,张寅译,中信出版社 2017 年版,第 421 页。

④ [美]大卫·哈维著:《资本社会的 17 个矛盾》,许瑞宋译,中信出版社 2016 年版,第 267 页。

⑤ [美]罗尔伯特·J.希勒著:《非理性繁荣》,李心丹等译,中国人民大学出版社 2016 年版,第 102 页。

骗局”的投资者预期固然可以通过“蛊惑”和“操控”的“伎俩”，越过实体经济实现资本空转、聚集和价值增殖，但是，“信用并不是靠魔术来经营的。”①这种脱离实体经济的“脆弱性”和“无根性”终将因为达到“临界点”而破灭，一旦信用动摇、收缩或者中断，“一切现实的财富就都会要求现实地、突然地转化为货币”②。背离真实的允诺和“空想”就会沦为现实的欺骗和“梦魇”。最后，虚拟资本和虚拟经济加大了信息不对称的风险敞口。虚拟资本的本质是包含在资本概念中的对未来收益的索取权和债权，债权积累有别于一般的货币资本积累的地方在于，“即使在实际生产中可能并无基础，也可以继续流通”③。这不仅加宽了虚拟资本与货币基础的不平衡和缺口，而且也加大了不确定性、风险性和投机性。为了在产业发展衰退的条件下依然维持经济的复合增长，“越来越多虚拟资本必须在高得多的风险溢价水平下创造出来……金钱与它理应代表的社会劳动日趋疏远”④。更糟糕的是，衍生品是升级加强版的虚拟资本，衍生品合约的“致命漏洞”使其既不能反映现实的社会经济活动，也不具有风险敞口和潜在耗费的“损失上限”，“衍生品合约潜藏的风险可能比构成衍生品的基础性股权或债券合约的风险超出好多倍”⑤。而且，金融衍生品的不透明结构和复杂性系统，将人们囚困和迷失于衍生品合约的迷宫，给人们制造了不确定削减的错误研判和风险对冲的幻觉体验。而事实上，金融衍生品的蝴蝶效应即基础性资产价格的“微小振翅”和易变，都可能引发庞大的连锁反应和造成不可弥补的巨大损失。在虚拟资本和金融衍生品超脱供求关系和扭曲价格机制的情况下，整体性的经济系统陷入到“虚弱”和“病态”之中，而信用评级机构却受限于单纯的数理模型，往往将风险预警和检测转化

---

① ［英］大卫·哈维著：《资本的限度》，张寅译，中信出版社 2017 年版，第 428 页。

② 《马克思恩格斯全集》第 46 卷，人民出版社 2003 年版，第 650 页。

③ ［英］大卫·哈维著：《资本的限度》，张寅译，中信出版社 2017 年版，第 451 页。

④ ［美］大卫·哈维著：《资本社会的 17 个矛盾》，许瑞宋译，中信出版社 2016 年版，第 270 页。

⑤ ［英］默文·金著：《金融炼金术的终结》，束宇译，中信出版社 2016 年版，第 145 页。

为对风险合理化的粉饰和辩护。更有甚者,信用评级公司蓄意低估风险和隐瞒损失,误导投资者对风险的预估和预判,这种风险对冲幻象在真正的金融风暴中将不堪一击和瞬间土崩瓦解。

当下,全球经济进入到了金融化和虚拟经济阶段。金融业和虚拟经济的增长对国内生产总值的贡献比重快速上升。与实体经济领域相比,金融资产、金融工具和金融从业人员在全社会的财富占比、数量占比和收入占比中占有显著的比较优势。虚拟经济脱钩和背离实体经济,演化为由投资预期和投机行为决定的与实体经济“毫无关联”的套利程式和价值增殖体系,货币危机和金融危机爆发率迅速攀升。更紧迫的是,全球经济面临着“脱实向虚”和“虚荣实衰”的困局,虚拟经济演变为脱离实体经济的基本面,并反过来成为左右和决定实体经济投资和消费的不受控制的疯狂不羁的破坏力量,而且出现了“大而不能倒”和“正反双赢”的经济怪象,由社会公众支持的比一般中小银行金融机构承担更大风险的大银行金融机构由于有托底力量的支撑,因而更有投机冒险的冲动和“底气”。无论是经营良好还是不佳,银行的利润都会流入大股东的腰包而不是普通的纳税人,而损失则总是由纳税人埋单而不是大股东。这显然是“把纳税人的钱白白送给那些将整个世界拖到灾难边缘的人和金融机构”①,是借口牺牲“社会资本”“人民需要”和“大众幸福”来为所谓的“金融信誉”“发财野心”和“投资环境”埋单。而这种倒挂和错配的“掠夺性积累”和倾斜式财富再分配,在全球范围内导致了收入差距和贫富分化的日益恶化。在虚假繁荣、投机泡沫和经济危机的“围攻”下,不仅实体经济与虚拟经济结构失调,更危急的是,实体经济的式微、停滞和衰退,使资本家越来越不顾和无视虚拟经济的现实根基,而一头扎进高风险溢价的金融部门投机和虚拟资本操作。这样,疏远和背离实体经济生产地基而独立运动和“自我悬空”的泡沫叠加及其刺破就成为新的挥之不去的周期性难题和“狂想病”。面

---

① [美]威廉·恩道尔著:《金融霸权——从巅峰走向破产》,陈建明、顾秀林、戴建译,中国民主法制出版社2016年版,第254页。

对这种难题和"狂想病",金融化和虚拟经济不仅表现得束手无策和无能为力,而且还在高收益和复合增长的资本意志"裹挟"和目标"绑架"下,不顾后果地强化和加剧了这种孪生难题。这样一来,经济社会的健康永续发展就遭遇实体经济与虚拟经济的协调困局。

四、协调与互益——实体经济与虚拟经济虚实相济的可行方案

实体经济与虚拟经济的失衡错配与倒挂脱离是经济风险和经济危机的重要致因。目前,全球经济都陷入实体经济与虚拟经济的协调困局,马克思关于实体经济与虚拟经济的政治经济学批判和分析,为走出困局,实现实体经济与虚拟经济的协调发展提供了理论指导和基本遵循。

首先,理清实虚经济关系,树立正确服务理念。我们究竟采取何种立场和疗治方法,这在很大程度上取决于我们对于虚拟经济本质的认知和"界限厘定",以及我们在何种程度上正确把握实体经济和虚拟经济之间的精准关系。摆在我们面前的似乎是一个令人左右为难的烦恼——金融机制具有加速和阻碍经济发展的双重面向。虚拟经济和金融机制的双面互动关系证明我们已经进入金融化时代,在金融时代,金融制度成为基础性的经济社会发展制度,金融力量构成了国家最重要的综合实力和最主要的核心竞争力,谁占有了金融制高点,谁就能在国际竞争中拥有主动权。金融时代金融的重要性还表明我们可以利用虚拟经济的正向功能与实体经济的发展壮大同向同行,习近平总书记从金融服务于实体经济的角度指出,"经济是肌体,金融是血脉",经济与金融两者之间共生、共活、共稳、共兴、共强、共荣。因此,如果我们只是片面地认识金融和金融体系,并把所有的精力用在批评和指责金融体系"不负责任"的负面效应上,甚至谈虎色变和拒之于千里之外,那么我们离对问题的正确认识和有效解决会越来越远而不是越来越近。"实际上,我们也别无选择。我

们从来没有听过有人提出将取消金融体系作为一种可行的社会制度。”①我们应该将行动的力量焦点定格在两者关系的准确厘定和互益关系的积极建设上。为此,要把虚拟资本和虚拟经济限制在安全的“笼子”里,使其始终保持在为实体经济服务的正确轨道和方向上。一方面,以政治经济学批判的方法正确认识资本的本质和信用体系的作用,使信用体系成为一种克服生产束缚和限制的“理智工具”,不断将生产发展的物质基础提升到更新的发展水平和更广阔的发展平台上,避免信用体系远离现实基础的颠倒错乱和过度膨胀的失控倾向。另一方面,以政治经济学批判的方法深化对金融本质和规律的认识,深化金融供给侧结构性改革,限制和约束少数强势金融资本的社会权力,构建超越资本逻辑的“资本—政府—人民”的新型合作关系,增强金融服务于实体经济能力。最后,以政治经济学批判的方法拆解和祛除虚拟经济高踞和凌驾于实体经济之上的驯服异质性、丰富性的程式化自主运动,防止和消解僭越或逆离实体经济的异位错认和物化幻象,扭转和清理抽象力量对人和经济社会运作的规训和统治,通过对既有的形而上学表象和思辨的解构和翻转,恢复和归正实虚之间的方向向度和价值旨趣。

其次,切中实体经济需要,找准金融服务重点。瞄准和对焦问题,目的是在既有的残局和废墟上进行“破坏性的创造”,从而发掘一条新的可能路径。这就需要明晰,虚拟经济和金融不是社会财富的创造而只是社会财富的转移和再分配,因此,“如果没有实际的积累,也就是说,没有生产的提高和生产资料的增长,那么,债权在货币形式上的积累,对这种生产有什么好处呢?”②虚拟经济归根结底是由实体经济决定的,其发展离不开实体经济,两者共生共荣。资本积累尤其是虚拟资本的过溢积累,如果不能增益生产和实体性部门,对于整个经济社会不仅无益反而有害。在资本积累中,“所存在的障碍,是由

① [美]罗伯特·希勒著:《金融与好的社会》,束宇译,中信出版社 2012 年版,第 8 页。

② 《马克思恩格斯全集》第 46 卷,人民出版社 2003 年版,第 479 页。

于资本增殖的规律，由于资本作为资本能够增殖的界限而产生的。”①因此，褪去资本增殖设定的虚假边界和可能阈限，“变‘资本致富’为‘人民致富’”②，才能扩充丰富真正“属人”和“为人”的投资领域和生产内容。为此，虚拟经济要以实体经济为根本和“主业”，避免独立化和失控式运动的空转膨胀和虚假繁荣造成虚拟资本的过剩和泛滥，酿成系统性的金融风险，波及和牵累实体经济。更重要的是，要扶持培育实体经济，为数量庞大的中小资本和处于种子期、初创期的中小企业提供直接融资支持，鼓励科技创新企业和帮助有发展潜力但暂时遇到困难的企业，打造实体经济与金融良性互动的新型金融服务模式。在金融自由化、开放化和全球化的过程中，遏制资本理性主义“去差异化”和均质化的扩张运动，扭转和改善资本运动的同构化逻辑和不均衡结构，制定健全和完善本国金融体系和金融市场的阶梯式和差异化的个性方案，防止脱离本土化历史和现状的产业和金融的畸形发展，筑牢虚拟资本和金融发展的现实社会基础。

最后，着力金融创新监管，防范化解金融风险。在系统性的方案构建中，底线守控和规制自觉不仅必要，而且必不可少。因为，资本的流动性和逐利性总是伴随着投机性和高风险，而金融体系这个自治结构和封闭领域的全球套利和风险转移反向证明了“这个整体的各个监管和监督机构是无能为力和不负责任的”③。为此，各个利害相关的主体要以有为的责任意识、敢为的责任担当、善为的制度选择与制定、有效的政策监督和管理、长效的治理结构和机制，形成金融市场健康繁荣发展的积极合力。习近平总书记指出，“防控金融风险，要加快建立监管协调机制，加强宏观审慎监管，强化统筹协调能力，防范

① 《马克思恩格斯全集》第 46 卷，人民出版社 2003 年版，第 573 页。

② 姜英华、叶泽樱：《资本逻辑批判与〈资本论〉的存在论革命》，《当代经济研究》2018 年第 11 期。

③ ［法］弗朗索瓦·沙奈著：《金融全球化的历史及现状》，李其庆编译，《马克思主义与现实》1999 年第 4 期。

和化解系统性风险。”①为此，需要找准“切入口”，把好“过程关”，注入“创新力”，形成系统性、协调性的“治理合力”。具体而言，首先要以“资本”为“切入口”，要把好源头关。坚固和完善资本市场基础性制度，确保“适度开放”和活力韧度，强化规范性和透明性，筑牢稳定性和安全性。矫正“唯资本论”和“唯利益论”，校对资本增殖和服务方向，防止“资本—权力”的“合谋”以及资本对社会“去价值性”的全面侵蚀和渗透。其次要以“实体经济”发展为“突破口”，把好过程关。要适应新发展理念和发展高端制造业的大趋势，以创新确保经济运行在合理的增长区间，保证经济增长切实转化为人民收入增加，以低成本投入和低污染排放为约束，以高技术含量和高附加值为标尺，以高水平增长和可持续发展为目标，夯实实体经济基础，坚固虚拟经济系统。最后，以“金融监管”为重要抓手，拧紧安全阀。从“金融综合”着眼，从“信息系统”着手，健全包括“机构—部门—人员”全方位的“惩戒机制”。要运用最先进的科学技术和最新的支付结算机制，对“线上线下”和“国内国际”的资金流向和流量进行实时和动态的监管和监控。建构和完善包括金融市场、金融机构、金融从业人员、金融运行与治理、金融监管与调控的制度体系，筑牢防范体系，防止系统性风险。

① 《习近平关于总体国家安全观论述摘编》，中央文献出版社2018年版，第95页。

第九章　资本逻辑与生命政治

生命政治是资本逻辑统御下人的生命存在的基本样态，生命政治关涉资本逻辑和资本主义治理技术的历史进阶和形态嬗变，其具体布展也渗透着资本的权力意志和运演逻辑。在当代资本主义社会中，自由竞争和出人头地是镶嵌在资本主义现代性结构之中的“治理之显”，其“背后之隐”是灌注于人类共同体结构之中的主体生命与资本权力体系关系。生命政治这种“显”与“隐”的反差图景揭示了现代性场域下资本权力对劳动隐蔽性的支配、控制、规训与惩罚的实质和现状。因此，要理解生命政治的谱系架构和真正意涵，就必须回归到对“资本”与“劳动”关系的厘定解析上。马克思资本逻辑批判借由阐述资本权力对雇佣劳动生命基质的管控、抽取与剥夺，揭示了资本和资本权力在现代社会中以弱化和摧毁人的丰富生命和真正生活来实现其单一增殖的目的性僭越和所开显的生命政治面相。基于此，求问马克思资本逻辑批判理论，揭示其理论批判内蕴的生命政治维度，深入解构生命权力背后隐匿的资本权力管控的逻辑布展，有利于揭秘资本逻辑支配下当代资本主义社会的治理机制及其限度，在切中肯綮的诊断基础上找到行之有效的化解方案和超越之道。

一、马克思资本逻辑批判的生命政治之维

"资本逻辑是资本主义社会占统治地位和起统摄作用的逻辑形式,资本逻辑的神秘性和形而上学的抽象同一性背后隐藏的是人的存在境遇和人与人的真正关系。"①虽然马克思没有明确提出生命政治的概念,但资本逻辑批判理论对于人的主体生命、生存境遇和未来解放的全面关照使其内在地包含有丰富的生命政治批判的基因。在对资本逻辑进行批判的过程中,马克思深刻地洞见到了资本的统治形式实质也是一种社会关系的本质。作为"社会关系"的资本及其所架构的资本统治体系,以资本增殖为终极目的,在此基础上确立的资本统治旨在单纯强调劳动者和劳动能力对资本增殖和积累的有用性和利用价值,其目的是借助资本建构的关系机制和关系密网,"使人体在变得更有用时也变得更顺从,或者因更顺从而变得更有用"②。这种开显的社会关系使资本逻辑批判不仅要在"关联"中考察,而且还要在"过程"中省思。马克思指出,资本主义的商品生产,不仅仅是商品的生产,也不仅仅是剩余价值的生产,还是资本和资本关系本身的生产和再生产。因此,要理解马克思资本逻辑批判理论就必须从"关联"和"过程"两个维度着手解析其商品、价值和资本关系生产。

透过"虚构的原始状态"和"预设的和谐统一",资本主义生产建立在生产的"客观条件"与"主观条件"被强力分离和重新嵌合的基础上。"原始剥夺"和"暴力撕裂"将具有自然统一性的劳动主体与劳动条件、劳动能力和劳动资料相分离。要使生产正常开展,劳动能力与劳动条件就必须在资本整合性的

① 姜英华、叶泽樱:《资本逻辑批判与〈资本论〉的存在论革命》,《当代经济研究》2018 年第 11 期。

② [法]米歇尔·福柯著:《规训与惩罚》,刘北成、杨远婴译,生活·读书·新知三联书店 2012 年版,第 156 页。

前提下实现新的结合,即失去生产资料和生产条件因而“一无所有”的劳动者将自己作为单纯的劳动力出卖给生产资料和生产条件的占有者资本家。通过这种先分离再组合的迂回战术,资本将人的劳动和劳动能力纳入到自身的关系体系中,并将其变为生成利润和价值增殖的劳动工具和劳动时间,根据资本榨取剩余价值的内在要求操控和监督劳动力,窃取劳动者的一切生产活动和劳动时间。因此,对劳动能力与劳动条件这种分离再结合的解析就成为理解资本逻辑及其生命政治意蕴的关键前提,而对“劳动力概念”的解析又是这一关键前提中的关键。劳动力即劳动能力≠劳动,劳动力作为具有未来指向性的可能力量和潜在能力,它是劳动者“体力”和“智力”的总和。劳动者“体力”和“智力”特殊的加合方式铸造了特殊的劳动者或者说劳动者的特殊性,也彰显了劳动者劳动的自主生命活动的维度和兴致。在真正自主的劳动活动中,人不仅要自由地运用和表现自己的体力和精力,而且还要自由地发挥和施展自己的智慧和脑力,人的自由劳动的任何一个举动都是在自由意志和意识的支配下完成的,这样的自由自主的劳动即为人的生命本质。但是,在以剩余价值生产为目标的资本主义商品世界中,这种劳动力所具有的“类属性”即主体性、创造性、灵活性和差异性被过滤成失去“类属性”的客体化、一体化、死板化和同构化,劳动能力和劳动过程不再是人的有价值的生命活动的绽放,而是被肢解和贬损为简单的“机械劳动”并冷却凝固为“死劳动”。机器和机器体系的使用以及机器大工业的发展,破坏了劳动力的整全性,挑战了劳动力的生物性极限,并在瓦解劳动力的生物性维度的过程中同时抽掉了劳动力的精神性维度和智力运用,使劳动力的生物性降维同时伴随着精神性的禁锢和堕落。因而,将劳动力由生产过程的直接作用者和主导者变为日益被机器和机器体系排挤的“去技能化”的可替代品和从属要素。随着机械化和自动化水平的跃升,这种从属日益从“形式方面”上升到“实质方面”,劳动者从商品生产的“绝对必须”退变为“相对过剩”,这实质是资本对劳动力的“纳入性的排除(exceptio)”,即劳动群体灵活地充当了资本价值增殖的后备军,它是资本不断壮大自身的“大后方”和“蓄水池”，其吸入或排出取决于资本逻辑的动态演进和价值增殖的动态需要，“活劳动”的力量变成了绝对的“死劳动”即资本的力量，劳动力丰富多元的生命价值降格为服务于资本增殖欲望的枯燥干瘪的非生命价值。而对于机器和机器体系而言，则由辅助劳动力进行生产的“死劳动”僭越为支配和建构劳动力（“死劳动”）的真正“活劳动”。一方面，机器原本由人发动和使用，是人控制机器，但是资本的介入使生产完全由机器和机器体系的分工协作所决定，并且劳动者的分工协作和有机联合也由机器和机器体系裁夺和规定。因此，机器和机器体系成为资本生产的焦点和中心，成为资本介入和主导劳动力劳动的真正权力。另一方面，劳动力（活劳动）被机器和机器体系收编和规训，由生产的主导者退化为机器的附庸和从属，现在机器和机器体系反过来控制和定义人，劳动者的劳动活动离不开机器，人成为局部性的片面存在和碎片化的机器零件。

劳动者出卖劳动力获取工资与资本家购买劳动力支付报酬看似是资本主义商品流通领域的“等价交换”，然而流通领域的表象掩盖不了生产领域的真相，一深入到生产领域就会发现，“原来的货币占有者作为资本家，昂首前行；劳动力占有者作为他的工人，尾随于后。一个笑容满面，雄心勃勃；一个战战兢兢，畏缩不前，像在市场上出卖了自己的皮一样，只有一个前途——让人家来鞣”。[①] 资本家作为资本力量的物质承担者在资本增殖动机的驱策下，通过工厂制度将劳动力纳入到资本的管控和支配体系之中。在剩余价值生产的初始阶段即绝对剩余价值生产阶段，资本通过编制公开化的劳动纪律规范和法律规章制度控制劳动力的身体和活动以达到价值增殖的目的，绝对延长劳动时间和增强劳动强度的强硬举措通过否定的、消极的惩戒技术直接作用于劳动力肉体，这种支配性技术规定了肉体控制的所选择的技术方式，它按照资本价值增殖预定的速度、节奏、效率和效果，使劳动者在“生产什么”“为谁生产”

① 《马克思恩格斯文集》第5卷，人民出版社2009年版，第205页。

以及“怎么生产”等方面都与资本的意志和愿望深度契合。这样，工厂中的劳动纪律规范和法律规章制度就为资本打造出雷厉风行和训练有素的驯顺肉体。机械化的生产链和流水线的作业方式打造了驯顺化和服从型的劳动力群体，他们肉体的顺从或驯顺过程建立在严密的生产环节嵌套、严格的纪律规章约束和严苛的劳动过程监督的基础上，这种纪律约束首先就是作息表和时间的约束。马克思指出，资本引发了物质生产方式和生产者社会关系的改变，并在新的生产方式和制度基础上变构和规划了劳动时间和劳动关系，严格的上下班打卡制度、工作日制度以及吃饭时间、休息时间的精确规定代替了零散化、自由化和散漫化的农业时间规划。这样做的结果，就严格的监督纪律而言，排除了一切迟到、早退等不准时和请假延期的情况干扰，确保了时间使用的效率和质量。就劳动时间的占有和窃取而言，时间是资本赢得胜利的关键，“在一昼夜 24 小时内都占有劳动”①是资本布控和资本价值增殖的内在诉求。为达目的，资本开始了它精细化的时间表计划，这种计划通过欺骗和窃取时间的精巧方式实现资本权力对劳动节奏和劳动过程的监督和把控。比如，根据当时一位名为伦·霍纳的工厂视察员的报告可以知道，一般工厂早晨 6 点开工，工厂主则总是提前 1 刻开工，又总是延后 1 刻收工。除此之外，工厂主还总是绞尽脑汁地从工人名义上规定的吃饭时间中再克扣时间，比如早饭前后各侵占 5 分钟，午饭时间前后再各侵占 10 分钟，这样，一天当中工厂主就可以无偿侵占工人 60 分钟，以一周 5 天的工作日来计算，这种时间侵占就可以积累到 300 分钟。到了星期六，依然是早晨早 1 刻开工，早饭前后各侵占 5 分钟，下午 2 点后延迟 1 刻，则星期六可以无偿侵占 40 分钟。一周下来，工厂主一共可以无偿侵占工人 340 分钟，一年则大概有 27 个工作日。② 在卓别林的电影《摩登时代》中，工人“喂食机”的实验也生动地刻画了资本对劳动者时间的侵占。“喂食机”优美流畅的线条抵不过它的时间剥夺功能，“喂食机”对资

① 《马克思恩格斯全集》第 44 卷，人民出版社 2001 年版，第 297 页。

② 参见《马克思恩格斯全集》第 44 卷，人民出版社 2001 年版，第 278—279 页。

本家的最大卖点就在于它能通过机器的自动喂食功能,让工人在吃饭的同时不放下手头的工作,从而通过克扣工人吃饭时间的方式增加工人为工厂主进行生产的时间。资本正是通过这些巧妙的花样百出和零敲碎打的方式,偷窃和夺走了劳动者吃饭、休息甚至自由呼吸新鲜空气的时间。

但是,时间就是金钱和利润,资本对金钱和利润的无限贪欲必然导致对时间的无限饥渴和紧迫,而由于资本"无限度地盲目追逐剩余劳动,像狼一般地贪求剩余劳动,不仅突破了工作日的道德极限,而且突破了工作日的纯粹身体的极限"①。即便如此,工作日的"时间极限"和身体上的社会"道德底线"也日益成为资本增殖无法忍受和克服的坚硬障碍。因此,剩余价值的生产进阶到升级阶段即相对剩余价值生产阶段。一方面,绝对剩余价值生产阶段打造的驯顺的肉体和全社会提高了的生产效率为资本新的增殖方式打开了新的通道,扩大了资本增殖的可能弹性空间。另一方面,相对剩余价值生产通过调整必要劳动时间和剩余劳动时间的"划分断点"隐匿地、几何级数式地增加和拓展了资本增殖的数量和范围。更重要的是,"惩戒肉体"和"调节生命"的技术叠加某种程度上强化了资本逻辑,倍增了资本权力的统治力量,弱化了劳动力生命个体的主体地位和生产性角色。更重要的是,必要劳动时间与剩余劳动时间、工作时间和休息时间以及工厂领域和非工厂领域之间的界限划分日益模糊不显,使劳动者和劳动者群体被彻底纳入和整合进资本的经济社会控制体系之中。相较于绝对价值生产中劳动生命压迫的露骨性和劳动时间剥夺的显明性,以及价值增殖空间的限制性而言,相对剩余价值的生产更能迎合资本最大化价值增殖的野心。由于技术的助力和加持,资本在最大化发挥劳动力的功用和深度激发劳动者生命潜能的基础上,以更加稳固和隐匿的方式生产出劳动者和劳动能力对资本的驯顺和服从。在资本—劳动关系上,资本以隐而不显的隐形力量不仅控制了劳动者的肉体,也操控了劳动者的精神。看不

---

① 《马克思恩格斯文集》第5卷,人民出版社2009年版,第306页。

见而又逃不脱的关系罗网和异化消费，使劳动者失去了对现实的反思力量和批判能力。资本形而下的“攻身”和形而上的“攻心”相媾和，掩盖了“现实的人”的现实的生存境遇，制造了权力对生命的僭越。

二、生命权力——资本权力管控的布展逻辑

从对生命政治的宏观分析转入微观考察，进而将生命政治和马克思的政治经济学批判结合在一起，从而发觉资本逻辑控制的生命政治维度和生命权力效力，是实现资本逻辑内在超越的当然前提。在历史唯物主义的谱系结构中，马克思依据“为自己生产”的必要劳动时间和“为资本家生产”的剩余劳动时间的分割，揭示了由劳动者倾注生命辛苦创造却被资本家不付等价物而无偿占有的剩余价值。福柯在某种意义上遵循和推进了马克思剩余价值批判的历史逻辑，他提出了“人力资本”理论，福柯的“人力资本”观念从相反的方面揭示了资本逻辑（la logique du capital）的布展结构和座驾装置，一方面延续了马克思“资本逻辑及其历史实在性”的致思逻辑和问题域，指出了资本通过自身的关系机制将具象化、生动化、多样化的“具体劳动”转换成为“去质性化”的、由单一时间量度的“抽象劳动”。另一方面，指出了新自由主义借由向经济人（homo economicus）的回归，将劳动力置换为可被精准掌握和精细治理的个体，从而将资本最大化增殖的目标标的隐秘地偷换为人力资本最大化的指称命题，即劳动力被动的、不得不为资本价值增殖不断劳动和强迫自己的强制管理和行为图式翻转为劳动力主动、自愿地为自身产出效益最大化而马不停蹄地培养和丰盈自己的内在需要和行为设计。由此，生命被纳入到新自由主义设定的治理规则内。问题则由价值论证层面上治理的合法性和合理性疑问转移为具体操作层面上的治理技艺和治理术问题，治理的群体身份也由“臣民”转变为“人口”，治理方式也由“让你死”的“暴力—权力”模式发展为“让你活”的“知识—权力”模式。由此，资本权力借助于生命政治的治理技艺对

劳动者主体进行重新塑造，进而实现自身在新时代和新技术条件下的规训和统治。

从宏观的历史发展线索向前回溯发现，在前资本主义社会中，“人本身”是“作为土地的有机附属物”①而同土地一起被控制和被剥夺的，奴隶主的鞭子和君主的敕令时刻将人的自然生命直接置于死亡的威逼和风险境地。资本主义社会中的权力与前资本主义社会有着本质性的差别，它以一种经济上看似合理性和必然性的形式来代替政治上的压制和强力进行社会控制和社会治理，并彰显自身看似不可撼动的合法性和合规律性。具体而言，资本通过原始积累进行了事实上的确权，并由此建立起了代表先进生产力的工厂制度和效率原则。在工厂中，为了确立工厂制度的权威并遵循资本生产的效率原则，资本需要通过人格化的资本家来“对生命及其一举一动进行监视、干预、扶植、优化、评估、调节、矫正”②。去除与资本规则和纪律不相关和相悖逆的多余动作，增加与资本效率和资本增殖相符合和相补益的有效举措，使劳动者和劳动技能与资本和价值增殖若合符节。与对生物生命的否定性、强制性和压迫性的君主力量相比，资本力量通过唤醒劳动者生命体自身的自主力、创造力和生产力来增强自身的权力，这种权力的转移和过渡，归根结底源于资本贯彻增殖逻辑的内在吁求和不变本质。对于资本的本质而言，政治的暴力和强制是属于前资本主义社会的，它将劳动者束缚于固定的时空，让他们乖乖地顺从和工作，但却只能束缚生产力的发展，并将生产力固定在较低的水平，只有劳动力的自由才能提高生产力的发展水平并满足资本增殖的要求。因此，生命权力与资本权力具有同构性，二者在现代化过程中逐渐将人的自然生命纳入到权力的考量和算计之中，因而当生命价值和生命政治历史性地出场时，资本与政治达成共谋，资本进而僭越“政治合法性”而上升为“经济合法性”，并通过先

---

① 《马克思恩格斯选集》第2卷，人民出版社2012年版，第743页。

② ［意］吉奥乔·阿甘本著：《神圣人：至高权力与赤裸生命》，吴冠军译，中央编译出版社2016年版，第15页。

验和精细化的方式调整“整体人口”和规训调节机制。从这一意义上说,恰恰是资本在造就和遭逢现代性在场的情况下,受最大化增殖的目标规约因而对包括劳动力在内的一切生产条件和要素进行控制和整合的需要,才蕴生出资本权力的现代化统治装置——生命权力。生命权力创新发展了资本统治的当代模式,一方面,在现代启蒙和理性的催逼下,资本只有不断贯彻客观化和理性化原则并将自身增殖逻辑内在化和拓展化才能统治下去,“资本也作为客观的支配形式来施行自己的律法,这种经济性的律法会结构化社会生活,并且让等级制和从属关系看起来自然而然且不可或缺”①。借由此,资本以温水煮青蛙的方式减少和消解了主体反抗的频次和主体对抗的成本,成就了资本利益的最大化。另一方面,资本只有实现空间突破和领域突围并将自身增殖逻辑立体化和全面化才能保持稳固的统治,资本打破工厂界限的限制并将边界不断推延外扩,直至将整个社会生活和生产劳动都纳入到资本的生产关系和价值增殖体系的笼罩和统筹之下。资本增殖不限于和不止于生产领域和生产关系的范围扩散,从内部和外部双重维度增加了劳动者的工作强度,最大限度地满足了资本“下有保底,上不封顶”的膨胀扩张逻辑。最后,资本只有不断充盈劳动队伍和制造相对过剩人口才能长久统治,“废弃的人口(wasted human)……是秩序构建……和经济进步(economic progress)……必然的副作用”②。相对过剩人口作为“废弃的人口”的组成部分是资本积累和资本有机构成提高的必然结果,相对过剩人口的形成和积累为资本增殖和积累提供了一支永远待命和蓄势待发的劳动后备军。他们根本上从属于资本,接受资本全方位的监督,随时听从资本发号施令,在功能上与“废弃的人口”和生命一样,既被完全吸纳进资本逻辑的“合唱”和“漩涡”之中,又被排除和弃置在权

---

① [美]迈克尔·哈特、[意]安东尼奥·奈格里著:《大同世界》,王行坤译,中国人民大学出版社 2016 年版,第 4 页。

② [英]齐格蒙特·鲍曼著:《废弃的生命》,谷蕾、胡欣译,江苏人民出版社 2006 年版,第 6 页。

力的“生命显示”之外。“最后，使相对过剩人口或产业后备军同积累的规模和能力始终保持平衡的规律把工人钉在资本上，比赫斐斯塔司的楔子把普罗米修斯钉在岩石上钉得还要牢。”①资本依靠劳动力得以保存和增殖，反过来，劳动力却要依据资本增殖的动态需要来确定自身生命存在的价值和意义。资本有机构成的提高以及用于雇佣劳动力的可变资本的相对较少，不断充盈和扩大资本的产业后备军和相对过剩人口，使他们陷入失去生存保障的绝对贫困状态，人的“形式生命”和“赤裸生命”相分离，“赤裸生命”直接暴露在资本权力的作用之下，人的生存境况陷入“返归于动物”的状态，成为赤裸性的生命存在。

随着时代的发展和进步，资本面临的整体社会环境与以往时代已经截然不同，因此，一方面，旧的统治方式已经难以为继，资本主义社会的统治形式和治理技术要适应时代的变化进行全面革新，这样才能继续达成资本增殖和善治的目的。另一方面，人口的绝对贫困和“赤裸生命”的大量存在不仅为时代文明所不容，而且也会从根本上危及资本增殖和善治，甚至断送资本发展的未来。面临增殖和统治的双重危机，资本只有不断调整自身的统治方式，缓和和化解矛盾和冲突，才能赓续自身，于是生命权力应运而生。福柯从“规训权力”和“人口的生命政治”两个层面解析了资本主义社会的生命权力。具体而言，生命权力包含两个层次方面，一是针对“个体生命”的“规训权力”即“人体的解剖政治”。二是针对“整体人口”的“调节机制”即“人口的生命政治”。前者即规训权力，是“以作为机器的肉体为中心形成的：如对肉体的矫正、它的能力的提高、它的各种力量榨取、它的功用和温驯的平行增长、它被整合进有效的经济控制系统之中，所有这些都显示出‘规训’特征的权力程序的保证”②。后者即“人口的生命政治”，则“以物种的肉体、渗透着生命力学并且

① 《资本论》第1卷，人民出版社2004年版，第743页。

② ［英］米歇尔·福柯著：《认知的意志》，佘碧平译，上海人民出版社2016年版，第116页。

作为生命过程的载体的肉体为中心的，如繁殖、出生和死亡、健康水平、寿命和长寿，以及一切能够使得这些要素发生变化的条件，它们就是通过一连串的介入和‘调整控制’来完成的”①。通过“个体”和“类”两个层次的操作，生命权力达到了扶持“驯顺的身体”和驯服“偶然性因素”的目的，从而将特殊化、非常态性的权力使用发展为普遍性、常态化的权力运用，资本通过对生命的矫正、提高、榨取和潜能激发，借助生命权力的重新构建，按照自身无止境增殖的狂热目标定义社会（甚至世界）的“正常化”和“常态化”，从而保证资本增殖逻辑的贯彻和整体资本主义社会的运作、前进和发展。生命权力实现了权力对生命柔而不刚和隐而不显的有效控制，因而倍增了资本增殖的效果，增强了资本统治的权能。

三、生命权力支配下当代资本主义社会的治理限度

生命权力赋予了资本增殖和当代资本主义社会以崭新的生命和动力，但同时，生命权力也产生了相反的另一面，即当代资本主义社会治理的束缚和限度。

哈特、奈格里受到马克思资本逻辑批判的“关键启发”，将资本视为一种开放性的、不断生产和再生产自身的社会关系。在生命政治语境下，资本弥漫式和细微化的全方位渗透，使资本主义由传统的“规训社会”进阶为“控制社会”，这种进阶使资本逻辑的贯彻也由外部的、显性的权力演变为内在化的、隐性的规范，以金融体系和金融资本的发展为例，“随着金融系统的日益发达，资本对社会生活可能性前提的决定作用就越加深入和全面。当然，金融资本是如此抽象，看起来与大多数人的生活毫不相关；但正是这种抽象赋予其以

① ［英］米歇尔·福柯著：《认知的意志》，佘碧平译，上海人民出版社 2016 年版，第 117 页。

先验的普遍权力，即便人们自认与金融市场毫无关系”①。与马克思《大纲》机器论片段中的“一般智力”一脉相承并进行创新的是，哈特和奈格里提出了“非物质劳动”（生命政治的劳动）的概念，从而在资本与劳动的互动关系中发掘了通向共产主义的可能道路。哈特、奈格里指出，所谓非物质劳动“即生产一种非物质商品的劳动，如一种服务，一个文化产品、知识或交流”②。非物质劳动没有改变资本逻辑的实质和理路，只是在最新数字技术的侵浸和融合下实现了新形式的资本增殖和精准化、广覆盖的生命监控。在数字技术无形化的全景监视之下，一方面，与工厂制度的劳动力相比变化的是，“生命政治的劳动力不再是资本主义机体内一个起作用的器官，而是变得更具自主性”，另一方面，在资本—劳动关系上不变的是，“资本通过其规训性政权占有装置以及剥夺机制等，寄生在劳动力之上”③。非物质劳动和生命政治生产的自主性推升了资本的生产力水平，资本生产力水平的跃升使资本固有的生产循环越来越“淤阻”和不可能，用以指涉劳动力的“可变资本”与用以指涉生产资料的“不变资本”之间的生产性关系日益脱钩，资本构成的解体即劳动力自主性的提升遇到了共同性狭窄的困境，而问题在于“每当资本想要控制生命政治劳动并占有共同性时，它就会阻碍生产过程”④。资本在积累的“向心力”和价值贬值的“离心力”较量中，只能靠损失部分财富和破坏已有生产力成果的自毁手段稀释和推延共同性不足的危机。资本生产的社会化遭遇到资本主义私人占有和资本积累的偏狭性限制，这一情况成为他们必须直视而又无力克服的难题。使资本左右为难和骑虎难下的现实是，对非物质劳动和生命政治的

---

① ［美］迈克尔·哈特、［意］安东尼奥·奈格里著：《大同世界》，王行坤译，中国人民大学出版社2016年版，第4页。

② ［美］迈克尔·哈特、［意］安东尼奥·奈格里：《帝国——全球化的政治秩序》，杨建国、范一亭译，江苏人民出版社2003年版，第277页。

③ ［美］迈克尔·哈特、［意］安东尼奥·奈格里著：《大同世界》，王行坤译，中国人民大学出版社2016年版，第105页。

④ ［美］迈克尔·哈特、［意］安东尼奥·奈格里著：《大同世界》，王行坤译，中国人民大学出版社2016年版，第105页。

生产而言,“能且只能在共同性的领域进行。……劳动在资本主义统治下变得日益自主,资本的剥夺和管控机制也成为组织生产力的障碍。生命政治生产就像没有指挥家而正常演奏的乐队,一旦有人走向指挥台,这个乐队反而会鸦雀无声”①。生命政治生产成为主导的生产方式表明,与传统的商品生产相比,生产的主体由被均质化和抽象化为劳动时间的一般性主体转化为奇异性和自主性的“诸众”。与传统的生产基础相比,生命政治生产的基础已经由私占性和独有性转化为共同性和共享性。因此,资本通过外在于生产过程和对共同性的占有(即生命政治剥削)来延续价值占有和价值剥夺。

齐泽克指出,在全球易变性和反照中,“资本的残酷的逻辑”是根本性的源动力。资本在贯彻自身增殖的残酷逻辑的同时,也在内部产生了反对和消解自身的力量。非物质劳动就构成了其中一股重要的反对潮流和消解力量。与过去生产过程或工业过程制约资本潜能的发挥和实现相比,新近的生命政治的劳动所具有的自主性和网络化打开了资本的社会关系,创生了共同性的生产基础,并在不断的自主劳动中累积前提中的“共同性基础”,生产日益增长扩大的“共同性结果”。生命政治的劳动所采取的知识、网络等最新生产模式迫使资本如果想要继续完成增殖夙愿就必须主动或被动地借助生命政治生产,资本越离不开生命政治劳动,生命政治劳动越要脱离其笼罩和禁锢。资本越是要进行增殖,就越是“以令人担忧的速度在毁灭共同性之有形和无形的社会形式。气候变化、资源消耗以及其他生态灾难都日益成为威胁。极端的社会不平等、财富等级制、种族和民族、极端的贫穷以及其他一系列威胁都在破坏共同性的社会形式”②。资本的“掠夺性积累”突破了土地、资源、生态等“自然共同性”的新陈代谢周期的最大阈限,造成了不可逆转的“自然共同性”

① [美]迈克尔·哈特、[意]安东尼奥·奈格里著:《大同世界》,王行坤译,中国人民大学出版社 2016 年版,第 125 页。

② [美]迈克尔·哈特、[意]安东尼奥·奈格里著:《大同世界》,王行坤译,中国人民大学出版社 2016 年版,第 196 页。

损失。而且,资本“去空间化”的全球构序在将“非资本的处女地”纳入资本序列的同时,是靠开发掠夺这些“非开放”地区宝贵的自然财富达成的。资本的“掠夺性积累”打破了自由平等的“自然氛围”,资本积聚和积累的双重进程造成了财富极化和身份悬殊,生产与分配、创造与享有、丰裕与贫穷的悖论性演绎震荡冲击着原初的“社会共同性”,“自然共同性”和“社会共同性”的双重沦陷和坍塌使资本遭遇到了本体论的生存危机。除此之外,资本在自身的生产过程和规训装置中吸纳劳动力和社会生命,生命政治劳动本身挣脱私有制和资本偏狭性的限制,这就在生产和再生产中同时撕裂了资本与劳动、社会生命之间内在的有机联系,从而将自身弱化和置身于真正的生产过程和生产机制之外。资本和劳动关系的改写暴露了资本的寄生性和贪婪性,资本增殖和积累循环的环路被阻断,而自由主义和新自由主义专事“将公化私”的分配嗜好,抽掉了生命政治劳动生产的前提条件,颠覆了工厂时代资本统治式样并开启了新的统治模式。“资本依赖强大的中央政治权力去稳定市场并为利润提供稳定性”①,而政治权力制定的救济方案只能是在既有的政治权力框架内的紧急救场,最终无法超脱已有的资本逻辑和政治权力框架的约束。

除了因为侵蚀共同性而遭遇治理危机之外,生命政治劳动的自主性和劳动力主体性的生长也预示着现时代资本主义社会的治理限度。在生命政治劳动的过程中,“不仅生产产品即客体,同时也再生产生产者之间的协作关系和社会关系即主体,……在生命政治生产的霸权下,在资本增殖的同时,生产者的主体性也在经历价值自行增殖的过程”②。这种日益增长的主体性说明了“可变资本”无法将劳动力继续整合在资本装置的匣子内,资本借以运动增殖的劳动力也并不总是被动的,劳动力不仅滋养和壮大资本力量,反过来,也展现了

---

① [美]迈克尔·哈特、[意]安东尼奥·奈格里著:《大同世界》,王行坤译,中国人民大学出版社2016年版,第191页。

② [美]迈克尔·哈特、[意]安东尼奥·奈格里著:《大同世界》,王行坤译,中国人民大学出版社2016年版,代译序第5页。

自身的独立性和自主性，身体的“双面性的存在”使其“既是向至高权力屈服的载体，又是诸种个人自由的载体”①。这种独立性和自由性同时也对抗资本，以自身逻辑阻碍破坏资本的扩张渗透，甚至全面颠倒其发展。资本在毁灭“外在世界”（如全球性的资源、环境等）的同时也招致内部力量的爆发从而冲毁自身。而治理尤其是在维持资本利益和支持阶级政治统治前提下的治理，不仅从来无法成功化解危机和阻止毁灭，反而使整体性危机在治理性的迂回和“打圆场”中不断获得重启、增强和扩散。像任何历史上的生产方式一样，资本也会经历出生、生长、壮大、衰落和死亡的生命周期，我们的任务就是要发现其中的症候，准确把脉和诊断这些症候，从而考虑给出疗治方案和探求另外一种路径的可能。

四、逻辑的跃迁——生命政治文明面的一种可能

“资本充满了问题，传统的疗法无法治愈。……我们应该竭尽所能地寻找一个新的治疗方案。”②新的可能的疗治方案，为了避免更深的深渊和更糟的情况，一方面，需要精准的诊断，无论如何，这是开出有效疗治方案的前提条件。另一方面，需要准确把脉生命政治的文明面，在新的实践场域和治理模式中超越资本逻辑，实现生产由资本向人民的主题和方向转向。

阿甘本从词源上区分了“生命”和“生活”，JP2“‘zoē’（近汉语‘生命’义）表达了一切活着的存在（诸种动物、人，或神）所共通的一个简单事实——‘活着’；‘bios’（近汉语‘生活’义）则指一个个体或一个群体的适当的生存形式或方式”③。

① ［意］吉奥乔·阿甘本著：《神圣人：至高权力与赤裸生命》，吴冠军译，中央编译出版社 2016 年版，第 170 页。

② ［美］迈克尔·哈特、［意］安东尼奥·奈格里著：《大同世界》，王行坤译，中国人民大学出版社 2016 年版，第 210 页。

③ ［意］吉奥乔·阿甘本著：《神圣人：至高权力与赤裸生命》，吴冠军译，中央编译出版社 2016 年版，第 3 页。

原始共同体通过特殊的政治经济装置将人的生命的全面性和不可分割性强制性剥离，这种分离将毫无任何庇佑并以原子形式存在的单个个体暴露在暴力强制和规训之下，并以“例外形式”构成被排斥的领域。这种生命政治的存在逻辑在资本主义社会中得到发展和延续，资本以令人毫无察觉的“自然之名”，通过虚构和悬置个体的主体性权力而为资本逐利开辟道路。“一无所有”的无产阶级在私有制的前提钳制下，处在既在公有制之内又在公有制之外的空心地带，他们“形成一个若不从其他一切社会领域解放出来从而解放其他一切社会领域就不能够解放自己的领域，……它表明人的完全丧失，并因而只有通过人的完全回复才能回复自己本身”①。无产阶级现实的生存境遇就是，“它必须承担社会的一切重负，而不能享受社会的福利，它被排斥于社会之外，因而不得不同其他一切阶级发生最激烈的对立”②。无产阶级在资本铺天盖地的统治中，常常以原子式个体单兵突进式的碎片化形式对抗资本整体性力量，结果却不得不以失败而告终。而且，即便取得成功，仅有的成果也只是维持人的生存所必不可少的需要，而人的生活即真正个性化和“合乎人性的”需要依然付之阙如。

非物质劳动或曰生命政治劳动开启了新的劳动生产和社会交往模式，其在资本一体化统治上打开了差异化和多元化的缺口，身体既向至高权力屈服又注重个人自由的双重取向，使其在对私有制的扬弃和对共有性的重构中重启了超越资本逻辑的改革议程。马克思指出，“全部生产集中在联合起来的个人的手里的时候，公共权力就失去政治性质。”③而生产力的跨越和随之而来的解域化的行为方式为社会力量的集结打开了新的可能。在这一过程中，劳动主体开始具有了自觉的反抗意志，并在更高的生产力水平上将原本相分离的 bios 和 zoē 相结合，巩固和扩大联合的“社会力量”，进而从前提上翻转私

① 《马克思恩格斯全集》第 3 卷，人民出版社 2002 年版，第 213 页。
② 《马克思恩格斯文集》第 1 卷，人民出版社 2009 年版，第 542 页。
③ 《马克思恩格斯文集》第 2 卷，人民出版社 2009 年版，第 53 页。

有制，正如马克思所指出的，“无产者只有废除自己的现存的占有方式，从而废除全部现存的占有方式，才能取得社会生产力”①。其次，释放自由劳动和自由发展的时间，使劳动不再是为了财富、资本增殖或物质消费等其他外在目的，使劳动力的活劳动不再受外在必然性的左右和强制力的支配，使劳动本身成为目的，全面推进以人类劳动实践为第一目的和需要的人的生命解放和自由发展。最后，从立基于资本之上的资本主义制度入手，资本只是表面上看似是人类掌控的自然调节的杠杆，实质上它是一种惩戒人类的社会工具，我们服从的是社会性的资本的调子和资本机械的节奏，而不是自然必然的自由。要对资本的假象进行识破并进行革命变革，就要求我们将“变革的头脑”和“革命的力量”相结合开启“变革现实”的社会历史实践，而这一过程是漫长的、充满荆棘和险滩的，经历这一历史性的过程转变，资本辖制下的“对立性发展”将被超越资本逻辑的“和谐性发展”所取代，与之相适应，个人在科学、艺术等方面的全面性也将得到释放发展。

总之，马克思资本逻辑批判思想以资本为主题，以“个体”“类”的生命本质为基轴，内在地包含了人的生命解放和全面发展旨趣。掌握马克思资本逻辑批判的原则方法，结合资本现代性逻辑宰制下人的生产本质、生存现状和生活样态，发掘生命政治的文明面并探求其背后的隐秘权力和资本逐利规律，进而从根本上促进制度变革、推动历史发展和开展现实实践，是克服资本治理极限、跨越资本“历史终点”的新的革命性可能路径。

① 《马克思恩格斯文集》第2卷，人民出版社2009年版，第42页。

第十章　资本逻辑与新帝国主义

从某种意义上说，资本内在的裂度和张力影响着错综复杂的全球力量，规划和诠释着可能的世界秩序。资本最新的发展样态标志着我们正处于资本主义发展的最新阶段和遭遇着新帝国主义的时代主题，表现为：第一，伴随信用制度和数字技术的楔入，资本样态已经进入到金融资本和数字资本时代，资本样态的变化使其在资本主义的最新发展阶段能够承继资本对劳动等因素的控制和盘剥，在不断吸入全球化垄断租金的过程中维系和实现资本积累最大化的要求。第二，垄断资本主义阶段，新自由主义的全球铺陈影响和关涉着新阶段的全球化系统结构，新自由主义延续和发展着资本开辟的全球化等级结构，它的“秃鹫质性”在掩瞒资本主义致命矛盾的同时，也将资本与生俱来的遗传缺陷扩散到其他国家和地区，其结果必然是非对称和不均衡的，即处于资本核心地带的强势资本主义国家的“部分繁荣”和处于资本边缘地区的弱势国家的赤字衰退，以及由此带来的国际收支失衡和“全球衰落”。第三，新自由主义尤其是处于逆全球化时代的新自由主义在依凭资本传统力量进行统治的同时，又仰赖军事力量和政治权力以维护资本力量和为贯彻资本的全球化增殖意志扫除障碍，由此生发出新帝国主义时代新的政治—经济冲突命题。流变与固化、过剩与贫穷、积累与贬值、发展与危机、时间与空间等多维辩证法演绎建构了全球化的结构布局，同时，金融资本的“自体受精”和“空转循环”抽掉了资本统治的现实基础，其内在矛盾的撕扯对抗瓦解了新帝国主义统治的逻辑前提，形塑了与经济统治力量相反相成的超经济统治权能，其对危机左支右绌的应对能力昭示了新帝国主义的统治限度，在资本构序视角下把脉这一限度，是最重要也是最紧迫的时代任务。

一、资本动力学的全球化叙事

资本的本质是一种以利润为旋转中轴的关系、规则和机制，资本要实现积累增殖必须使其作为价值始终处在运动和过程的进行时态，正是资本作为价值"不顾一切"的变动性和"活跃运动"，证明了资本无法脱离"外部环境"实现"内部循环"的独特性质。哈特和奈格里指出，资本"若不能持续越过疆界，接受外在环境的滋养，便不能维持自身的生存。它的外界是基本因素"①。从这个意义上说，资本概念本身就内在地包含着扩张性本质和全球化趋势，其"内部循环"和"外部循环"的辩证互动逻辑使资本打破空间刚性和冲破区域壁垒，改写价值关系束缚和重铸综合体系架构，构筑资本无休止积累和无止歇增殖的全球开放的动力关系空间和网络架构。

首先，资本按照自己的"增殖抱负"塑造全球世界，这种"增殖抱负"从资本原始积累开始一直延续至今。在资本诞生的原始积累阶段，资本和政治权力是相互支援和互相壮大的，具体而言，在资本的诞生中权力和暴力为资本（经济）开路。一方面，在国内（以典型的英国为例），资本生产的增殖性要求撕裂前资本主义遗留下来的劳动者与生存资料之间坚固的"原初统一性"，单纯的资本力量无法打破前资本主义经济"牢不可破"的自我循环和自我满足的系统，于是，资本借助国家权力和政治力量为劳动者与生产资料的国内分离创造了前提，将被禁锢的剩余价值的创造者及其潜能释放出来，从而为资本准

① ［美］迈克尔·哈特、［意］安东尼奥·奈格里著：《帝国——全球化的政治构序》，杨建国、范一亭译，江苏人民出版社2003年版，第262页。

备决定性的源泉和“活的要素”。另一方面，在国外，资本的不安分和变动性要求打开被“自体循环”的自然经济禁锢的生产资料和劳动力市场，为过剩（相对于资本增殖需要而言）的商品生产找到倾销的消费族群和市场空间。而新生的资本和商品无力撬动国内外坚固的传统惯性和经济堡垒，于是，在真正的资本的诞生和发展史上，“征服、奴役、劫掠、杀戮，总之，暴力起着巨大的作用”①。马克思恩格斯指出，资本“使一切国家的生产和消费都成为世界性的了”②。资本按照自己的意向将自身生产和关系外部化，从而开启了资本全球化的最初级阶段，形成了资本全球构造的等级架构。资本在发达国家和东方国家、中心地带和边缘地区之间形成了资本经济力和政治强制力“双核”的结构，与资本的中心地带不同，边缘地区依然是按照旧例方式运行的资本的“他者体系”。不同的是，是被资本经济力和政治强制力“双核”裹挟的组成资本体系的非资本地带。在这一阶段，“资本的确与它的非资本主义环境相关，并依赖于后者，可它没有将环境内在化——或者说它没必要使环境资本主义化。外界依旧是外界。例如，黄金和珠宝可从秘鲁和南非获得，上好的甘蔗则完全可以从牙买加和爪哇得到，而这些社会与这种生产继续通过非资本主义的关系运行着”③。地域、文化、劳动力、生产资料和生产过程等非资本主义性质的环境要素被暴力和资本经济力强制性地归并到资本全球化的统筹之下。而这些臣服于暴力强制力和资本经济力的生产要素依然是非资本主义的，这些“飞地”构成了资本增殖的外循环系统，源源不断地为资本增殖扩张准备和输送所需要的必要条件。

在国家权力和军事力量为资本全球化布展开辟道路和扫清障碍的过程中，资本不断壮大自身的力量并且在经常性的发现和制造“他者”的过程中，

① 《马克思恩格斯全集》第44卷，人民出版社2001年版，第821页。

② 马克思、恩格斯著：《共产党宣言》，人民出版社2018年版，第31页。

③ ［美］迈克尔·哈特、［意］安东尼奥·奈格里著：《帝国——全球化的政治构序》，杨建国、范一亭译，江苏人民出版社2003年版，第263—264页。

也在潜移默化地按照自己的面容改造世界和创造新的世界关系，从而开启了资本经济力大行其道，国家政治权力尾随其后的新阶段。在“掠夺性积累”阶段即资本　帝国主义阶段，资本不断为自身的过剩寻找新的“投资处女地”。列宁指出，“只要资本主义还是资本主义，过剩的资本就不会用来提高本国民众的生活水平（因为这样会降低资本家的利润），而会输出国外，输出到落后的国家去，以提高利润。”①与初级阶段的资本主义——非资本主义的资本环流体系相比，这一阶段资本将外在环境要素不断整合并内在化为资本有机体的一部分，此时，过剩资本输出的不仅是单纯自身，更确切地说，它“所输出的是一种关系、一种会培育或复制自身的社会形式”②。进而言之，资本要将非资本的地域和力量纳入到自身体系中，将其变为资本体系的组成部分并遵照资本增殖要求的逻辑进行改造和重组，这就使资本的统治和作用的发挥不再依靠直接的非经济强制，而是依靠经济性的市场机制和市场引力，资本成为这些地区维持自身脆弱生存条件不可或缺的依赖因素。与早期的商品输出如出一辙，资本的输出扩散对于“资本洼地”来说，从来都不是福祉而是灾难。这种灾难用经济软强制和经济危机的方式将资本矛盾外在化和扩散化，并助推资本—帝国主义进入新的发展阶段。在新的阶段，资本实现剩余价值、价值率和剥削率等自身运作规则的历史性变化革新了资本的具体样态，使资本的具体运动逻辑也发生相适应的变化，并颠覆和改写了资本与国家政治主权之间的传统关系。具体而言，金融资本在第二次世界大战后以货币符号的形式窃据了世界货币的领导地位，这种领导地位一直延续到又一次世界经济危机的爆发。即直到20世纪70年代，世界经济危机引发了一系列反应，汇流成金融资本发展更大的进阶合力，一方面，为了应对经济萧条和能源危机，发达资本主义国家变革了已有的产业结构布局并缩减了制造业规模，开启了由中心到

---

① 《列宁专题文集　论资本主义》，人民出版社2009年版，第151页。

② ［美］迈克尔·哈特、［意］安东尼奥·奈格里著：《帝国——全球化的政治构序》，杨建国、范一亭译，江苏人民出版社2003年版，第264页。

外围的产业转移过程，两种作用力共同促发和加速了“去工业化”和产业空心化过程。另一方面，“去国家干预”、鼓励私有化、自由化和放松金融管制等经济救场和复兴措施迎来了金融大爆炸时代，由此，帝国主义发展也进入新帝国主义发展阶段。据此，阿伦特在描述19世纪六七十年代的“新型帝国主义”时指出，“帝国主义扩张已经由一种奇特的经济危机所引发，资本的生产过剩和‘多余’货币的出现，过度储蓄的结果，使得在国家内部不可能找到生产性投资的场所。权力的投资有史以来第一次没有为货币的投资铺平道路，相反，权力的输出却谦卑地跟在货币输出的身后”①。这一时期，资本经济权力某种程度上挣脱或超越了国家政治权力，资本的经济力成为为政治权力和权力的等级结构扫清障碍的清道夫和先行者，并出现了以信用异化和金融资本为主要表征的新型帝国主义形式。

在这一阶段，资本一以贯之地遵循自己的增殖需要再造整个世界系统。首先，金融资本使经济和政治的分离表现得更加清晰，金融资本的脱域化运动使资本的经济影响和价值增殖的覆盖半径远远超出了领土主权的政治控制范围。其次，金融资本去除了最后一点直接生产性和与实体经济关联的痕迹，在金融自由化、金融创新、金融衍生工具和信用制度的联合催化下，金融资本以惊人的速度实现积累和积累盈余，特别是金融投资和主权债务模式使金融资本彻底成为完全牟利、投机和欺诈的工具，金融资本蜕变为投机资本。再次，基于资本主义全球擘画的需要，金融资本与国家权力深度联盟与媾和，“构成了‘秃鹫资本主义’的利刃，无论在实行灭绝人性的行动或对其他国家实行强制贬值方面，还是在致力于取得和谐的全球发展方面，这种‘秃鹫资本主义’都是无所不用其极的”②。这种金融秃鹫不仅形成了从发达到欠发达、从顶级

① 转引自[美]戴维·哈维著：《新帝国主义》，付克新译，中国人民大学出版社2019年版，第84页。

② [美]戴维·哈维著：《新帝国主义》，付克新译，中国人民大学出版社2019年版，第78页。

到底层、从中心到外围的金融层级结构，而且使后者再度陷入到更加残酷的金融掠夺和蚕食的境遇。由于这种境遇混杂了千丝万缕的经济、政治、社会和意识形态的因素，因而要想正确识别、挣脱和改变现实状况，要比单纯挣脱直接露骨的武力压迫更艰难。最后，货币无锚化时代到来，资本与政治权力断章失衡，哈维指出，"在任何地方、任何时候，只要新自由主义政策掌权了——这些政策在地理上的扩散是非常不平均的——收入和财富极其悬殊的差距就会随之出现"①。国家权力与金融资本之间上演着合作—博弈的不同"戏码"，构筑了差异化和等级化的全球治理模式，并笼罩上了一层差异化和依附关系的牢不可破的"密网"。20 世纪 80 年代以来，新自由主义的暗流涌动造成财富在高收入国家和低收入国家的进一步极化，私人财富的圈地运动不断侵占公共财富的份额并以级数形式获得扩大膨胀。有数据表明，"1980 至 2016 年间，全球最富有的 1%的人获得了总收入累计增长的 27%。"②如此大的数字鸿沟和贫富落差折射出新全球化时代金融垄断资本的侵占和掠夺本性，同时也使金融资本与政治权力潜在的矛盾显现出来。一方面，金融资本按照自身规则和自身机制建造起自身运作的体系，这一体系以资本固有的规律保持相对独立的运行。另一方面，资本规则和资本价值向国家的政治权力结构发出异质性的反抗讯息，资本的统治表现出超越国家政治权力和主权形式的倾向，这种内在的不对称和差异显示了新型帝国主义相对于传统形式的不同特征，同时也昭示了它的矛盾限度。

二、金融资本构序下的新帝国主义

学界在关于新帝国主义的界定中普遍达成了两个方面的共识：一方面，新帝国主义是帝国主义的新阶段，它仍处于垄断资本主义的高级阶段，对世界经

① [英]大卫·哈维著：《资本的限度》，张寅译，中信出版社 2017 年版，第 7 页。

② 鲁保林：《新帝国主义的形成、特征与积累模式》，《教学与研究》2021 年第 3 期。

济生产体系起支配和控制作用的依然是资本和资本的力量。另一方面,新帝国主义是对资本主义全球化的一种回应,新帝国主义是对经济全球化体制的一种别称,它延续和确保着全球化框架下的资本剥削和资本积累。正因为新帝国主义的历史渊源,应对当代新帝国主义遭遇可以追溯到马克思对虚拟资本的论述,马克思的虚拟资本思想为理解当代新帝国主义问题提供了致思逻辑和重要启发。马克思认为,在以交换价值为目标的商品生产——交换的体系结构中,货币资本逐渐结晶为人们追求的单纯交换价值,从 G 到 G′(G+△G)的中介过程和中间环节日益倾向于被缩短或取消,资本获得表面上的独立形式。资本积累使剩余资本时刻处于贬值和丧失价值的危险边缘,因此,资本一方面借助信用机制打破对立的、失衡性质的资本增殖极限,从而将资本自由和现实自由推至新的可能高度和发展程度。另一方面,借助于信用机制的杠杆作用,小资本集中壮大成为大资本,为资本进行更大范围的时空转移和地理扩张提供了基础,更多的资本能够被消化吸收从而实现价值和价值增殖。同时,信用也具有双重效应,一则信用创生了股份制、垄断企业和联合工厂等新生产方式可能的过渡形式,推动了生产力和生产方式的重大革命性变革。二则信用使"'货币资本'的最大部分纯粹是虚拟的"①。而且信用异化也使"资本主义生产的动力……发展成为最纯粹最巨大的赌博欺诈制度"②。这就为金融资本的形成奠定了基础,也为更严重的经济危机埋下了隐患。

金融资本助推资本主义进入高阶的帝国主义阶段,同时也赋予金融资本以独特的帝国主义性质,表现为资本—帝国主义发展和全球权力机制构序的不平衡性,也就是说,金融资本已经和资本的帝国主义扩张不一致了。具体而言,在早期阶段,资本的建构和全球化扩张是以主权国家和政治权力为后盾支撑的,但是资本增殖运动的无限性和主权国家政治版图的有限性之间的矛盾是始终存在的,这种矛盾在金融资本无限制的运动中凸显出来。一方面,金融

① 《马克思恩格斯全集》第 46 卷,人民出版社 2003 年版,第 533 页。

② 《马克思恩格斯文集》第 7 卷,人民出版社 2009 年版,第 500 页。

资本无限化的运动始终具有不断摧毁内外限制的冲动和需要，金融资本无疆化要求与固定的社会结构和僵化的统治原则相冲突。现阶段，金融资本既需要国家主权的协助又要求按照自身的逻辑重新塑造新的社会秩序和关系网络。另一方面，主权国家和政治力量的作用并没有消亡，不仅没有消亡，金融资本比任何资本的历史形式都还更需要主权国家和政治力量为其保驾护航，即金融资本需要民族国家为其"提供一整套详细的以强制力量为后盾的法律与组织框架"，"来维持资本主义所有制关系，及其错综复杂的契约机构和金融交易"①。可以看出，金融资本主导和左右着资本—帝国主义时期的全球权力秩序格局，但却不能完全决定。相反，金融资本的全球化权力布展依然和国家主权权力胶合在一起，彼此以对方为前提和巩固的手段。但同时，各资本—帝国主义国家中的金融资本的力量和国家主权的力量并不是均等和完全协调一致的，出现了金融资本—国家主权之间不等化和不均衡的力量组合，表现为强势的金融垄断资本与强势政治主权架构之间的冲突和对抗，当下，"民族国家的帝国主义正在衰弱，但资本的帝国主义却在相反的方向上逐渐增强"②。

新帝国主义实践的吁求伴随着金融资本全球化的凯歌行进而不断加强。具体而言，金融资本在20世纪70年代布雷顿森林体系瓦解后获得了飞跃式发展，美元作为世界货币符号继续调用和窃取全球资源拱卫美国的霸权地位。它通过"在全球发行美元、国债、股票以及大量金融衍生品这样的虚拟渠道，使全世界的实体资源（自然资源、劳动资源和资本资源）不停地流进美国"③。金融资本美元与黄金的脱钩以及全球"无锚化货币"时代的到来，加速了资本个体化、分散化的全球化地理运转，资本分子化运动的撞击在力量抵消中也强化了某种总体趋势。国家的制度安排对资本积累起到了不可忽视的重要作

---

① ［加拿大］埃伦·M.伍德著：《资本的帝国》，王恒杰、宋兴无译，上海译文出版社2006年版，第7页。

② 李胤、王庆丰：《"新帝国主义"与"帝国"的主权之争——当代资本主义的统治形态及其批判性反思》，《求是学刊》2019年第2期。

③ 杨圣明：《美国金融危机的由来与根源》，《人民日报》2008年11月21日。

用。对于新自由主义来说,金融资本是其进行权力的资本主义全球化布展的重要工具,金融资本在“普遍幸福生活”的名义下,通过推行市场开放和自由贸易等自由化和市场化规则而打破空间刚性和确立全球普遍认同。但是在这一过程中,金融资本的流动性和杠杆化使其日益成为“难以把握”和“容易失控”的范畴,资本主义越来越以单纯的消费者信心为生,金融资本脱离实体经济失控式的空转循环加剧了资本主义经济的投机性和全球经济生态的险恶性。金融危机爆发后,“贷方应为自己的鲁莽的投资造成的损失埋单,但国家却很大程度上帮助贷方免于损失,反倒是借方要不计社会成本负责偿清”①。政府使金融大鳄“正反双赢”的利益保护和补救托底的手段,使得金融危机不仅没有改变和破坏既有的大金融资本家的垄断集团利益,相反,却使其“实际上成了经济权力和政治权力在精英手中加速积聚的最佳手段”②。政治被经济操控、腐化和侵蚀并不得不向金钱俯首称臣,不平等、“民主骗局”、弱势群体的利益损失和社会裂变也急剧扩大。

这种国内政治—经济的组合方式在全球化的运转中却导致了不同的政治经济过程。在全球范围内,新帝国主义通过资本的分子化运动,“通过日常的生产实践、贸易、商业、资本流动、资金转移、劳动力迁移、技术转让、货币投机、信息流通和文化冲击等,流入或流出领土实体(例如国家或区域权力集团)”③。从而实现了金融资本全球化的非对称交换关系以及资本权力的“发展与繁荣”。金融危机搅乱既有资本利益格局时,“资本优先”让位于“国家至上”,一些资本主义国家出现向政治、军事和外交返回的倾向,表征为政治权力上的帝国主义“邀请”,试图矫治金融资本双重价值丧失以及资本主义与帝国主义的错位和不和谐,从而保证资本主义国家政治权力控制的“秩序和稳

① [美]大卫·哈维著:《新自由主义简史》,王钦译,上海译文出版社 2016 年版,第 214—215 页。

② [英]大卫·哈维著:《资本的限度》,张寅译,中信出版社 2017 年版,第 30 页。

③ [美]戴维·哈维著:《新帝国主义》,付克新译,中国人民大学出版社 2019 年版,第 17 页。

定”。由此，“资本利益和国家利益的一致关系在资本主义的全球化征程中被解构，……资本主义并不意味着一种帝国主义”①。

三、新帝国主义挥之不去的治理极限

资产阶级与国家、政治家与资本家、国家利益与资本利益的动态重组昭示了资本主义与新帝国主义的不一致关系，反映了“资本的限度”以及新帝国主义作为资本主义外在形式与生俱来的治理极限。

金融资本的无锚化和空转化使货币资本失去了现实基础，而且金融资本和货币体系背离实体经济的虚假繁荣已经使它由实体经济的发展助力退化为反噬实体经济甚或完全的掠夺和诈骗的手段。哈维一针见血地指出，“大多数在华尔街发生的事情都和促进生产活动的投资毫无关系。这些事情只是纯粹的投机行为（因此把它称为‘赌场资本主义’甚或‘秃鹫资本主义’）。”②金融资本抽象化的偏畸发展，汲取了大量本该用于先进制造业、非金融部门和其他实体经济领域的资金，造成“产业空心化”和“去工业化”的不良趋势。金融部门和国际金融体系成为决定全球经济发展趋向的支撑力量，生产逻辑向赌博投机逻辑的让位使资本的利润红利源源不断地流入“金融赌徒”的腰包。金融资本的“投机性劫掠”说明资本全球化关系中金融垄断资本家阶级、“超级大国”和“国际金融体系”与广大无产阶级“诸众”和其他“纳入性排除”主体之间不可调和的矛盾，这种不平衡和矛盾也透露出资本借贷型经济增长模式和全球套利结构的脆弱性、风险性和不可持续性。

通过国际货币基金组织、世界贸易组织和世界银行等组织机构在全球范围内推行市场化改革和自由贸易合作，金融资本使世界保持足够的开放以为

---

① 谢亚洲：《马克思“殖民地谜题”与新帝国主义的当代困境——资本主义现代性及其时间性主体的重建》，《甘肃社会科学》2020年第4期。

② ［美］戴维·哈维著：《新帝国主义》，付克新译，中国人民大学出版社2019年版，第76页。

其国际化和一体化的自由生产和流通奠定环境制度基础。不仅资本主义的生产、消费、交换和分配总是处于失衡状态，而且全球的生产关系也从未处于平衡状态。金融资本的“掠夺性积累”使世界处于一些地区富有和一些地区贫困以及贫困地区源源不断为富有地区的投机冒险埋单的境地，可以说，“掠夺性积累”已经成为全球资本主义的核心特征。使势态更为严峻的是，金融资本还获得了独立发展的“主体性”，它控制全球化的生产流通并形成巨型跨国垄断公司，它支配全球化的产业链、商业链和价值链并形成新型的国际化产业商业垄断，金融资本还掌控最新的交通通信、信息技术和知识产权，最大限度地创新了垄断形式。最主要的是，金融资本“以多种方式创造了他们自己的网络和跨区域的运作框架，通过利用亲属关系、移民社区、宗教和种族的纽带以及语言去创造独立于国家权力机构的资本主义活动的复杂空间网络”①。以此全方位地、深入式地、渗透化地维护金融家、食利者和跨国公司总裁的利益。

新自由主义“标榜私有制，反对公有制；主张自由化，反对政府干预，提倡自由市场和自由贸易；制定严苛的政策以重塑或巩固资本家所有者阶层的权力”②。在缓解和击退经济危机的过程中，新自由主义牺牲了普通大众的利益来承担社会风险和拯救金融银行业。“至于在生产领域受到的威胁，美国的应对方式是通过金融领域来维持自己的霸权。”③新自由主义通过金融风险的碎片化给世人造成风险消弭的误会和错觉，却在使“想象中的金融资本大行其道”的同时，扩大了华尔街在世界范围内的政治统制力和危机波及力。同时新自由主义仰赖消费、支配、强制和“非零和博弈”等打压手段维持其领导权地位，并靠政治、外交和军事力量去推销资本无限积累的全球化原则，以对

① ［美］戴维·哈维著：《新帝国主义》，付克新译，中国人民大学出版社 2019 年版，第 54 页。

② ［美］大卫·哈著维：《资本之谜——人人需要知道的资本主义真相》，陈静译，电子工业出版社 2011 年版，第 9 页。

③ ［美］戴维·哈维著：《新帝国主义》，付克新译，中国人民大学出版社 2019 年版，第 36 页。

抗共产主义浪潮的冲击和维持其“不可撼动”的霸权和主导地位。由于“政治权力通常是由强制、模仿和经由认同的发展而行使领导权的某种不稳定的混合物构成的”①。依靠不稳定的军事强制和要素“混合物”实现帝国幻想的单边主义行动，对已经丧失生产领域主导权和金融领域支配权的霸权体系来说无疑是具有挑战性和危险性的。

对于资本增殖和资本积累而言，地理扩张和空间重构成为剩余资本寻求可盈利方式的选项，帝国主义的资本主义逻辑要求长期性的固定资本（主要是社会性和物质性的基础设施）以在空间关系重构中满足资本积累的“永恒渴求”。但是，“虽然投资到土地中的固定资本促进了其他形式的资本和劳动在空间上的流动，但是为了实现自身的价值，它还要求空间中的相互作用遵循其投资的固定地理模式。这样做的结果就是，嵌入土地的固定资本……变成了地理转化迁移的重要阻力”②。固定资本投资的“地理惰性”在助力资本价值实现的同时对冲了发达资本主义国家资本增殖的部分红利，同时也充当了后发国家和地区“赶超发展”的不自觉工具。“赶超发展”在“资本空间化”和“空间资本化”的双重培育下打破了固有利益分配格局，实现了利益主体分异。对于“后发崛起”和利益主体的重新洗牌，传统的资本主义分配方案难以为继，帝国作为可能的政治选项在“和平自由”的布道和“石油控制”的威吓下“反击全球经济中的任何权力转移”和维持军事的绝对优势力量。既有的霸权统治地位需要资本主义逻辑与领土逻辑之间的微妙平衡，但是帝国主义的资本主义逻辑与领土逻辑之间形成了一种高度紧张的关系，“权力的资本主义逻辑将会把……权力的领土逻辑撕得粉碎”③。“新自由主义被自身的内在

---

① ［美］戴维·哈维著：《新帝国主义》，付克新译，中国人民大学出版社 2019 年版，第 25 页。

② ［美］戴维·哈维著：《新帝国主义》，付克新译，中国人民大学出版社 2019 年版，第 59 页。

③ ［美］戴维·哈维著：《新帝国主义》，付克新译，中国人民大学出版社 2019 年版，第 46 页。

矛盾深深地撕裂了。”①这种发自内部的撕裂昭示了新帝国主义资本治理的悖论和限度，即美国强大的经济实力和竞争力以及金融资本的强大体系为新自由主义在全球范围大行其道的套利运动打开了方便之门，借由这种便利，让美国发展走上了借贷型透支化的发展道路，其成本代价和危机风险伴随金融资本的自由流动也得以扩散和转嫁，加重了全球经济发展的危机风险。而且，强大的经济实力的稳固和金融资本体系的维系归根结底要靠制造业等实体经济的扎根维护，不事生产、专务增殖的资本嗜好既会抽空经济发展的基础，扭曲经济结构和恶化资源配置，又会恶化资本增殖的外部环境和阻断资本流动，从而撼动金融资本支撑的新帝国主义的国家地位。虽然固定资本投资和“空间修复”等手段为危机的暂时缓解提供了支持，但同时，后发国家的经济借由固定资本投资等机会得以提升和发展，又会反过来挑战资本权威和资本统治，加之，资本和政治的悖逆会更加加剧这种危机和限度，成为它无法超越的限制。

四、结　语

列宁曾用“垂而不死”论述帝国主义的特征，虽然当代帝国主义在政治、经济、文化、技术等诸领域“治理技艺”的协同改革使其在短期内推延了全面性的统治危机，但列宁对帝国主义发展特征和未来趋势判断的科学性和适用性仍然没有变，资本主义的新帝国主义阶段依然处在资本逻辑的治理限度之内。

在全球化的金融资本时期，“‘债务陷阱’一跃成为掠夺性积累的首要方式”②。债务危机已经不是主权债务的减少而是增加，是在资本积累重心转移条件下被精心设计出来的危机制造和财富再分配方式，资本通过债务危机的

① ［英］大卫·哈维著：《资本的限度》，张寅译，中信出版社2017年版，第11页。

② ［美］大卫·哈维著：《新自由主义简史》，王钦译，上海译文出版社2016年版，第171页。

"掠夺性积累"不断将贫穷国家的财富输送和转移到富裕国家。但是,全球化是流动不居的,伴随着全球市场、生产流水线与国际资本的形成,全球化的秩序、一种新的规则的逻辑和结构正在涌现。"失落的霸权"和悖反式的短期救场方案显示出"控制力量背后的内在脆弱,尽管它在表面上仿佛拥有彻底的霸权"①。因此,推崇绝对权力和绝对利益的逆全球化就成为抵逆"去优势化"的制度惰性和"去中心化"的规则内卷的无奈的倒退选择。

事实上,从更深层次上说,逆全球化是对金融资本增殖要求的回应,但是金融资本增殖遇到"掠夺性积累"的限制,而新帝国主义"把这些限制提升为最普遍的形式",从而将资本主义内在矛盾扩散和转嫁到全球及其他地区国家,"资本主义内在矛盾的表达方式现在是资本主义愈发戏剧性的不平均发展和阶级关系的彻底结构转换"②。在金融资本的拥有国,资本战略在潜移默化实现分散生产的同时,也实现了利益的多样化,而利益的多样化必然带来组织形式和行动方式的多样化,"工人贵族"和传统意义上的无产阶级相比在团结意识和斗争精神上都发生了重要"退化",他们用政治上的冷漠表达对"和平现状"的妥协。在金融资本的"流失国",则形成了复杂的依赖、屈从和反抗的情况,新的力量崛起正挑战着传统的制度关系和积累体系,资本积累"内忧外患"。从长期来看,金融资本无法消解内植于自身的矛盾,无法挣脱自身与生俱来的束缚和限制,反而将"资本的积累"汇聚表现为"危机的积累",因而围绕解决危机而展开的一切救治举措最后却造成和加剧危机的繁复叠加。马克思认为,资本主义的"核心矛盾在于……金融体系(信用)与它的货币基础之间"③。金融资本即使没有现实基础,也可以继续流通并实现增殖,金融资本挣脱了货币基础因而获得了最大限度的增殖,而这又导致了资本"去现实化"的系统危机。对危机的克服和治理要求重新回归到货币基础上来,这意

① [英]大卫·哈维著:《资本的限度》,张寅译,中信出版社 2017 年版,第 491 页。

② [英]大卫·哈维著:《资本的限度》,张寅译,中信出版社 2017 年版,第 454 页。

③ [英]大卫·哈维著:《资本的限度》,张寅译,中信出版社 2017 年版,第 458 页。

味着必须刺破“虚假繁荣”的七彩泡沫和舍弃繁荣阶段取得的大量虚拟资本，这与资本最大限度增殖的本性相抵牾，资本失去其内在的规定性就不称其为资本了。所以说，资本的限度注定了新帝国主义的治理极限，新帝国主义的未来出路潜藏在超越资本逻辑的一种根本不同的制度和道路可能性之中。

第十一章　资本逻辑与数字技术

数字技术的崛起使数字技术与资本的共契耦合成为当代资本主义经济社会发展的最新现实，由此形成的数字资本也成为超越产业资本和金融资本的资本发展的最新样态。数字资本在增殖和积累的过程中不可避免地产生垄断的自发倾向和数字资本权力，数字资本权力控制引致了一系列消极异化后果。数字资本逻辑的政治经济学批判在厘清数字技术崛起的全面影响的基础上，从历史唯物主义的视角发掘数字资本的出场逻辑，阐明数字资本的异化后果和消极影响，并在现实性和可能性之间，尝试给出消解危机的解放策略和可能路径。

一、数字技术的崛起及向社会的全面渗透

与其他重要的线索一样，技术也是资本主义生产的核心，资本主义开创的不同以往生产方式最本质和最突出的特点就是以资本为中轴的商品交换。交换由最初独立化、偶然性的形式变为依赖性、经常性和必不可少的满足需要的环节，经济主体由自给自足变得要全面面向和仰仗市场，与之相适应，商品生产也要全面转向和依赖市场。在商品市场容量没有饱和，自由是最主要竞争形式的初级阶段，商品生产厂商和资本家为了在竞争中获得比较优势，首要的

竞争手段就是提高技术水平,进而在全社会商品价值量衡量标准没有发生变化的前提下,依靠减少单位商品所蕴含的个别劳动时间或增加单位生产时间内生产的商品总量的办法,赢得与其他商品竞争者的比较优势,进而在与其他商品生产主体相比获得高额利润。但是这种高额利润的获得并不是一劳永逸的,随着其他商品生产主体也跟随进行,原先的比较竞争优势将恢复到一般水平,这样,如果想持续不断地获得超额利润,就必须给予技术变革以持续的关注度和行动力。

在真正的资本主义机器大工业阶段,技术以机器和机器体系的方式造成了适合资本增殖和资本主义的生产方式和工艺应用,机器的应用一方面简化和降低了对劳动者的技术熟练程度的要求,使生产由依赖熟练工人变得越来越离不开机器,女工、童工等非熟练劳动力进入劳动力市场,与机器形成共同的排斥力,排挤成年男工和技术熟练的工人。另一方面,机器剥夺了拥有核心技术的劳动力对生产节奏和生产整体的支配权和决定作用,商品生产的主导权由劳动者手中旁落到资本家和管理者手中,劳动者在生产中沦为被动的普通元素,甚至是随时可以被替代的机器零件。可见,表面上是客观的、纯粹中立性质的技术创新和技术变革,但是在其背后隐藏着深刻的经济要因,即资本的所有权、资本的盈利能力以及资本与劳动者之间的不对等关系。从这个意义上说,表面上的技术改造实际上反映和折射的是深层的资本和资本逻辑,一种独立于简单技术变革的利益关系和结构。

技术的波及力和影响力伴随数字化时代的到来得到全方位的提高和强化,马克思指出在新生产力的创生和发展中,人们将随之改变自己的生产方式和谋生方式,而随着生产方式和谋生手段的变化,一切社会关系也就发生了全面改变。因此,新生产力的这种波及力和影响力从肯定的方面来说,首先表现为数字技术成为人们实践交往的重要中介。由于信息技术的普及和网络化的蓬勃发展,实践的主体和客体之间打破具体的空间硬度和范围限制,借助数字化中介系统在虚拟空间进行双向对象化活动。今天,数字化技术借助数字基础设施用时间去消灭空间的交往模式不仅适用于远距离的交流，毋宁说它也成为近距离交往、办公、沟通的最普遍、最常见的形式。数字技术引发了生产力和生产方式的全面变革，因而随之也变革了人们的交往方式和社会关系。在经济领域，数字技术催生了经济创新发展的最新业务模式——平台，数字平台模式向整个经济体系领域的扩展就形成数字经济。数字经济对数据和信息技术的依赖度越来越高、越来越强烈，它不仅横跨传统的制造业、采矿业、地产、原材料、交通运输业、服务业和电信业等，而且还囊括新兴的创新科技（如大数据、物联网和云计算等）、新服务（如跨境电商、在线教育和远程医疗等）和新基建（如5G、人工智能、特高压、智能交通等）。可以说，数字技术和数字经济对当今绝大多数经济体都至关重要。在生活领域，数字技术成为人们吃穿住用行的载体平台，网络订餐、网络购物、线上订房、订车订票软件以及微信、支付宝、云闪付等数字化支付手段早已成为人们每天生活须臾不可离的关键工具。总之，数字技术无孔不入，它越来越多地产生数据，在浏览娱乐网页和使用搜索引擎的时候，在读电子书和处理网络图片的时候，在发电子邮件和网上办公学习的时候，在进行视频通话和社交媒体互动的时候，在进行网络购物和时尚服饰穿搭的时候，在工作、医疗、休闲度假的时候，产生了一种以一般数据为存在样态的数字资本。在政治领域，数字技术的崛起和普及昭示了一种新型的技术——经济形态和权力操控机制。数字技术在当代资本主义社会已经发生了重要的变化，即随着数字技术的深化和数字技术与整个社会互动融合的程度加深，数字技术的作用根本改变了。分散的数字技术合成了一个集体的海量的数字技术巨头。数字技术为人们生产生活、交通出行和经济发展注入了动能活力和提供了便携便利，看似是附属和服从于人们的需要的中立的、纯粹技术性的业务，起着完全辅助性和补充性的作用。而当这种数字技术的范围无穷扩展和深度无限加深的时候，就会产生垄断和监督的力量，这就是数字技术权力。克里斯蒂安·福克斯指出，大数据资本主义时代“已经出现了政府监视与大工业相结合的‘监视——工业联合体’（surveillanceindustral complex)……对大数据的收集、存储、控制和分析因为受到了政治经济利益的驱使,其目的是实现对个人的经济和政治掌控"①。因此,我们需要在资本宰制下的大数据资本主义的幕布背景下认识数字技术,也需要在数字化技术的转型中审视以数据和信息商品化为中介的新型资本积累,进而在数字和资本的绞合共谋下辩证地批判资本逻辑。

二、数字与资本共谋下数字资本的运行逻辑

数字资本的出场是以历史线索为参数的,对数字资本的剖析需要放在历史唯物主义的框景下进行考察和诊断。数字与资本的共契耦合是双向互动的过程,一方面,数字技术的萌生本质上是为了缓解资本竞争压力和化解资本增殖的困境。20 世纪 40 年代以后,福特制大规模生产和流水线作业形式完美实现和展示了泰勒的效率原则,通过改良劳动工具、改进工作方法、节省劳动时间和提高绩效奖励等手段极大地提高和整合了资本的生产力,创造了美国制造业超越其他国家的巨大辉煌。但同时,这种制造业辉煌很快以 20 世纪 70 年代全球性的资本积累过剩危机和石油危机的惨淡结局收场。究其原因,20 世纪五六十年代,日德制造业的迅速崛起及其价格优势削弱了美国制造业的竞争力,高昂的固定资本费用无法在激烈的制造业竞争中继续维持美国制造业的盈利水平。生产模式的追随模仿和生产要素的环节精简等举措增强了企业的核心竞争力,反过来,这些技术改造的努力遭到了既有竞争对手(日德)的反击和新进竞争对手的稀释,结果产生了持续的价格下跌压力和产能过剩危机。这一系列连锁反应通过金融领域的汇率调整蔓延和波及到其他国家和地区,最终酿成了 20 世纪 70 年代的那场全球性经济危机。到 20 世纪 90 年代,为了应对持续低迷的经济状况而向极度宽松的货币政策和互联网基础

① [英]克里斯蒂安·福克斯著:《大数据资本主义时代的马克思》,罗铮译,《国外理论动态》2020 年第 4 期。

设施的转向又酿成了互联网行业的泡沫，“美国正在毅然放弃制造业基础，转而将‘资产价格凯恩斯主义’视为最佳可行的选择”①，这种选择最终导致美国的房地产泡沫和再一次波及全球的2008年金融危机。为了扭转经济危机的危局，数字技术和互联网得到了超出以往的指数级的新发展。可见，数字技术的发展是长期趋势和经济周期性运动的产物，数字技术“不可遏制地追求的全面性”在今天和资本“不可遏制地追求的普遍性”实现了最大限度的合流，这种合流“对资本来说并不是偶然的，而是使传统的继承下来的劳动资料适合于资本要求的历史性变革”②。因此，数字技术与其他技术创新本质上并无二致，在资本时代，它的本质是资本增殖技术，它的使命是满足资本增殖和资本统治的需要。资本的最大本质是在持续增长和永恒运动中不断实现价值增殖，而生产剩余价值尤其是“生产相对剩余价值是生产技术创新和组织变革的不竭动力”③。因此，对数字技术发展最正确的解读方式是将其放在资本演化的谱系结构中，舍此，无法正确把握数字技术的本质内涵、运作逻辑和综合效果。

（一）前提——数字生产资料和数字资本的所有权问题

马克思在论述“固定资本”时曾指出，随着作为固定资本的“机器体系”发展到最高阶段，“知识和技能的积累，社会智慧的一般生产力的积累，就同劳动相对立而被吸收在资本当中，从而表现为资本的属性，更明确些说，表现为固定资本的属性”④。固定资本表明技术被纳入资本的剥削范围和资本的积累模式，它的扩大发展使资本能够最大程度地占有社会的“一般智力”和“一

① ［加］尼克·斯尔尼塞克著：《平台资本主义》，程水英译，广东人民出版社2018年版，第39页。

② 《马克思恩格斯全集》第46卷下册，人民出版社1980年版，第210页。

③ ［美］大卫·哈维著：《马克思与〈资本论〉》，周大昕译，中信出版集团2018年版，第169页。

④ 《马克思恩格斯全集》第46卷下册，人民出版社1980年版，第210页。

般生产力”，也最大限度地增殖和膨胀自身。如果我们以技术变量为前提，将对固定资本的印象由机器和“机器体系”移至今天资本主义发展的最新变化时，我们将捕获全景式的资本图画。比如，平台资本主义。它的代表人物斯尔尼塞克认为，“从最普遍的层面来说，平台是数字化的基础设施，使两个或两个以上的群体能够进行互动”①。毫无疑问，网络互动离不开物化的数字媒介，平台作为物化的数字媒介和数字化的基础设施，属于马克思所描述的固定资本的范围，因之，斯尔尼塞克接着指出了隐藏在自由背后的深层真相，即“资产阶级拥有这个平台”②，也就是说，透过数字化平台和网络界面的多种表象和物化形式，它的实质是资产阶级依然占有劳动条件和垄断生产资料，一般的劳动者个体是没有机会和条件拥有和介入这种新型生产资料的。而且“平台资本主义似乎有种内在的倾向，即通过提供以云平台、基础设施平台或产品平台的形式的服务提取租金”③。这就表明，当前，绝对占有和垄断数字生产资料资本家在双重意义上剥夺了最广大的数字劳动者——这些与马克思所言说的大机器工业生产条件下的工业无产阶级同病相怜的人。一方面，他们为资本无偿地创造了最具革命性、变革性和潜力性、发展性的“一般智力”，壮大了资本的先进的生产能力。另一方面，在不付成本占有“一般智力”的基础上，资本又拉起了一张强大的“伪—普遍性”的罗网和排他性的独占化屏障，收取了不计其数的数字劳动者的绝对租金，在不费分文的基础上再次巧妙地实现了更深层次的剥削。齐泽克在其著作《〈共产党宣言〉的相关性》中也一针见血地指出了问题的症结，他认为，微软制胜的法宝就源于“伪—普遍性”标准的确立和垄断，“他的手段就是向参与到被私有化和被控制的一般智力

① [加]尼克·斯尔尼塞克著:《平台资本主义》,程水英译,广东人民出版社2018年版,第50页。

② [加]尼克·斯尔尼塞克著:《平台资本主义》,程水英译,广东人民出版社2018年版,第55页。

③ [加]尼克·斯尔尼塞克著:《平台资本主义》,程水英译,广东人民出版社2018年版,第139页。

形式下的数以亿计的数字劳动的工人收取租金”①。可见,资本生产的前提和内核并没有发生实质改变,只是资本样态的变换使得资本积累和剥削具有了让人捉摸不定的玄妙形式。

(二)核心——劳动范式转化和数字劳动的物质性问题

论述清楚数字技术和平台的所有权归属的深层真相后,人们的思想迷疑并没有因此而完全解除,因为人们仍踟蹰和纠结于数字资本的另一端——数字劳动和数字劳动形式。马克思在论述资本主义商品经济劳动力交换形式上的平等与事实上的不平等时,对资本主义社会资本和劳动力之间的雇佣关系与前资本主义社会中的人身依附和暴力统治关系进行了对比,他指出,对于这一时期的工人劳动力来说,自由的限度在于选择 A 资本家出卖劳动力或者选择 B 资本家出卖劳动力,或者选择其他资本家出卖劳动力,但是失去生产资料一无所有的劳动力的自由中是不包括不出卖劳动力的权力的,只不过这种事实上的不自由被表面上的被动自由所掩瞒。今天,要识破和揭穿“自由的假象”和“隐匿的剥削”似乎要付出比以往更大的努力。

首先,劳动的范围变得“至大无外”。马克思曾将“同一空间”“同一时间”“同一商品”“同一指挥”等看作是资本主义生产的“起点”。今天,数字资本主义的发展远远超出了同一场域的传统生产模式,任何一个手持笔记本电脑、手机、iPad 等智能终端设备的灵活流动的人都有潜力成为为资本进行生产的数字劳动者。他们为资本节约了固定劳动场所这一重要支出项,而且冲破了空间硬度的限制,“用时间消灭了空间”,从而变相地增大了数字资本的力量。其次,劳动的形式变得“移花接木”。劳动的形式本质是主体的外化和客体化。在马克思的时代,劳动以高强度和强迫性的方式让劳动者明显地感到劳动的异化,因为它不是由自愿和投入驱动的劳动,而是强制和竭力要逃避

① Slovaj Žižek, The Relevance of the Commnunist Manifesto, Cambridge: Polity, 2019, p.14.

的劳动,是自我外化的劳动,“是一种自我牺牲、自我折磨的劳动”①。在数字化时代,除了一般传统性的劳动形式以外,一种自愿而又免费的数字劳动问世。这种新型劳动将娱乐活动劳动化,人们在浏览网页和网络冲浪中不是感到被强制和强迫,而是感到舒缓和松弛,不是感到痛苦和不幸,而是感到幸福和愉悦。因而在一种完全轻松而雀跃的情绪中被轻易地、不知不觉地由“知识性的消费活动”转化为“生产性的劳动活动”,这一接榫在没有硝烟的所谓“玩乐劳动”和“受众劳动”中变得理所当然。如对于“广告平台”来说,克里斯蒂安·福克斯指出,许多公司的社交媒体平台通过针对个人用户数据和行为的定向广告积累资本。人们可以把有针对性的网络广告解释为相对剩余价值的一种形式生产。在一个时间点上,广告商不仅像在非定向广告中那样向受众推送一个广告,而且可以通过数据监控和比较评估向受众推送定向广告,而且他们可以通过监控、评估和比较不同的用户兴趣和在线行为来向不同的用户群展示不同的广告。在传统的电视形式下,所有的观众在同一时间观看相同的广告,通过有目标的在线广告,广告公司可以在同一时间发布不同的广告,广告的效率增加了:与非目标广告相比,广告商可以在同一时间段内展示更多符合消费者兴趣的广告。那些广告公司的雇工和互联网用户,谁的生成数据和交易数据被利用,谁就由广告中产生了利润。广告的针对性越强,用户识别并点击广告的可能性就越大。最后,劳动的时间变得“无时无刻”。时间是衡量财富创造的尺度,马克思在论述资本价值增殖时将劳动时间划分为劳动者为自己的生活资料而进行生产的必要劳动时间和为资本家无偿进行生产的剩余劳动时间,我们可以从劳动时间泾渭分明的划分中,认清资本对劳动力的剥夺本质。反观今天的资本主义生产,资本增殖依靠模糊时间概念来最大化增殖自身,不管是传统的必要与剩余的划分,还是现在工作与娱乐、工作与休闲的时间划分都在这种模糊的时间界限中融为一体,工作与睡眠的时间的

① 马克思著:《1844 年经济学哲学手稿》,人民出版社 2018 年版,第 50 页。

划分代替传统的必要与剩余劳动时间的划分，依靠庞大的技术支持和精细的意识幻象，劳动时间不断挤压和蚕食非劳动时间，除去生物性的睡眠时间，其他全部都成为无间歇的工作时间。

可以说，“信息网络以一种前所未有的方式与规模渗透到资本主义经济文化的方方面面”①，它颠覆性地带动了政治经济学向数字化的转向，引致了诸如劳动范围、形式和时间的巨大变化。而透过数字技术带来的“变”，我们才能够发现其中的“不变”，它帮助我们透过繁芜丛杂的表象直达事物的内里，进而认清今天数字资本和数字资本主义究竟是何种意义和程度上的资本主义，我们究竟处在何种阶段和境地。

首先，资本增殖逻辑的本质没有变。资本积累的前提是资本家占有生产资料而劳动者失去生产资料。在数字时代，生产资料的占有表现为对网络、平台、信号基站、宽带等数字网络资源和数字基础设施所拥有的排他性所有权。数字网络资源的使用具有广泛共享性和价值增殖性，使其在出卖数字网络资源在一段时间内的使用权时，并不对其他购买者形成排他性权力关系，购买者仅仅购买的资源使用权也不对生产资料的所有权产生丝毫触动。不同的是，在其他条件不变的情况下，数字网络资源所具有的边际效益递增的质性特征可以实现最大范围限度的资本增殖空间。从数字平台之间的关系来看，相异平台和大小平台之间存在广泛激烈的竞争角力，其中，商品的使用价值即信息的内容交流被商品的交换价值即信息的“贡献流量”取代，这样就产生了数字平台的流量控制和网络效应。对数字平台而言，如果使用平台的用户越多，平台对其他人的吸引力和价值就越大，这样就形成了平台的规模效应和垄断倾向，即使用平台的用户和平台的价值之间形成了正向强化的往复循环，反过来，平台的价值越大，就会吸引更多的用户对平台感兴趣和进行使用，于是就导致了平台垄断的自然倾向。这种自然垄断倾向在数字平台竞争中必然产生

---

①　[美]罗伯特·希勒著：《数字资本主义》，杨立平译，江西人民出版社 2001 年版，第 5 页。

分裂极化后果,使大的数字平台对小的数字平台形成绝对竞争优势和相对控制。与传统资本竞争积累的结果如出一辙的是,数字平台所具有的巨大的转移成本、规模效应和网络效应,使得初创的小平台如果想突破大平台的强势垄断或者在市场上与大平台一较高下,就必须有有潜力的新技术或新的需要实现模式来加持。但是,有潜力的新技术和新的需要实现模式要想较为快速地扩散和获得市场认同,也离不开大平台的助力和推广。对于大平台而言,不仅具有良好的规模效应和拥有雄厚的资金,而且还具有小平台所没有的综合的竞争实力。而对于初创期的小平台而言,往往缺乏足够的流动资金和规模化的平台效应,小平台无力与大平台一争高下,只能在大平台的夹缝中求生存。除此之外,对大平台而言,其雄厚的资金和规模化的效应,使其"可以对小平台进行大规模的投资和并购。这就造成了初创小平台多被少数大型平台收购,或被纳入由后者大比例参股的嵌套型层级结构。在这种情况下,集中和垄断成为必然趋势"①。因此,小平台挂靠大平台"求生存"和大平台并吞小平台"求垄断",也在加强资本积累的过程中加剧了大平台之间的竞争,数字平台发展的这种必然趋势是资本积累数字化的逻辑必然。

其次,劳动创造价值的本质没有变。数字网络媒介上信息的交换价值来源于何处？如何理解？如何重新审视它与资本价值增殖的崭新关系？回答这些问题,需要重新回到价值创造的唯一源泉——劳动上,劳动的界说首当其冲。

数字技术和网络媒介时代催生了"观看即工作""收听即工作"等新劳动观念,产生了"受众商品""数据商品"等新物质景观。其实质是,受众在观看和收听大众媒介的节目时,将其"注意力""观看力"等相关数据售卖给媒体所有者。受众在使用新媒体技术平台进行观看和收听时产生了大量用

① 谢富胜、吴越、王生升:《平台经济全球化的政治经济学分析》,《中国社会科学》2019 年第 12 期。

户数据,包括个人身份信息、个人购物信息、个人嗜欲信息、个人潜在偏好、个人网页浏览记录信息等显性或隐性的全面信息,这些全面且海量的信息构成的庞大数据库资源对广告商来说是最具价值的商品。因此,受众这种活动本身就成为“劳动”。受众的劳动时间就是他收听和观看视频的时间,这种整体性的劳动时间分为“必要劳动时间”和“剩余劳动时间”,观看广告的时间构成受众的“剩余劳动时间”,观看其他视频内容的时间组成受众的“必要劳动时间”,广告时间即“剩余劳动时间”是受众再生产自身受众力不得不付出的时间成本和代价。为了最大化增殖数字资本,媒体所有者或者绝对延长受众的观看时间,以此进行绝对剩余价值的生产。但是这种生产剩余价值的方法受到人的注意力和关注度的时间限度限制,超过这一限度,极易引起受众的反感和不适,因而有失去和减少受众的风险。为此,媒体所有者在原有观看时间长度,改变时间比例分配或广告时间强度,使其在相同时间内达到相同甚至更强的广告功能。“由此,我们不难发现,受众劳动不可避免地被裹挟到资本的积累与增殖逻辑之中。”①而且,由于数字资源的边际效益递增和“受众商品”所有权的消解褫夺,在商品交换过程中,数字资源在频繁的商品让渡中不断增殖,而受众的劳动在重复的商品交换中越来越作为无酬劳动被资本所有者占有,受众商品的所有权规律转变为数字资本的占有规律。

总之,资本积累是由一系列要素条件构成的整体性的增殖体系和动力系统,“技术、与自然界的关系、社会关系、物质生产模式、日常生活、心理观念和制度框架”②等构成了资本增殖和积累的综合要素系统。在这一系统要素构成中,技术处于最重要的优先位置,技术的变革和创新是资本积累最直接也是

① [美]苏特·加利、[加]比尔·李凡特:《“观看即工作”:受众意识的价值增殖》,《国外社会科学前沿》2020年第6期。

② [美]大卫·哈维著:《马克思与〈资本论〉》,周大昕译,中信出版集团2018年版,第175页。

最有力的动力。对于资本而言，它“可以接管任何劳动者自己提出的组织形式，然后将之变成生产剩余价值的生产方式”①，随着资本的历史性发展，新技术会不断被资本采用和纳入到新的资本剥削和积累模式之中，从而最终实现自身增殖的野心和图谋。

三、数字资本控制的异化后果

数字技术使我们置身于一个由数字构造的赛博空间和数字拟境中，数字资本作为根茎状式的流体虚拟物无孔不入而又无处不在，让一切人和事物都无处逃遁。资本将一般数据占为己有，不仅最大范围和最大程度地实现了剩余价值生产，而且将一切社会存在都定义为数字并按照数字逻辑和数字统计学进行重新摹状和塑造，多样的、有生命的物质正淡出我们的视线和真实的社会生活领域，留下的是一串串冰冷的数据和破坏性的残局，要收拾残局，就要对数字资本产生的一系列价效后果进行全面分析，以便切中肯綮，找到应对策略和解药。

（一）万能之主的物神

在马克思资本逻辑批判思想中，曾对商品拜物教、货币拜物教和资本拜物教进行了梯次递进的深入批判，现在这种拜物教形式在数字资本的身上上演了更加超级的形式，我们的生产实践和社会交往由人与人之间的生动互动变成了借助数字化界面而进行的数字与数字、符号与符号之间的统计关系，我们被数据抽空和架构，并被数据中介和赋值，我们变成了数字化的无脸人，我们丰富的社会关系变成了虚拟线性的数字化的社会关系。一种新的数字化异化代替物化的异化出现在我们面前，“数字化的异化意味着我们所有的个体和

① ［美］大卫·哈维著：《马克思与〈资本论〉》，周大昕译，中信出版集团 2018 年版，第 188 页。

个体的交往，已经完全被一般数据所穿透，是一种被数据中介化的存在，这意味着，除非我们被数据化，否则我们将丧失存在的意义"①。马克思的异化和拜物教理论可以被"挪用"来刻画今天数字化异化的现实状况——在以私有化和资本化的数字技术和一般数据为基础的经济社会中，人与人的立体化的社会关系被数字符码与数字符码的单一化的关联掩盖，从而使数字技术具有一种神秘的属性，似乎它具有定义和掌控所有社会主体命运的神秘力量，数字资本代替商品货币成为最新的拜物教形式，即数字资本拜物教。在这种拜物教形式笼罩下，第一，人们的劳动产品只有转化为商品的交换价值并通过数字网络平台或数字化界面的中介才能实现交换。第二，生产者和社会主体的劳动关系和交换关系等只有通过数字网络平台转化为纯粹的数据量化的关联关系才能间接地表现出来，现实世界"见数据不见人"。只有智能终端和虚拟交往才能唤起人们的交流欲望和热情，而共处同一物理空间并不意味着形成真实的社会关系。

哈维对这种拜物教形式进行了深刻的剖析，他将单纯的技术创新和资本统辖下的技术创新区别开来，指出"当技术成为独立商业时，它不再是被动响应需求而是主动创新，然后再去寻找和开拓新市场。它不仅在生产者（通过生产性消费）领域创造新的需求和欲望，……也在创造最终消费者的新需求。技术创新蓬勃发展的基础就是技术拜物教，即认为技术方案可以解决一切问题，同时，技术创新又反过来让技术拜物教更加风靡"②。回顾数字技术和资本联袂的历史逻辑进程，可以发现，数字技术出场是以破解资本增殖瓶颈和实现资本价值增殖为前提的。现在，数字技术在资本的豢养下变成了独立的商业模式和无所不能的"物神"，它既能消融和弥合一切，也能分隔和阻断一切。它超越时间空间的物理界限，用时间消灭了空间，却又构筑起新的数字化围墙，隔绝了我们直接的亲近关系，它使"社会亲近"和"物理临近"以及"社会亲

---

① 蓝江：《从物化到数字化：数字资本主义时代的异化理论》，《社会科学》2018 年第 11 期。

② ［美］大卫·哈维著：《马克思与〈资本论〉》，周大昕译，中信出版集团 2018 年版，第 193 页。

近性”和“物理临近性”脱钩，使“社会相关性”和“空间临近性”脱节，并用格式化装置清除了一切社会关系痕迹。就这样，我们将情感从现实世界抽离，灌注于这个由数字技术搭建起来并由一般数据编织的美丽幻境之中，无法抽身，无法自拔。我们置身于“微粒社会”之中，遭受一种“既透明又不透明”的悖论煎熬，数字技术和智能算法让我们陷入一种独特的数字化混乱之中，一方面，数字化可以实现对每个人 360 度“非视角性”的全方位、无死角的全景式监控，它关乎我们生存的方方面面，决定和控制我们的行为和生活，并用一种无形的、透明的权力“统治着、影响着同时规训着我们——这正是他对我们无情的透视和计算”①。另一方面，数字化的全景监视对我们而言确是不可见的，我们只能通过数字来认识和量化自身，却对数字形成的程序和内在机理云里雾里、一无所知。因此，在我们前面，“数字化的机器拥有了大得无边的权力，而且是完全虚无的。它们看穿一切，但自己是无法被看穿的，以前的人们称呼这样的存在为：神”②。这个新式的“物神”剥夺了人们对现实世界的感性直接性和对现实社会关系的亲昵感，它直接规定了人和人的需求。我们从来没有生活在这样一个矛盾抵牾和悖论冲突之中，人类的智慧就是愚钝，而人类的愚钝就是智慧，我们是温水中熬煮的青蛙，无度挥霍而不懂节制限度，想要跳脱但又深陷其中。克里斯多夫·库克里克用“智力假肢”来形容“智能手机、计算机和程序算法”的作用，肯定了数字化技术设备对我们速度的加快、效能的改进和质量的提高所起到的正向功能。但同时，这种“智力假肢”也会反过来影响和刺激我们。库克里克接着指出，如果有人将智能手机等数字化技术设备从我们身边拿走，我们就会产生“幻肢痛”。③ 在日常生活交往中，计算机

① [德]克里斯多夫·库克里克著：《微粒社会》，黄昆、夏柯译，中信出版社 2018 年版，第 149 页。

② [德]克里斯多夫·库克里克著：《微粒社会》，黄昆、夏柯译，中信出版社 2018 年版，第 149 页。

③ [德]克里斯多夫·库克里克著：《微粒社会》，黄昆、夏柯译，中信出版社 2018 年版，第 180 页。

和手机已经成为人的有机身体的无机组成部分，成为人的智力和体力的延伸，没有计算机和手机就像失去自己的手足一样，让人无法行动和思考，这种延伸部分现在甚至上升为绝对主体，没有它我们举步维艰甚至寸步难行。毕竟我们无法想象无法用电脑查询资料的"高效学习"，无法用数字支付的"有效购买"和不使用智能手机的"另类娱乐"。

（二）无处不有的规训

如果说传统的异化需要借助诸如商品、货币、符码和景观等中介物才能施展的话，数字化异化只需借助数字平台和一般数据就能将一切人和社会关系调动起来，并围绕数字化纽枢而不停地旋转，它是现时代"普照的光"和"特殊的以太"，是我们无法拒绝和脱离的引力场，它通过数字网节打造了一个囊括一切的规训装置和控制系统。

首先，它使我们"自愿服从"一种由数字平台制定的框架规则。数字平台用"纳入性排除"的方法让所有想要进入数字网络空间和使用数字媒体资源的用户都不得不放下自由和个性，从而遵从网络平台设定的前置条件和使用规则，否则，将被排斥在可触及和可使用的范围之外，这最终将意味着处在边缘地带或完全被排除在社会交流系统之外。因此，数字平台不费吹灰之力，用最隐匿、最无压迫感的方法实现了最完全、最彻底的个人屈从。数字平台"虽然经常把自己作为空白的空间，供他人互动，但事实上平台却体现出一种策略。产品和服务开发的规则以及市场互动由平台所有者设定"①。借此，数字网络成为数字时代引导和控制我们行为和认知的新的"看不见的手"，它导引我们在不知不觉和完全无意识的情况下在数字技术制定的框架和规则结构中行为、生活和思考。

其次，它使我们"自愿加入"一种由数字技术炮制的治理陷阱。数字技术

① ［加］尼克·斯尔尼塞克著：《平台资本主义》，程水英译，广东人民出版社 2018 年版，第 53 页。

的发展和一般数据的产生为资本治理提供了"万能之眼",一种社会治理模式的"全景敞视主义"已经无限逼近。数字平台要不断盈利的一个最重要衡量标准就是信息流量,即单纯的"量"。质言之,网络力量剔除了所有信息的异质性,网络流量需要记录和识别的不是具体个体的信息内容和信息差别,而是纯粹的规范性的个体计数。在网络点击量和流量的裁剪下,多元性、丰富性和个体化、具体性的个体被根据数学统计学的方法还原为同质性的数字"一",算法治理将一切能够连接的因素都纳入到数字平台和数据网络之中,在这个看不见任何强迫性的预定和谐的网络环境中,不动声色、轻而易举地监控着每一个个体要素。而真相是,"每一个看似独立的个体,都已经成为智能算法下的提线木偶。"①不仅是精准画像的对象,更是精准治理的对象。举着鞭子鞭笞和压榨劳动者的显性公敌在历史舞台上隐退了,新的历史浪潮将赤手空拳而又无孔不入的监视之眼内置于每一个生命个体的体内,并以最悄无声息的方式融入每个人的血液,今天的异化不是生活偏移,"而是正常生活,我们在正常的生活中,依赖于各种智能技术和数字技术重新生产出我们自己"②。在重新生产中,我们和我们的"个人数据无一例外地被货币化和商业化"③。我们成了数字平台上的商品,也成为了平台控制下的驯畜。在数字资本的规训下,所有人都按照一种无法察觉的隐性规范模式来生产自己,成为网络形塑和资本权力要求的"正常个体",这就是资本逻辑在数字技术支撑下施展治理技术的奥秘。

最后,它使我们"自愿卷入"一种由数字技术编织的霸权模式。数字技术的崛起和数字资本的普及,助推经济发展进入数字化时代,由此产生的数字经济,成为经济发展的新模式和最具潜能的新引擎。但同时,数字经济的发展也有一种异化的倾向,有学者认为,"数字经济正在成为一种霸权主义模式:城

---

① 蓝江:《智能时代的数字——生命政治》,《江海学刊》2020 年第 1 期。

② 蓝江:《智能时代的数字——生命政治》,《江海学刊》2020 年第 1 期。

③ [德]韩炳哲著:《精神政治学》,关玉红译,中信出版社 2019 年版,第 89 页。

市要变得智能化，企业必须要颠覆传统模式；工人要变得灵活，政府必须要明智和练达。”①这就意味着，一些致力于传统生产和经营模式的个人和企业无法被数字化时代拥抱接纳，数字化将所有传统模式彻底丢弃在了陈旧的历史博物馆里，如果不采用数字化准入标准，就无法生存和发展。当所有的鸡蛋都放在数字经济这一个篮子里时，这也同样意味着，数字经济的风险或者说数字经济一旦崩溃，它的后果也将是扩大化、连锁性和毁灭性的。哈维也对数字一刀切和唯一化进行了批判挞伐，他指出，如果认为大数据在实现城市的数据化智慧管理的同时也能够一并消除贫困、财富窃取、不平等、种族歧视等一切资本掠夺式积累的弊病和后果，那无疑是将复杂问题简单化的天真想法。将资本权力的表达误认为一般数据的肇因，这会使我们正中数字资本转移焦点和模糊矛盾的下怀，数字霸权将抹平世界的本来面目，而将其拆卸打磨为数字资本需要的样子，一切异见都表现为不合时宜的反叛。

四、结　语

数字资本并不是一无是处的“异形”或“怪胎”，作为一种“超级资本”形式，除去上述枚举的数字资本统治的消极后果，数字资本还具有利用数字平台缩小生产到流通的时间损失以及减少信息不对称进而克服生产的盲目性和生产相对过剩弊端的优势和潜力，对其进行揭示批判，不是要怀抱怀旧情结倒退回到“有什伯之器而不用……使民复结绳而用之”的田园诗般的小国寡民时代，而是要认清我们所处时代数字技术的发展，将资本统辖下的数字技术和一般数据区分开来，发掘可能的翻转力量，将数字技术从资本占有的条件下释放出来，使其由“为资本”转为“为人”的目的方向和积极力量。

---

①　[加]尼克·斯尔尼塞克著：《平台资本主义》，程水英译，广东人民出版社 2018 年版，导言第 6 页。

第十二章　资本逻辑与无产阶级

在马克思恩格斯的视域中，无产阶级是私有财产关系条件下资本主义大工业发展的历史产物和必然结果，在资本逻辑形成的统治与被统治以及剥削与被剥削的权力关系结构中，无产阶级在资本框架的圈定和压制下，不仅沦为被压迫的阶级，而且是沦为全面的被压迫阶级，这种压迫体现了全面性和普遍性，因而也呈现出普遍的无法忍受性和推翻整体资本统治和资本主义制度整体框架的历史性和必然性。马克思恩格斯在资本视域下阐明了无产阶级形成的根本致因和历史条件，在此基础上揭示了资本时代无产阶级社会分异对立和普遍异化的整体遭际，剖绘了无产阶级改善自身现实存在处境的伟大尝试和现实路径，奏响了变革资本和资本主义生产方式的序曲，并在成功与失败的交替经验教训中找到了超越资本逻辑和资本主义生产方式的科学原则和可能路径。马克思恩格斯之后，资本的形态发生嬗变，资本主义发展由自由阶段阶次进入国家和国际垄断资本主义时期，资本的组织范式、运作机制和表现形式等均发生了巨大变化，为此，退化论和改良论替代革命论而甚嚣尘上，给人们造成了概念的混淆和认知的错认。因此，澄明马克思恩格斯语境下资本逻辑与无产阶级的关系，在资本逻辑批判视域下还原和呈现无产阶级的历史生成和生存境遇，回复新时代条件下无产阶级的超越性和无产阶级革命的必要性和必然性，既是回到马克思恩格斯资本逻辑批判理论的内在要求，也是回应最新经济社会现实情景下马克思恩格斯无产阶级革命理论的解释力的必然诉求。

一、资本时代无产阶级的整体遭际

私有财产关系和资本主义机器大工业的发展锻造了无产阶级，也决定了无产阶级的生存状态和整体遭际。资本主义的生产在一端是生产力的快速进步和脱缰式前进，一端是生产关系和社会交往的全面变革和整体性推进，在生产力和生产关系的流动和动态化张力结构中，孕育产生了无产阶级。

首先，生产发展催生社会分化，进而产生无产阶级。在资本主义生产方式产生和机器采用以前，并没有现代意义上的资本家和无产阶级。只是由于封建关系的解体、暴力的加速、资本主义生产方式的确立和机器的改进采用，才形成了能够“自由流动”和“自由劳动”的人，加之惩治逃避这种“自由流动”和“自由劳动”的血腥法律，才形成了真正意义上的资本关系和无产阶级。具体而言，在资本原始积累和资本关系的初始形成中，暴力起到了助产师和加速器的作用，它用强制力将人与土地和少量生产工具的紧密关系撕裂，并将暴力释放出来的劳动力抛甩到崭新的劳动力市场上，但是，被抛出惯常生活习惯和生活轨迹的人并不必然成为适应新的工场纪律和生产节奏的无产阶级和崭新劳动力，他们可能成为对新的生产方式和资本的发财致富毫无价值的流浪者、怠惰者，因此，为了阻塞这些劳动力的所有其他选择而只能成为不受法律保护的资本和工业发展需要的“自由劳动力”，整个15世纪末到16世纪，西欧颁布了无数的血腥法律，用以惩治和处罚由于失去了旧有劳动条件和生活环境而不得不沦为流浪者和需要救济的贫民的“现代无产阶级的祖先”。马克思指出，“法律把他们看作‘自愿的’罪犯，其依据是：只要他们愿意，是可以继续在已经不存在的旧的条件下劳动的。”①由此，暴力是社会分化和无产阶级产

① 《马克思恩格斯全集》第44卷，人民出版社2001年版，第843页。

生的一极重要力量。在工场手工业发展时期,在机器尚未破坏已有生产和生活环境的条件下,传统的农民和织工并不是现代意义上真正的无产阶级,他们不仅拥有少量的生产资料和工具,而且基本能满足自己虽然勉强但尚能自给自足的生活。以早期英国这个产生无产阶级最主要、最典型的国家为例,织工并不是传统意义上的一无所有,他们“多半能够积蓄一点钱,租一小块地,有空闲的时候耕种”。虽然是依靠空闲时间根据自身意愿马马虎虎耕作的“最蹩脚的农民”,“但是,他们至少不是无产者”①。这种生存尚可而发展不足的长久状况,由于科学技术的发展和机器设备的改进以及工业的兴起而被永久地打破和破坏。在英国,1763 年詹姆斯·瓦特制造了蒸汽机并于 1768 年获得成功。同样在 1763 年,乔赛亚·韦奇伍德使斯塔福德郡成为陶器制造业的重要生产示范区,而在科学原理被发现以前,那里还只是荒凉的不毛之地。1764 年詹姆斯·哈格里沃斯发明了珍妮纺纱机,不仅使产出效率比旧式纺车多出几十倍,而且还大大节省了人力管理。1768 年理查·阿克莱发明了由机械力发动的翼锭纺纱机。1776 年,在综合珍妮纺纱机和翼锭纺纱机的基础上,赛米尔·克朗普顿发明了走锭精纺机。1787 年,卡特赖特发明了机械织机,在经历多次改进后,到 1801 年机械织机得到了实际应用。所有这些发明和改进最终促成了英国工业的蓬勃兴起。反过来,工业革命的兴起引起了已有生产模式和社会关系的革命性变革,这些发明和昂贵的机械设备不是没有多少经济效益的普通工人能够负担得起的,只有大资本家的财力才能买得起各种机械织布机和纺纱机。大机器的规模化投入使用彻底改变了以前旧的生产方式,同时连同掌握旧生产技能的工人也一同被排除在新生产方式的范围之外。与笨拙的、效率低下且不完善的纺车和织布机相比,机器生产的商品总能以更便宜的价格和更优良的品质占领和控制新的更广阔的市场,而工人手中的旧式工具如果说以前还勉强值一点钱的话,现在却由于失去了仅有的用

① 《马克思恩格斯选集》第 1 卷,人民出版社 2012 年版,第 88 页。

武之地而变得一钱不值。资本家凭借手工的先进生产工具很快就占有一切最重要的生产要素，而工人也因为回不到被破坏的旧式生产环境中而变得一无所有，只能选择远离故土踏上去城市谋生之路。

这种最初由机器和工业革命引发的社会分化，伴随资本的生产方式的深化和扩展而逐渐向其他社会领域蔓延、简化和巩固。资产阶级和无产阶级的对立以同机器的广泛采用和工业革命的蓬勃的同样速度发展起来，“新的工业能够获得重要意义，只是因为它把工具变成了机器，把作坊变成了工厂，从而把中间阶级中的劳动者变成了工人无产者，把以前的大商人变成了厂主；它排挤了小的中间阶级，并把居民的一切差别化为工人和资本家的对立”①。因此，资产阶级时代使一切阶级关系都简单化并直接对立化为资产阶级和无产阶级的关系，而由于社会在快速提升过程中，一切“中间等级”都成为潜在的无产阶级，力量不足、经营不善、手艺贬值、破产和竞争失利使他们有可能不断壮大无产阶级的队伍，马克思恩格斯指出，“以前的中间等级的下层，即小工业家、小商人和小食利者，手工业者和农民——所有这些阶级都降落到无产阶级的队伍里来了，……无产阶级就是这样从居民的所有阶级中得到补充的。”②由此，一方面，在资本的文明国家中，占有“一切生活资料和生产这些生活资料所必需的原料和工具（机器、工厂）。这就是资产者阶级或资产阶级”③。在其对立面，“完全没有财产的阶级，他们为了换得维持生存所必需的生活资料，不得不把自己的劳动出卖给资产者。这个阶级叫做无产者阶级或无产阶级”④。与以往的被统治阶级相比，无产阶级不是一下子将自己完全出卖出去，而是零星地将自己出卖给资本家阶级的。而且只靠出卖自身劳动力为生的无产阶级，他们的“祸福、存亡和整个生存，都取决于对劳动的需求，即

① 《马克思恩格斯选集》第1卷，人民出版社2012年版，第101页。

② 马克思、恩格斯著：《共产党宣言》，人民出版社2018年版，第35页。

③ 《马克思恩格斯选集》第1卷，人民出版社2012年版，第296—297页。

④ 《马克思恩格斯选集》第1卷，人民出版社2012年版，第297页。

取决于工商业繁荣期和萧条期的更替，取决于没有节制的竞争的波动。一句话，无产阶级或无产者阶级是19世纪的劳动阶级”①。与以往的阶级关系相比，“罗马的无产阶级依靠社会过活，现代社会则依靠无产阶级过活”②。由此，资本和资本时代一方面产生了资产阶级和无产阶级两大直接对立的阶级，两种力量的动态关系影响整个社会前进的方向和发展的态势。另一方面，资产阶级和现代社会完全以无产阶级的劳动为立基基础，无产阶级是生产力发展的主力军，是资本增殖和供养整个资本家阶级的支撑力。

其次，资本增殖滋生普遍异化，进而剥夺无产阶级。无产阶级在生产领域的主力军和支撑力作用并没有顺延到交换、消费、分配和社会生活的其他领域，由此，形成了资本世界的普遍倒立、异化和错位。表现为以下方面。

第一，财富的生产与贫困的孵化同步化。资本的产生和资本增殖是在对抗的生产方式中进行的，对抗性是资本时代和资本主义生产方式的本质特征。一方面，财富在失衡中孕育和形成，雇佣劳动是资本价值增殖的唯一源泉，因此，没有雇佣劳动，就没有资本、资产阶级和资产阶级社会。现在事情完全被错位和颠倒过来了，事情被扭曲为资本、资产阶级和资产阶级社会成为雇佣劳动存在价值和意义的判定原则和准绳，没有资本、资产阶级和资产阶级社会，就没有雇佣劳动。“无产者”被解释为增殖资本的“雇佣工人”，增殖资本是雇佣工人在经济学上概念内涵，因此，“只要他对‘资本先生’……的价值增殖的需要成为多余时，就被抛向街头”③。另一方面，财富在对抗中发展和累积，伴随着资本生产和积累的发展，现代的工人和无产阶级人数也随之而增加和扩大，伴随着资本家生活的富裕和安逸，现代的工人和无产阶级的生活却骤降到生存条件以下。供养整个资产阶级和社会的财富的创造者——工人沦为赤贫者，贫困比工业进步、财富和人口的增长速度快得多。最后，财富在对抗中积

① 《马克思恩格斯选集》第1卷，人民出版社2012年版，第295页。
② 《马克思恩格斯选集》第1卷，人民出版社2012年版，第665页。
③ 《马克思恩格斯全集》第44卷，人民出版社2001年版，第709页脚注。

累和扩张，伴随着财富的增加，贫困也以扩大和加速的方式同步增加，两者之间相反相成的增益过程就是资本的积累机制和过程。具体来说，对资本而言，资本积累和增大的过程同时也会增加雇佣工人的数量和“勤劳贫民”，而对雇佣工人而言，它的数量增加和力量增长，会反向转变为资本的增殖力量，资本—劳动之间的这种关系结构从资本产生之日起就产生了，并且在资本积累的过程中不断被固定化和永久化。

第二，财富的生产和财富的分配错位化。在资本家占有生产资料和生产条件而劳动者丧失生产资料和生产条件的资本主义生产资料所有制形式下，劳动力商品的转让和出卖还必须以“无酬劳动”的形式将“自身作为资本再生产出来”为必要构件。在资本主义社会中，“必要劳动是通过剩余劳动并且为了剩余劳动而存在的劳动”①。因此，财富的源泉和生产的富足总是“被当作剥夺的富足返回到生产者面前”②。这种情况表明，“资本家财富的增长……同他榨取别人的劳动力的程度和强使工人放弃一切生活享受的程度成比例的”③。因此，生产中资本家“财富的积累”和劳动者“贫困的增长”之间的正相关关系，在分配领域中“劳动产品的分配”与劳动之间的负相关关系，必然造成一个逆向反差的结果——“产品的最大部分属于从来不劳动的人，次大部分属于几乎只是名义上劳动的人，而且劳动越不愉快和越艰苦，报酬就越少，最后，从事最劳累、最费力的体力劳动的人甚至连得到生活必需品都没有保证”④。资本的积累增大和朝不保夕的无产阶级人口的增加是同样不可避免的。

第三，主体的创造与劳动的异化反呈化。马克思指出，人区别于动物的类本质和创造性的地方在于，“动物只是按照它所属的那个种的尺度和需要来

---

① 《马克思恩格斯选集》第2卷，人民出版社2012年版，第719页。

② ［法］居伊·德波著：《景观社会》，张新木译，南京大学出版社2017年版，第14页。

③ 《马克思恩格斯全集》第44卷，人民出版社2001年版，第685页。

④ 《马克思恩格斯全集》第43卷，人民出版社2001年版，第650—651页。

构造,而人却懂得按照……美的规律来构造”①。这种按照“种的尺度和需要”进行构造的过程就是发挥其主观能动性和施展“创造天赋”进行美的塑造的过程。劳动本应是“个人的需要、才能、享用、生产力等等的普遍性”,是“人对自然力……的统治的充分发展”,是“人的创造天赋的绝对发挥”。② 吊诡的是,从“原初丰裕社会”脱域的现代资本主义的商品世界,面临着难以克服的矛盾,一方面“劳动的现实化过程(Ver-wirklichung)”本身也是“劳动的非现实化(Ent-wirklichung)”或被剥夺本身,“劳动的对象化”(Ver-gegenständlichung)展开为“劳动者的对象的丧失”或“被对象的奴役”,劳动者对劳动对象或成果的占有表现为劳动结果本身的异化、外化和不受控制。③ 由此,劳动的现实性与非现实性、对象化与非对象化之间的矛盾必然导致悖论性的结果——“劳动为富人生产了奇迹般的东西,但是为工人生产了赤贫”④。这种赤贫使财富的创造者们时刻面临着朝不保夕的“现实贫困”的困窘,在通常意义上,无论社会处于进步、衰退还是贫困和富裕的状态,“工人都只能获得至多从濒临饿死的四个孩子中救活两个的那种‘剩余’”⑤。对剩余的控制权和索取权不仅限制了劳动者的基本生存,在更长远的未来,“现实贫困”还会束缚和扼杀劳动者各种新的潜在想象和可能性。

二、无产阶级改善自身处境的实践尝试与现实困境

在资本主义社会中,无产阶级自产生之日起就负重前行,一方面他们承担

① 《马克思恩格斯选集》第1卷,人民出版社2012年版,第57页。

② 《马克思恩格斯选集》第2卷,人民出版社2012年版,第739页。

③ [日]望月清司著:《马克思历史理论的研究》,韩立新译,北京师范大学出版社2009年版,第66、50页。

④ 《马克思恩格斯选集》第1卷,人民出版社2012年版,第53页。

⑤ [日]望月清司著:《马克思历史理论的研究》,韩立新译,北京师范大学出版社2009年版,第50页。

了为社会和全体成员创造财富的重要责任，另一方面他们却不得不在为社会和全体成员创造财富的过程中不断地被剥夺和失去，直到一无所有和无法生存。因此，无产阶级不得不在生存的困境中觉醒和反抗，开始改善自身处境的实践，否则就不能继续存在下去。

（一）无产阶级的改善自身处境的实践

资本造就了社会分化和社会的普遍异化，它使财富生产和贫困孵化以及财富创造的主体和财富分享的主体之间出现了颠倒和倒立，这种颠倒和倒立实质是利益的分异和不对等，由此必然产生不同利益的博弈——资本的所有者资产阶级作为利益既得者极力维护和扩大自身已有的利益并使既有利益结构稳定化和永久化。无产阶级作为利益失去者极力改善和提高自身的生存状态和整体利益，并极力打破既有的不合理的利益结构，使之朝向更加公平和合理化的方向发展，并将整个社会建立在客观、有益和健康的基础之上。因此，双方开始了关于利益的无休止的争夺和战争，为了争取战争的胜利，业主资本家总是从“尽可能廉价”的立场出发，用尽一切诡计为达到这唯一目的服务，而工人无产阶级则总是从与业主资本家相反的立场，用尽一切机会从“更高的要求”出发强迫业主资本家向自己低头。整个资本主义生产方式展开和推进的过程，就是无产阶级和资产阶级之间博弈的过程，无产阶级在生产发展和组织形式的进步中不断展开改善自身处境的实践尝试和进阶运动。

最早也是最初始的反抗运动就是“犯罪”。机器的应用将成千上万的传统劳动者抛出惯常的生活轨迹和劳动场所，抛向街头，他们失去了传统法律和以往关系的“庇护”，成为“一无所有”的无产者。最开始，他们既失去了已有的生活环境和生活条件，因而成为“赤裸的人”，又无法马上适应整个工场手工业和机器大工业的劳动节奏和生产环境，回不到过去也看不到未来的无产阶级以“最没有效果”的犯罪活动表达他们对资本“社会剥夺”的不适应和不满情绪。随着大工业的发展，我们随处可以看到的是犯罪和犯罪事件的激增。

但是,这种犯罪即使从最好的方面也只能被看作是“无益的”,“罪犯只能一个人单枪匹马地以他们的偷窃行为来反对现存的社会制度;社会却能以全部权力来袭击每一个人并以巨大的优势压倒他。况且,盗窃是一种最无教养、最不自觉的反抗形式,因此,仅仅由于这个原因,盗窃也决不会成为工人舆论的一般表现形式”①。紧接着,无产阶级又以“砸毁机器”的方式代替无效的“犯罪”来反抗现存的不合理的社会制度,以求恢复和维持自己作为单纯劳动力的功能和地位。在工人的直观感受和感性经验中,机器的采用总是伴随着自身劳动条件的恶化,甚至是自身作为劳动力商品和机器零部件地位的不保和被排挤。机器成为资本家阶级压榨无产阶级和同无产阶级谈判的最有效的筹码和工具,机器使用的增加总是伴随雇佣工人和无产阶级在役数量的急剧减少。因此,无产阶级在工人生存条件的恶化和机器的运转之间建立了单向一维的因果关联,也因此,无产阶级在工业运动初期第一次反抗资产阶级就采用了“暴力反对使用机器”的手段。他们“捣毁了工厂,砸碎了机器”②。这种砸毁机器的反抗活动最初只是失去生计的“单个工人”的无奈之举,然后这种“单个工人”的破坏活动得到了其他“单个工人”的破坏活动的配合和声援,从而演变为失去生计的“工厂工人”的团结行动。然后这种“工厂工人”的抗议活动又得到了其他“工厂工人”的抗议活动的增援和支持,从而进阶为失去生计的“地方工人”的集体行动。在单个工人——工厂工人——地方工人的活动发展中,“单个工人”最初的反抗活动针对的是“单个资本家”代表,然后“工厂工人”和“地方工人”的反抗活动针对的则是“资产阶级的生产关系”。就像回不去中世纪的工人地位一样,破坏工具、烧毁工厂和砸毁机器的运动也无法达到预期的反抗目标,无法根本逆转机器和工人、资产阶级和无产阶级之间的不对等关系,最后不得不流于失败。恩格斯指出,砸毁机器只是针对现存关系的一个侧面而展开的,这种反抗由于只是局限于一定的地区,并且总是零落

① 《马克思恩格斯选集》第1卷,人民出版社2012年版,第105—106页。

② 《马克思恩格斯选集》第1卷,人民出版社2012年版,第106页。

的，因此工人总是在第一步取得成功时囿于眼前目的的达成而止步不前，这时社会权力就会恢复到最集结有力的程度来袭击和反扑那些最初的“犯罪者”，而反抗的结果依然是机器不可遏止地被普遍采用。砸毁机器的反抗运动尚未形成长远的真正有效的抵抗，因而，“工人必须找到一种新的反抗形式。”①争取自身权利的合法形式——工会和工联组织作为一种中间缓冲形式，成为无产阶级反抗资本压迫和争取自身权利的一种新的形式。由于法律的颁布，“废除了以前禁止工人为保护自己的利益联合起来的一切法令。工人得到了过去只是贵族和资产阶级才有的自由结社的权利”②。工会和工联组织使无产阶级对资产阶级的反抗具有了组织性和整体性，同业之间、跨行业之间、同一城市之间、多个城市之间，甚至在一个国家内部，联合起来的工人代表有准备地与资本家阶级谈判，有组织地进行集体罢工，为争得自身的合法权益进行了卓有成效的合法斗争。但同时，工会和谈判无法撼动强势的资本力量，无法逆转占有生产资料的强大的资本家阶级和不占有生产资料因而家贫壁立的弱势无产阶级之间不对等关系，工会只在极为有限的程度和范围内取得了成果。但是，工会永远也无法根除资本的力量，无法彻底改变无产阶级的地位和整体状态。于是，这种反抗方式又被一种有政党领导、有组织安排和有计划行动所代替，即无产阶级的整体反抗形式所代替。恩格斯指出，“伟大的阶级，正如伟大的民族一样，无论从哪方面学习都不如从自己所犯错误的后果中学习来得快。”③也正是从这个意义上来说，马克思将 1848 年欧洲大革命的失败看作是另一种意义上的成功，也就是说，“在这些失败中灭亡的并不是革命，而是革命前的传统的残余，是那些尚未发展到尖锐阶级对立地步的社会关系的产物，即革命党在二月革命以前没有摆脱的一些人物、幻想、观念和方案，这些都不是二月胜利所能使它摆脱的，只有一连串的失败才能使它摆脱。总之，革命

---

① 《马克思恩格斯选集》第 1 卷，人民出版社 2012 年版，第 106 页。
② 《马克思恩格斯选集》第 1 卷，人民出版社 2012 年版，第 106 页。
③ 《马克思恩格斯选集》第 1 卷，人民出版社 2012 年版，第 79 页。

的进展不是在它获得的直接的悲喜剧式的胜利中……”①而这种失败、革命、再失败、再革命……的曲折过程本身就说明了无产阶级解放运动的艰辛和困难，在这一过程中“主张变革”的阶级不断成熟并为革命的最终成功积蓄力量。

（二）无产阶级的改善自身处境的困境

首先，资本的强势力量。马克思指出，一切斗争形式包括经济、哲学、宗教、意识形态和政治领域内的一切斗争，其实质都是对各社会阶级斗争的反映和体现，而这些阶级之间的关系以及冲突斗争的发展程度又受制于经济、生产方式和生产性质以及由此所决定的交换性质和方式的整体状况。因为在生产性质和方式所允许的范围之内，占主导地位的生产性质和交换方式除了能进行本体内的斗争外，还能调动其他一切关联资源进行整体实力的较量，从而捍卫自身的主导地位。因此，在资本主义生产方式占主导地位的条件下，在资本的强势逼迫下，资本不仅依靠自身的强大力量对抗无产阶级的力量，而且资本还能调动起庞大的政治上层建筑和思想上层建筑等综合整体力量，碾压和平抑无产阶级的反抗活动，使之归于资本统治所要求的稳定和平静。因此，资本的发展程度和统治方式本身就制约了无产阶级的反抗形式和反抗结果。而对于无产阶级来说，他们常常是在“不斗争毋宁死”的没有选择的余地下被迫开展斗争的，这种斗争本身的团结性和凝聚力由于内部组织分化和准备不充分等多重因素制约而大打折扣，这种情况直接反映在反抗运动中的力量对比和反抗运动的结果呈现中。在早期资本统治还处在上升阶段和高度发展时期时，这种反抗总是由于理论的欠缺、力量的缺乏和组织的涣散和不成熟而不得不以失败的方式而告终。

其次，工人的相互竞争。资产阶级和无产阶级在劳动力市场上形成了所

① 《马克思恩格斯选集》第1卷，人民出版社2012年版，第445页。

谓的买方市场和卖方市场，对于急于出卖自身劳动力商品的无产阶级而言，由于劳动力的蜷缩和机器的普遍替代效应，“于是卖者之间就发生了竞争，这种竞争降低他们所供应的商品的价格”①。在买方市场的条件下，就形成了单个工人和单个工人之间激烈的对立和竞争关系，而资产阶级作为劳动力商品的买方，它的统治就建立在工人之间的竞争和分裂基础之上。对于资产阶级来说，更易形成集体统治力量，每当一种无产阶级的反抗运动发动起来并有不受控制和向外扩张的趋势时，资产阶级就会立刻感到这种超出安全界限的无产阶级运动释放出来的危险信号，为此，资产阶级之间容易形成维护统治的同盟关系，以防“城门失火，殃及池鱼”的连锁遭殃。对于无产阶级队伍来说，众多个体本身就意味着利益的差别甚至对立，如果没有整体性和透视性的锐利眼光，这种多利益差异的个体之间更易于形成激烈的竞争关系。在资本主义时代就表现为在役劳动军和后备军之间的对弈和竞争关系所形成的“相对过剩人口”中。“劳动生产力越是增长，资本造成的劳动供给比资本对工人的需求越是增加得快。工人阶级中就业部分的过度劳动，扩大了它的后备军的队伍，而后者通过竞争加在就业工人身上的增大的压力，又反过来迫使就业工人不得不从事过度劳动和听从资本的摆布。”②无产阶级整体的过度劳动和单个工人之间的激烈竞争给资本腾创了巨大的统治和管辖空间，它意味着可以将劳动力紧紧钉在资本增殖的木桩上，并不断生发出增殖的气息和发财的幼苗，因而加剧了无产阶级反抗的难度。

最后，资本的表面迷惑。伴随着资本主义剥削从野蛮剥削时代过渡到文明剥削时代，单纯靠无限延长劳动时间和提高劳动强度等方式进行的剥削已为时代发展所不齿。19 世纪 90 年代，恩格斯在回忆 50 年前根据亲身观察和直接接触所获得的第一手资料时指出，“资本主义生产越发展，它就越不能采

① 《马克思恩格斯选集》第 1 卷，人民出版社 2012 年版，第 334 页。

② 《马克思恩格斯全集》第 44 卷，人民出版社 2001 年版，第 733 页。

用作为它早期阶段的特征的那些小的哄骗和欺诈手段”①。此外，资本家阶级根据新形势下的成本—收益差，发觉粗陋的剥削方式越来越不具有真正的经济价值。恩格斯指出，资本家精明地发现，“企业规模越大，雇用的工人越多，每次同工人发生冲突时所遭受的损失和经营方面的困难也就越多。因此，……他们学会了避免不必要的纷争，默认工联的存在和力量，最后甚至发现罢工——发生得适时的罢工——也是实现他们自己的目的的有效手段。……他们这样做是有很充分的理由的”②。这个理由就是“和平协作”远比“暴力对抗”更有利于资本家和资本增殖，如果工人的“适时罢工”能够帮助企业实现更多的利润和资本增殖，那么“适时罢工”也是资本增殖的合适方式。可见，文明进化的相对剩余价值的生产蕴含潜力无限的价值增殖空间。再者，与19世纪40年代相比，资本的生产力得到了跃升，资产阶级将这种由于生产力的绝对进步而带来的工人绝对生存境况的改善偷换成相对生活状况的绝对改变，在资本文明化的掩盖下，“资产阶级掩饰工人阶级灾难的手法又有进步”③。一方面，从纵向比较来说，无产阶级的境况确实得到了改善。在经济上，资本家开始关注工人经济利益方面的需求，注重改善工人福利待遇、生活和劳动条件，或是压缩劳动时间、提高工人工资，或是加强工人生产的安全性保障。在政治上，资产阶级不断扩大民主范围，资本主义议会民主制度不断健全，民主设施不断完善，并给予工人通过组建政党表达自己政治诉求和参与议会选举的权利。在社会方面，增加工人福利、给工人以休假休息的权利。另一方面，这些所谓的改善、改良和让步，“事实上只是一种手段，这种手段可以使资本加速积聚在少数人手中，并且压垮那些没有这种额外收入就活不下去的小竞争者”④。所以，从横向比较来说，无产阶级的纵向境况的绝对改善

① 《马克思恩格斯选集》第1卷，人民出版社2012年版，第65页。
② 《马克思恩格斯选集》第1卷，人民出版社2012年版，第66—67页。
③ 《马克思恩格斯选集》第1卷，人民出版社2012年版，第68页。
④ 《马克思恩格斯选集》第1卷，人民出版社2012年版，第67页。

是以横向差距的扩大以及关系固化为代价和补充的。就横向比较而言，无产阶级生存型的差距让位于住行型的差距，而这种差距没有缩小反而在基数量增加的基础上扩大了。恩格斯指出，“广大工人群众，他们的穷困和生活无保障的情况现在至少和过去一样严重。伦敦的东头是一个日益扩大的泥塘，在失业时期那里充满了无穷的贫困、绝望和饥饿，在有工作做的时候又到处是肉体和精神的堕落。在其他一切大城市里也是一样，只有享有特权的少数工人是例外；在较小的城市和农业地区情况也是这样。”[①]就关系固化而言，无产阶级的被动地位在更加隐秘的统治方式中稳固化了。资本将劳动力的价值和平均价格限制在必要生活资料的最低最必要的程度上，无论工人阶级多么迅速地为资本和资本家生产扩大和增加的财富和权力，都始终要受资本这架自动机的牵引和碾压，它为资本和资本家生产的财富和权力越多，它为自己生产的剥削和控制的权力也就越大。生产条件的改善只是说明工人被允许在更加有利的条件下为资本的财富和权力生产和重新生产，工人为资本家生产了牵引绳，而为工人阶级生产了金锁链。因此，有些无产阶级和思想家诱于资本躯体和资本主义生产方式的新变化，进而得出资本已经根本改变因而得出放弃革命的错误结论。所有这些，都构成阻碍无产阶级解放的因素。只有穿透资本躯体的多变性，从资本的本质出发，才能得出无产阶级革命的正确出口和解放路径。

三、超越资本逻辑的无产阶级的现实解放条件

在解析和批判鲍威尔和施蒂纳“清谈的共产主义”时，马克思指出，批判的空谈和清谈实质是非批判的。从抽象的范畴下降到“现实的资本”和“资本的现实”，马克思认为，对于里昂和曼彻斯特的工人和无产阶级而言，他们“并

① 《马克思恩格斯选集》第1卷，人民出版社2012年版，第75页。

不认为用'纯粹的思维'就能够摆脱自己的企业主和他们自己实际的屈辱地位。他们非常痛苦地感觉到存在和思维之间、意识和生活之间的差别。他们知道,财产、资本、金钱、雇佣劳动以及诸如此类的东西决不是想象中的幻影,而是工人自我异化的十分实际、十分具体的产物,因此,也必须用实际的和具体的方式来消灭它们,以便使人不仅能在思维中、在意识中,而且也能在群众的存在中、在生活中真正成其为人"①。因此,对于共产主义和无产阶级解放而言,最重要的就是现实和现实的实践活动,这种现实的共产主义和无产阶级解放的实践活动,一方面需要经历长期的、复杂的、艰难的斗争,并在这一过程中实现对人和环境的全面的历史性的改造。另一方面,这一过程既需要革命的物质力量,也需要批判现实的革命头脑,马克思的资本逻辑批判思想将破解资本之谜的方法和无产阶级的解放道路诉诸现实、头脑和活动,以此克服了以往实现路径的弊端,找到了消除和破解谜题的正解。

首先,最大化的力量联合。资本从其本质上来说,不是分散的个人力量,"而是一种社会力量"②。在资本统辖和大工业竞争的环境下,"各个人的一切生存条件、一切制约性、一切片面性都融合为两种最简单的形式——私有制和劳动"③。在生产资料由资本家独占的私有制条件下,"工人是以出卖劳动力为其收入的唯一来源的,如果他不愿饿死,就不能离开整个购买者阶级即资本家阶级。工人不是属于某一个资本家,而是属于整个资本家阶级"④。因此,变革或改变劳动主体的活动不能仅仅局限于个体和个人力量,而要扩展为社会力量和集合活动,否则单兵突进的反抗活动最终都会遭遇流寇式的失败。更确切地说,无产阶级遭遇的问题是整体性的压榨而不是个别性的偶然问题,因此,无产阶级的解放运动也必须是与之相适应的联合运动。马克思在批判

① 《马克思恩格斯文集》第1卷,人民出版社2009年版,第273页。

② 马克思、恩格斯著:《共产党宣言》,人民出版社2018年版,第43页。

③ 马克思、恩格斯著:《德意志意识形态》(节选本),人民出版社2018年版,第73页。

④ 《马克思恩格斯选集》第1卷,人民出版社2012年版,第333页。

蒲鲁东时，首先肯定了蒲鲁东对私有财产和国民经济关系全局性问题和普遍性扭曲的定位，他指出，“蒲鲁东始终不同于其他国民经济学家，他不是以限于局部的方式把私有财产的这种或那种形式描述为国民经济关系的扭曲者，而是以总括全局的方式把私有财产本身描述为国民经济关系的扭曲者。”①因此，资本的力量也必然在政治上层建筑和思想上层建筑中得以巩固和彰显，也因此，一旦资本的力量遭遇“攻击”和反抗，资本就会裹挟国家政权和全部政治工具对反抗进行镇压和阻抑。在对法兰西内战进行反思时，马克思指出，随着现代工业的发展和进步，促使资本和劳动之间的阶级对立也随之紧张、深化和扩大，“与此同步，国家政权在性质上也越来越变成了资本借以压迫劳动的全国政权，变成了为进行社会奴役而组织起来的社会力量，变成了阶级专制的机器”②。忽视或小觑资本的整体性力量或对资本的全面统治怀有不切实际的幻想，都会导致无产阶级解放运动的受阻和失败。因此，马克思、恩格斯认为，与过去阶级社会中少数人的活动不同，共产主义活动首先是多数人的运动，与以往阶级社会中的政治运动不同，共产主义运动“实质上具有经济的性质”，而且它是自觉地消除以往一切自发形成基础和前提的运动，这种运动将一切旧的生产和社会交往看作物质前提，并将这些物质前提置于“联合起来的个人的支配”之下，从而将“现存的条件”转化为“联合的条件”。③ 共产主义是联合的运动，不仅因为从现实条件来说，只有联合的力量才能对抗和战胜另一种联合的力量，而且从未来的指向和真正意义上来说，只有占据和支配“联合的条件”，才能实现真正的共产主义运动。

其次，自觉的阶级意识。无产阶级的教育因素和自觉意识最初是在与资产阶级面对共同的敌人并肩战斗的过程中形成的。资产阶级在反对贵族和“同工业进步有利害冲突的那部分资产阶级”以及同“一切外国的资产阶级”

① 《马克思恩格斯文集》第 1 卷，人民出版社 2009 年版，第 257 页。

② 马克思著：《法兰西内战》，人民出版社 2016 年版，第 57 页。

③ 马克思、恩格斯著：《德意志意识形态》（节选本），人民出版社 2018 年版，第 68—69 页。

的不断斗争中，由于势单力薄“不得不向无产阶级呼吁，要求无产阶级援助，这样就把无产阶级卷进了政治运动。于是，资产阶级自己就把自己的教育因素即反对自身的武器给予了无产阶级”①。但是，这种反对自身的教育因素和武器的给予是无意识甚至是不得已的。此外，资本主义商品经济本质是竞争型经济，优胜劣汰和适者生存是资本主义商品经济条件下资本家阶级的生存法则和发展要诀。在残酷的淘汰机制和变动的竞争法则下，“工业的进步把统治阶级的整批成员抛到无产阶级队伍里去，或者至少也使他们的生活条件受到威胁。他们也给无产阶级带来了大量的教育因素”②。最可贵的是，像马克思、恩格斯这样出身中产阶级或贵族家庭的思想家们，背离自己的阶级出身，站在最广大无产阶级和全人类利益的角度，从理论的高度认识资本主义发展的历史必然性和暂时性，并从整个历史运动出发阐释无产阶级的革命必然性和依靠力量，由此而转到无产阶级的队伍和方面中来。以此为基础和前提，无产阶级的教育因素和自觉意识还来自于对于资本形而上学和资产阶级意识形态的正确识别和准确把握。马克思、恩格斯指出，“任何一个时代的统治思想始终都不过是统治阶级的思想。”③有什么样的经济利益和阶级关系，就有什么样的阶级统治思想树立于其上。因此，从根源上看，“法律、道德、宗教在他们看来全都是资产阶级偏见，隐藏在这些偏见后面的全都是资产阶级利益”④。在资产阶级和无产阶级联合反对共同敌人的阶段，资产阶级特殊的利益诉求和思想表达在斗争的场景下就表现为资产阶级和无产阶级共同的利益诉求和共同的思想意识。但是，这种共同利益诉求和共同思想意识的出台和最初表达是“远远超出自己的现实界限，而同一般的人的利益混淆起来”⑤。而资产阶级的革命任务一旦完成或共同的敌人一旦被打倒，这种虚假暂时的

① 马克思、恩格斯著:《共产党宣言》,人民出版社 2018 年版,第 37 页。
② 马克思、恩格斯著:《共产党宣言》,人民出版社 2018 年版,第 37 页。
③ 马克思、恩格斯著:《共产党宣言》,人民出版社 2018 年版,第 48 页。
④ 马克思、恩格斯著:《共产党宣言》,人民出版社 2018 年版,第 38 页。
⑤ 《马克思恩格斯文集》第 1 卷,人民出版社 2009 年版,第 286 页。

共同性思想和观念就会立刻土崩瓦解，这种利益的混淆和思想混同就会变为利益分歧的清晰化和思想对抗的显现化。因此，旧社会的变革和旧思想的根除是同一历史过程的。马克思、恩格斯指出，“当人们谈到使整个社会革命化的思想时，他们只是表明了一个事实：在旧社会内部已经形成了新社会的因素，旧思想的瓦解是同旧生活条件的瓦解步调一致的。”①

最后，持续的现实运动。无产阶级解放需要翻转资本主体，从而确立新的主体，在这一解放过程中，首先就要确立无产阶级的实践主体地位，在此基础上进行现实的、持续的实践活动。马克思、恩格斯指出，“思想本身根本不能实现什么东西。思想要得到实现，就要有使用实践力量的人。”②无产阶级作为实践的主体充当起绝对的实践力量，在跨越资本逻辑的历史活动中，无产阶级的队伍和力量也将随着历史活动的深入和扩大而扩展。虽然，战胜资本离不开自觉意识和思想力量。但是无产阶级也深切知道，自身的自我外化和外化的解脱绝不仅仅是“观念的幻影”或单纯的“自我意识”，仅仅通过“纯粹内在的唯灵论”是无法消灭这种物质的外化和资本的异化现实的。要现实地超越自我外化就要诉诸现实的革命实践运动，这一实践运动不是一蹴而就的，必须经历不同的历史时期和阶段。在第一阶段，由于面对共同的敌人，无产阶级的解放是和资产阶级的革命实践相结合的运动。在这个阶段上，工人还是被竞争分裂的分散的工人，工人的联合还不是基于自身力量的联合，而是基于资产阶级的政治目的被发动并追随资产阶级的联合，资产阶级与工人的联合是暂时的，因为“无产者不是同自己的敌人作斗争，而是同自己的敌人的敌人作斗争”③。虽然无产阶级是以主体而非领导者的身份出现在资产阶级发起和领导的反对共同敌人的队伍中的，但是，无产阶级时刻也没有忘记培育和壮大自己的队伍和觉悟，以便为下一阶段，即与真正的敌人资产阶级进行“决战”。

① 马克思、恩格斯著：《共产党宣言》，人民出版社 2018 年版，第 48 页。
② 《马克思恩格斯文集》第 1 卷，人民出版社 2009 年版，第 320 页。
③ 马克思、恩格斯著：《共产党宣言》，人民出版社 2018 年版，第 36 页。

无产阶级所要实现的社会变革除了理论方面之外，还包括政治方面和实践经济方面。在政治方面，无产阶级不能利用既有的国家机器和政权组织来达到自己的目的，“他的任务是要推翻整个资产阶级制度”①。因此，社会要重新收回被国家攫夺的政权和假托社会力量打击无产阶级的强迫力量，用无产阶级自己的充满生机活力的主动力量代替统治无产阶级的有组织的、联合的压迫力量，使无产阶级真正“获得社会解放的政治形式”②。在实践经济方面，认识到私有财产和无产阶级是两个绝对对立面，在资本主义社会中，这两个对立面又是在对立和对抗中相互促生的，私有财产造就了无产阶级，造就了无论在精神还是肉体上都双重贫困的无产阶级，这种贫困和非人化在无产阶级的身上到了无以复加的地步并且显露出它所具有的全面普遍性和不可忍受性，无产阶级要获得胜利，就必须“执行着私有财产由于产生无产阶级而给自己做出的判决。无产阶级在获得胜利时，无论如何决不会因此成为社会的绝对方面，因为它只有消灭自己本身和自己的对立面才能获得胜利。到那时，无产阶级本身以及制约着它的对立面——私有财产都会消失”③。在这场关系革命中，无产阶级将资本的渊薮和私有财产的灾难温床转变为崭新的生产力勋业和无产阶级真正的人的力量，解放的力量，如此，无产阶级的革命目标将相互配合并有计划地推进和得到完成。

四、后资本时代无产阶级解放的动力潜能论析

1893 年 12 月 19 日，恩格斯在《致国际社会主义者大学生代表大会》中提出了“脑力无产阶级”的概念，恩格斯希望从大学生行列能够产生和“从事体力劳动的工人”一道并肩作战的“脑力无产阶级”。1894 年 1 月 3 日，朱泽

① 马克思、恩格斯著：《德意志意识形态》（节选本），人民出版社 2018 年版，第 126 页。

② 马克思著：《法兰西内战》，人民出版社 2016 年版，第 102 页。

③ 《马克思恩格斯文集》第 1 卷，人民出版社 2009 年版，第 261 页。

培·卡内帕写信请求恩格斯为1894年3月起在日内瓦出版的周刊《新纪元》写一段题词,用简短的字句来表达未来的社会主义纪元的基本思想,以别于但丁曾说的"一些人统治,另一些人受苦难"的旧纪元。恩格斯经过深思熟虑认为没有比《共产党宣言》中的论述再合适的表述了,他以"代替那存在着阶级和阶级对立的资产阶级旧社会的,将是这样一个联合体,在那里,每个人的自由发展是一切人的自由发展的条件"①来概括未来时代的精神。可见,一方面,半个世纪过去了,恩格斯根据资本主义发展的最新经济现实和阶级现实,用"掌握全部社会生产"的"医生、工程师、化学家、农艺师及其他专门人才"②丰富和扩展了无产阶级的内涵。另一方面,再次强调和表明了资本逻辑批判和无产阶级解放这一一以贯之的目标追求和实践方向。

21世纪的今天,符码操控、消费社会、景观投放等成为"超级工业时代"和"贡献型数字经济"的符号表征和代名词,基于此,有些学者提出了"彻底无产阶级化的第三个阶段"即以"掏空认知力的无产阶级"和缺失主体认知能力的"心灵无产阶级"来代替马克思、恩格斯以经济所有制关系构境无产阶级的方式,并以此提出新的本体论理论和数字化的解放路径。对此,笔者认为,两个多世纪过去了,我们必须承认和直面资本变化的客观现实,同时也要在最新变化的客观现实面前区分表象现象和深层本质,不能简单混淆和混同。问题的实质是,符码操控、景观社会是消费端商品异化的升级形式,新的物化和精神异化造成了生产—消费的失衡和错位,但是,马克思、恩格斯关于生产决定消费的基本判断和辩证关系结构并没有发生根本改变,消费景观世界依然要以生产世界为基准和参照。另一方面,信息技术和大众传媒技术的发展催生了数字劳动和数字资本主义等崭新的劳动方式和经济模式,需要对其进行动态监测和深度剖析,而不能漂浮于事物表象和浅表层面。所谓"数字化生存"确实产生了新的异化形式,资本加速增殖的本质和更大化的"数字鸿沟"淹没在

① 《马克思恩格斯选集》第4卷,人民出版社2012年版,第647页。

② 《马克思恩格斯选集》第4卷,人民出版社2012年版,第301页。

时空变奏和社会加速运转的平面化和一体化假象之中，资本以与数字技术结合的方式表现出更大的弹性伸缩性和进退力，但这仅仅是资本变革的物化外围形式。从深层本质和长时段来考察，资本积累和非均衡增长确实得到了暂时性的缓解，资本的非理性繁荣却造成了经济增长的"漂亮数字"，但是，资本的空间动力学和全球逻辑布展以更深重和更大范围、更具影响力的危机为必要补充，从资本危机的时代演化中便可见一斑。在这种情况下，无产阶级发生了哪些变化？无产阶级的变化是否动摇了其革命立场和变革力量？对这些问题的回答，不仅关乎不同社会制度的发展，更关乎无产阶级和人类社会发展的未来。马克思、恩格斯关于无产阶级的论述并不是一面体，而是多元体，无产阶级是失去生产资料因而不得不靠出卖唯一具有的劳动力为生的劳动者阶级，无产阶级的贫困既是"绝对贫困"和"相对贫困"的样态融合，也是"物质贫困"和"精神贫困"的二元统一，更是"现实贫困"和"潜能贫困"的内容合一，它不仅立足于现实，更着眼于未来，因此不能从字面意义，而必须从引申意义探窥出资本力量对人的力量的斩断和人的发展的可能性的夭折，"劳动无产阶级"和"总体工人"使马克思、恩格斯的无产阶级概念和理论具有丰富的内涵包容性和发展性，因而不仅能够有效解释和指导现实，更能在乱花渐欲迷人眼的资本变迁和理论迭新中抓住事物的根本，因此，可以说，不管资本的形式如何变更，只要资本仍然是塑造和统辖世界的最主要力量和方式，无产阶级就不会缩减和消失，他们超越资本逻辑和变革全部社会关系的历史使命就没有终结，这一任务艰巨而漫长，光荣而神圣。

结束语　面向资本逻辑　回到资本逻辑批判

《资本论》是马克思主义批判理论的"制高点"，在这一理论高地中，"资本逻辑批判"又是《资本论》和政治经济学批判这一理论高地中的高地和极点，资本逻辑是资本主义社会的"人体"，对其把脉、解剖和批判是认识资本主义社会以前的经济社会发展形态和经济形式的钥匙，也是正确认知和解释资本主义社会经济社会运行的锁钥，更是科学预测资本主义社会未来发展方向和前途的瞳孔。以此为基点和撬点，马克思展开了对资本主义经济社会的整体性批判，发表了关于资本主义经济社会发展主线的重要真知灼见。这其中，资本逻辑批判的理论魅力不仅在于它对资本和资本主义社会"是其所是"的客观描绘，而且在于它对资本和资本主义社会"是其所非是"的本质剖露，更是在于它对资本和资本主义社会"是其所能是"的敞显预测。对资本逻辑批判理论的脉动和生命力功不可没的是马克思的辩证法，辩证法不只给予马克思在进行资本逻辑批判时以必不可少的"材料加工的方法"，更重要的是，资本作为实在主体和一般运动与辩证法结构和自我否定的内在本质的相似和一致。在资本逻辑批判中，辩证法是资本逻辑成立的基础，而资本逻辑是辩证法运转的一大主体，两者的一致成就了开放、科学的资本逻辑批判思想。

马克思的资本逻辑批判的科学性和生命力首先在于对资本时代资本本质

和资本主义大工业的揭示。马克思生活在“资本的时代”，资本际遇这一马克思时代的最大现实（物质利益）问题给予马克思巨大的批判指向和批判灵感，正是在资本构筑的蹩脚框景中，马克思发现了问题的症候、实质和症结，并予以指认和批判。马克思发现了资本作为生产关系的本质，在古典政治经济学家宣扬合理性的地方，马克思发现了形式上的平等下所暗藏的事实上的不平等，并对造成这种现象和事实的反差的根源进行追溯，指认出资本作为关系主体在能动性的运动过程中将其他一切物质要素卷入其中并通约同化成服务于资本增殖的要素，这种不对等的关系只是在简单再生产的一次次简单的机械重复中也能得以确立和固化，而扩大再生产本质上就是资本积累和增殖的扩大再生产。为了揭露资本物神这一资本时代最大的拜物教秘密，马克思遵照哲学—政治—经济学的逻辑线索对商品—货币—资本的三个拜物教形式进行了现实和观念的整体性批判，从而确立了资本逻辑批判的向度和内容，实现了政治经济学批判的革命。

马克思之后，对马克思资本逻辑批判的质疑从来没有停止，这种质疑在遭遇重大的经济危机和社会困局时往往又转化为向马克思的问询和求教。在200多年的历史沉淀考验中，资本经历了自身的变与不变，在变与不变的张力中验证着马克思的资本逻辑批判思想。今天，资本的具体存在样态和增殖方式发生了变化，但是资本的本质和活化增殖的逻辑没有变化；资本增殖的速度和规模超出以往时代，但是资本增殖的后果和不均衡结构并无扭转。资本向其他领域的溢出和侵浸超出以往时代，同时资本增殖的快感和欲望仍难以填充；资本与其他要素的耦合度和关联度空前强化，同时资本的投机性和风险系统性也高出以往；资本的虚拟化程度和扭曲度高出以往，同时资本的非理性和贪婪性也前所未有；资本在经济物质领域的饱和充溢和主体虚空同时伴有在其他领域的融合渗透和扩张延宕；资本对消费的亲近和对符号的迷恋，同时伴有资本对生产的疏离和对现实的掌控。资本昭然若揭的暴力强制让位于温情脉脉的隐秘支配，资本幻化为无处不在却又无形的抽象力量，征服和穿透一切有形的事物和障碍，资本的幽灵依靠自身的抽象统治"不仅撒的网更广，也更充分地把我们网络到一块。其方法不像是一个强制的过程，倒更像是一个渗透的过程，它渗透着我们生活的方方面面"①，使我们不可能置身其外。因此，识破资本的本质和真相，首先就需要恢复资本逻辑批判的"本真面目"，把握真正的马克思的资本逻辑批判思想，同时赋予其以批判的当代视界。对资本逻辑的动态化和实质性批判需要与语境、场域和时代诊断相结合，形成资本逻辑批判的现实测度。其次，需要回归资本逻辑批判的"本初语境"，厘清哲学—政治学—经济学的思想脉络和话语逻辑的演进线索，在历史唯物主义的视域下还原资本逻辑批判的哲学向度、政治哲学内蕴和政治经济学批判的解放指向，从而在对"财富来源""分配规律"等物的关系的分析中掌握真正人的关系。再次，需要坚持资本逻辑批判的"问题原则"和强化资本逻辑批判的"方向坐标"，破解资本逻辑的秘密，警惕资本逻辑运演自我繁荣背后隐藏的危机限制，指认资本白色神话的自我妨碍，进而对资本主义向何处去进行解答，对人的解放和自由全面发展如何可能进行论证，既是马克思资本逻辑批判内在的问题指向，也是马克思对人类命运一以贯之的深切关切。今天，马克思当年所描述的资本的狂欢和盛宴不仅没有退场，反而发展和强化到一个超出马克思时代的前所未有和不可想象的程度，资本表面的平静暗藏着巨大的危机，为其提供超越替代方案和可行出路是资本逻辑批判的不变原则和方向。最后，需要拓延资本逻辑批判的"理论视界"和重铸资本逻辑批判的"当代构境"，资本运动使资本逻辑范围真正实现了脱域化和全球化，也使资本逻辑的领域实现了全域化和全景化，更使资本逻辑的视界实现了多元化和交叉化。与资本运动和资本逻辑展开相一致，资本逻辑批判的视界也需要实现全球化和整体化，同时要在系统化的把握中进行分域化和细微化的批判，整个新的学科和新的视域，构筑资本逻辑批判的当代形态。

---

① ［美］J.K.吉布森-格雷汉姆著：《资本主义的终结》，陈冬生译，社会科学文献出版社2002年版，第325页。

最后,“批判的武器”最终要落脚为“武器的批判”,资本逻辑批判最终指向超越资本的新的社会实践和事业建构。因此,资本逻辑不能停留在理论观念层面,也不能囚困于单纯的问题发现方面,而要转化为现实的社会历史的革命运动。首先,要在资本逻辑与人的辩证生存本性中,找到人的存在论基础。“资本逻辑是资本主义社会最大的现实和历史,资本逻辑发酵和运演产生的‘以太效应’最大限度地掩盖和遮蔽了资本主义社会条件下人的生存样态和人与人之间生动多维的真实关系。对资本逻辑与‘现实的历史’的剥离,从资本逻辑和‘现实的历史’的浅层症候上升到深层本质,剖析资本逻辑形而上学的抽象力量对人的全面统治,构成了《资本论》关于‘现实的历史’的始基性的存在论经验和依据。”①资本主体和资本关系掩埋了人的主体和人与人之间的关系,对资本逻辑的批判最终在于恢复真正人的主体和人与人之间真正丰富的人的关系,人的存在基础的夯实、主体地位的召回和主体力量的发挥、人的世界的真正构建需要在资本逻辑的破解中实现。其次,消解资本逻辑产生的制度前提,找到消解资本逻辑的突破口。资本主义的生产是以资本关系为基础和前提的生产,而就生产和分配的关系而言,生产的结构决定分配的结构,分配本身只能是生产结构和结果的分配,离开生产的分配是无法完成,也是无法想象的。因此,对资本逻辑的消解不能诉诸“工资规律”的废除,而要从根基处即“雇佣劳动制度”出发消除工资由以产生根本土壤。最后,积聚翻转资本逻辑的历史力量,开展超越资本的实践运动。变革资本统治的现实不仅需要“革命的理论”,更需要“革命的运动”,劳动附属资本、资本辖制劳动的制度“可以被自由平等的生产者联合的造福人民的共和制度所代替”②。这种制度的建立需要“经过一系列将把环境和人都加以改造的历史过程”③。在这一过

① 姜英华、叶泽樱:《资本逻辑批判与〈资本论〉的存在论革命》,《当代经济研究》2018 年第 11 期。

② 《马克思恩格斯全集》第 21 卷,人民出版社 2003 年版,第 271 页。

③ 《马克思恩格斯文集》第 3 卷,人民出版社 2009 年版,第 159 页。

程中,翻转的不仅是资本的主体力量,更是现实的资本的制度本身,与此相适应,将是人的主体力量的彰显和真正解放,将是超越资本逻辑的新型文明形态的建立。

参考文献

（一）专著文献

马克思:《资本论》(第1—3卷),人民出版社2004年版。
《马克思恩格斯选集》(第1—4卷),人民出版社2012年版。
《马克思恩格斯文集》(第1—10卷),人民出版社2009年版。
《马克思恩格斯全集》第3卷,人民出版社2002年版。
《马克思恩格斯全集》第21卷,人民出版社2003年版。
《马克思恩格斯全集》第30卷,人民出版社1995年版。
《马克思恩格斯全集》第31卷,人民出版社1998年版。
《马克思恩格斯全集》第32卷,人民出版社1998年版。
《马克思恩格斯全集》第35卷,人民出版社2013年版。
《马克思恩格斯全集》第42卷,人民出版社1979年版。
《马克思恩格斯全集》第44卷,人民出版社2001年版。
《马克思恩格斯全集》第45卷,人民出版社2003年版。
《马克思恩格斯全集》第46卷,人民出版社2003年版。
《马克思恩格斯全集》第47卷,人民出版社1979年版。
《马克思恩格斯全集》第49卷,人民出版社1982年版。
马克思:《剩余价值理论》(第1—3卷),人民出版社1975年版。
马克思:《1844年经济学哲学手稿》,人民出版社2018年版。
马克思、恩格斯:《共产党宣言》,人民出版社2017年版。

马克思、恩格斯:《德意志意识形态》(节选本),人民出版社 2018 年版。

马克思:《法兰西内战》,人民出版社 2016 年版。

《列宁专题文集》,人民出版社 2009 年版。

中共中央党史和文献研究院编:《习近平关于总体国家安全观论述摘编》,中央文献出版社 2018 年版。

中共中央文献研究室编:《习近平关于科技创新论述摘编》,中央文献出版社 2016 年版。

[英]默文·金著:《金融炼金术的终结》,束宇译,中信出版社 2016 年版。

[美]大卫·哈维著:《世界的逻辑》,周大昕译,中信出版社 2017 年版。

[英]大卫·哈维著:《资本的限度》,张寅译,中信出版社 2017 年版。

[美]大卫·哈维著:《马克思与〈资本论〉》,周大昕译,中信出版集团 2018 年版。

[美]戴维·哈维著:《正义、自然和差异地理学》,胡大平译,上海人民出版社 2015 年版。

[法]让·鲍德里亚著:《符号政治经济学批判》,夏莹译,南京大学出版社 2015 年版。

[法]让·鲍德里亚著:《消费社会》,刘成富、全志钢译,南京大学出版社 2014 年版。

[法]居伊·德波著:《景观社会》,张新木译,南京大学出版社 2017 年版。

[美]约翰·贝拉米·福斯特著:《生态危机与资本主义》,耿建新,宋兴无译,上海译文出版社 2006 年版。

[美]约·贝·福斯特著:《生态革命——与地球和平相处》,刘仁胜、李晶、董慧译,人民出版社 2015 年版。

[英]戴维·佩珀著:《生态社会主义:从深生态学到社会正义》,刘颖译,山东大学出版社 2005 年版。

[斯洛文尼亚]斯拉沃热·齐泽克著:《易碎的绝对》,蒋桂琴,胡大平译,江苏人民出版社 2004 年版。

[美]迈克尔·哈特、[意]安东尼奥·奈格里著:《帝国》,杨建国、范一亭译,江苏人民出版社 2003 年版。

[美]迈克尔·哈特、[意]安东尼奥·奈格里著:《大同世界》,王行坤译,中国人民大学出版社 2016 年版。

[加拿大]迈克尔·A.莱博维奇著:《超越〈资本论〉——马克思的工人阶级政治经济学》(第二版),崔秀红译,经济科学出版社 2007 年版。

[德]费彻尔:《马克思与马克思主义:从经济学批判到世界观》,赵玉兰译,北京师范大学出版社 2009 年版。

[意]杰奥瓦尼·阿瑞基著:《漫长的 20 世纪》,姚乃强、严维明、韩振荣译,江苏人民出版社 2010 年版。

[美]丹尼尔·贝尔著:《资本主义文化矛盾》,严蓓雯译,人民出版社 2010 年版。

[英]克拉克著:《经济危机理论:马克思的视角》,杨健生译,北京师范大学出版社 2011 年版。

[日]内田弘著:《新版〈政治经济学批判大纲〉的研究》,王青、李萍、李海春译,北京师范大学出版社 2011 年版。

贺来著:《辩证法的生存论基础——马克思辩证法的当代阐释》,中国人民大学出版社 2004 年版。

郗戈著:《从哲学革命到资本批判——马克思历史唯物主义基本范畴的当代阐释》,世界图书出版广东有限公司 2012 年版。

张一兵、蒙木桂著:《神会马克思——马克思哲学原生态的当代阐释》,中国人民大学出版社 2003 年版。

白刚:《瓦解资本的逻辑:马克思辩证法的批判本质》,中国社会科学出版社 2009 年版。

鲁品越:《鲜活的资本论——从深层本质到表层现象》,上海人民出版社 2015 年版。

鲁品越:《鲜活的资本论——从〈资本论〉到中国道路》(第二版),上海人民出版社 2016 年版。

鲁品越:《走向深层的思想——从生成论哲学到资本逻辑与精神现象》,人民出版社 2014 年版。

陈征:《〈资本论〉解说》(全 3 卷),福建人民出版社 2017 年版。

王伯鲁:《马克思技术思想纲要》,科学出版社 2009 年版。

王伯鲁:《〈资本论〉及其手稿技术思想研究》,西南通大学出版社 2016 年版。

《海德格尔选集》(上下卷),孙周兴译,三联书店 1996 年版。

[美]彼得·F.德鲁克著:《后资本主义社会》,傅振焜译,东方出版社 2009 年版。

[加]尼克·斯尔尼塞克著:《平台资本主义》,程水英译,广东人民出版社 2018 年版。

[德]尤尔根·哈贝马斯:《作为"意识形态"的技术与科学》,马戎等译,学林出版社 2000 年版。

M.Heidegger,*The Question Concerning Technology and Other Essays*,New York:Harper and Row,1977.

[美]欧文·费雪著:《繁荣与萧条》,李彬译,商务印书馆2014年版。

[奥]鲁道夫·希法亭著:《金融资本——资本主义最新发展研究》,福民等译,商务印书馆1994年版。

[意]奈格里著:《〈大纲〉:超越马克思的马克思》,张梧等译,北京师范大学出版社2011年版。

[美]大卫·哈维著:《资本社会的17个矛盾》,许瑞松译,中信出版集团2016年版。

[英]L.梅扎罗斯著:《超越资本——关于一种过渡理论》(上下),郑一明等译,中国人民大学出版社2003年版。

[英]琼·罗宾逊著:《资本积累论》,于树生译,商务印书馆2017年版。

[美]大卫·哈维著:《跟大卫哈维读〈资本论〉》(第一卷),刘英译,上海译文出版社2014年版。

[美]大卫·哈维著:《跟大卫哈维读〈资本论〉》(第二卷),谢富胜、李连波等校译,上海译文出版社2016年版。

[美]大卫·哈维著:《资本之谜:人人需要知道的资本主义真相》,陈静译,电子工业出版社2011年版。

[德]路德维希·拉赫曼著:《资本及其结构》,刘纽译,上海财经大学出版社2015年版。

张薰华著:《〈资本论〉脉络》(第二版),复旦大学出版社1999年版。

[法]托马斯·皮凯蒂著:《21世纪资本论》,巴曙松等译,中信出版社2014年版。

[日]见田石介著:《资本论的方法研究》,张小金、郑桦、尹栾玉、邓习议译,中国书籍出版社2012年版。

刘同舫著:《马克思人类解放思想史》,人民出版社2019年版。

刘同舫著:《技术的当代哲学视野》,人民出版社2017年版。

[德]克里斯多夫·库克里克著:《微粒社会》,黄昆、夏柯译,中信出版社2018年版。

孙承叔著:《资本与历史唯物主义:〈资本论〉及其手稿当代解读》,上海人民出版社2017年版。

孙承叔著:《真正的马克思:〈资本论〉三大手稿的当代意义》,人民出版社2009年版。

孙承叔著:《资本与社会和谐》,重庆出版社 2008 年版。

唐正东著:《当代资本主义新变化的批判性解读》,经济科学出版社 2016 年版。

唐正东著:《从斯密到马克思——经济哲学方法的历史性诠释》,江苏人民出版社 2009 年版。

唐正东著:《资本的附魅及其哲学解构》,江苏人民出版社 2013 年版。

仰海峰著:《〈资本论〉的哲学》,北京师范大学出版社 2017 年版。

仰海峰著:《西方马克思主义的逻辑》,北京大学出版社 2010 年版。

[美]马尔库塞著:《单向度的人——发达工业社会意识形态研究》,刘继译,上海译文出版社 2008 年版。

[荷兰]E·舒尔曼著:《科技文明与人类未来——在哲学深层的挑战》,李小兵等译,东方出版社 1995 年版。

[印]阿马蒂亚·森著:《贫困与饥荒:论权利与剥夺》,王宇、王文玉译,商务印书馆 2001 年版。

[法]米歇尔·福柯著:《疯癫与文明》,刘北成、杨远婴译,三联书店 2003 年版。

[日]望月清司著:《马克思历史理论的研究》,韩立新译,北京师范大学出版社 2009 年版。

[英]齐格蒙特·鲍曼著:《工作、消费、新穷人》,仇子明、李兰译,吉林出版集团有限责任公司 2010 年版。

[英]齐格蒙特·鲍曼著:《立法者和阐释者》,洪涛译,上海人民出版社 2000 年版。

[美]埃里希·弗洛姆著:《健全的社会》,蒋重跃等译,国际文化出版公司 2003 年版。

[美]罗伯特·希勒著:《金融与好的社会》,束宇译,中信出版社 2012 年版。

[美]大卫·哈维著:《希望的空间》,胡大平译,南京大学出版社 2006 年版。

[法]亨利·列斐伏著:《空间与政治》,李春译,上海人民出版社 2015 年版。

[美]爱德华·W.苏贾著:《寻求空间正义》,高春花、强乃社等译,社会科学文献出版社 2016 年版。

[美]爱德华·W.苏贾著:《后现代地理学——重申批判社会理论中的空间》,王文斌译,商务印书馆 2004 年版。

鲍亚明主编:《后现代性与地理学的政治》,上海教育出版社 2001 年版。

[英]安东尼·吉登斯著:《历史唯物主义的当代批判:权力、财产与国家》,郭忠华译,上海译文出版社 2010 年版。

Micheal J.Dear 著:《后现代都市状况》,李小科等译,上海教育出版社 2004 年版。

[英]齐格蒙特·鲍曼著:《现代性与矛盾性》,邵迎生译,商务印书馆2013年版。

[英]齐格蒙特·鲍曼著:《流动的现代性》,欧阳景根译,中国人民大学出版社2017年版。

[英]齐格蒙特·鲍曼著:《全球化人类的后果》,郭国良、徐建华译,商务印书馆2013年版。

[英]齐格蒙特·鲍曼著:《被围困的社会》,郇建立译,江苏人民出版社2005年版。

[英]多琳·马西著:《保卫空间》,王爱松译,江苏凤凰教育出版社2017年版。

庄友刚著:《空间生产的历史唯物主义阐释》,苏州大学出版社2017年版。

[美]戴维·哈维著:《后现代的状况:对文化变迁之缘起的探究》,阎嘉译,商务印书馆2003年版。

[英]大卫·哈维著:《资本的城市化:资本主义城市化的历史与理论研究》,董慧译,苏州大学出版社2017年版。

包亚明主编:《现代性与空间的生产》,上海教育出版社2003年版。

王庆丰著:《〈资本论〉的再现》,中央编译出版社2016年版。

涂良川、王庆丰著:《历史唯物主义与政治哲学》,中国社会科学出版社2018年版。

[加]尼克·斯尔尼塞克著:《平台资本主义》,程水英译,广东人民出版社2018年版。

[美]罗伯特·希勒著:《数字资本主义》,杨立平译,江西人民出版社2001年版。

张一兵著:《马克思历史辩证法的主体向度》,南京大学出版社2002年版。

[德]哈特穆特·罗萨著:《新异化的诞生:社会加速批判理论大纲》,郑作彧译,上海译文出版社2018年版。

陈志刚著:《现代性批判及其对话——马克思与韦伯、福柯、哈贝马斯等思想的比较》,社会科学文献出版社2012年版。

[英]特里·伊格尔顿著:《历史中的政治、哲学、爱欲》,马海良译,中国社会科学出版社1999年版。

[德]于尔根·哈贝马斯著:《现代性的哲学话语》,曹卫东译,译林出版社2011年版。

郗戈著:《现代性的矛盾与超越——马克思现代性思想与当代社会发展》,中国人民大学出版社2014年版。

[英]安东尼·吉登斯著:《资本主义与现代社会理论:对马克思、涂尔干和韦伯著作的分析》,郭忠华、潘华凌译,上海译文出版社2018年版。

[英]安东尼·吉登斯著:《现代性的后果》,田禾译,译林出版社2011年版。

[德]乌尔里希·贝克、[英]安东尼·吉登斯、斯科特·拉什著:《自反性现代化:现代社会秩序中的政治、传统与美学》,赵文书译,商务印书馆2014年版。

[加]莫伊舍·普殊同著:《时间、劳动与社会统治:马克思的批判理论再阐释》,康凌译,北京大学出版社2019年版。

姜英华:《经济全球化与中国方案》,兰州大学出版社2019年版。

[英]马歇尔·伯曼著:《一切坚固的东西都烟消云散了:现代性体验》,徐大建、张辑译,商务印书馆2013年版。

[英]安东尼·吉登斯著:《现代性与自我认同:现代晚期的自我与社会》,赵旭东、方文译,生活·读书·新知三联书店1998年版。

[英]罗斯·阿比奈特著:《现代性之后的马克思主义——政治、技术与社会变革》,王维先、马强、禚明亮译,江苏人民出版社2010年版。

丰子义著:《现代化的理论基础:马克思现代社会发展理论研究》,北京师范大学出版社2017年版。

[德]西美尔著:《货币哲学》,陈戎女、耿开君、文聘元译,华夏出版社2007年版。

[日]宫川彰著:《解读〈资本论〉》(第1卷),刘锋译,中央编译出版社2011年版。

[德]埃里希·弗洛姆著:《逃避自由》,刘林海译,国际文化出版公司2007年版。

[匈]阿格尼丝·赫勒著:《现代性理论》,李瑞华译,商务印书馆2005年版。

聂锦芳主编:《马克思的新哲学——原型与流变》,中国社会科学出版社2013年版。

聂锦芳主编:《〈资本论〉及其手稿再研究:文献、思想与当代性》,经济科学出版社2013年版。

[美]罗伯特·L.海尔布隆纳著:《马克思主义:赞成与反对》,马林梅译,东方出版社2016年版。

[奥]庞巴维克著:《资本与利息》,何崑曾、高德超译,商务印书馆2010年版。

[法]雅克·德里达著:《马克思的幽灵——债务国家、哀悼活动和新国际》,何一译,中国人民大学出版社1999年版。

[日]柄谷行人著:《马克思,其可能性的中心》,[日]中田友美译,中央编译出版社2006年版。

陈嘉明著:《现代性与后现代性十五讲》,北京大学出版社2006年版。

[德]卡尔·雅斯贝斯著:《历史的起源与目标》,李夏菲译,漓江出版社2019年版。

[日]广松涉著:《物象化论的构图》,彭曦、庄倩译,南京大学出版社2002年版。

[日]广松涉著:《资本论的哲学》,邓习议译,南京大学出版社2013年版。

陈祥勤著:《马克思与政治哲学问题》,上海人民出版社 2019 年版。

[美]汉娜·阿伦特著:《人的境况》,王寅丽译,上海人民出版社 2021 年版。

[美]汉娜·阿伦特著:《马克思主义与西方政治思想传统》,孙传钊译,江苏人民出版社 2012 年版。

李佃来著:《马克思主义政治哲学的传统及其当代延展》,人民出版社 2020 年版。

[德]韩炳哲著:《精神政治学》,关玉红译,中信出版社 2019 年版。

[德]韩炳哲著:《他者的消失》,吴琼译,中信出版社 2019 年版。

(二)期刊文献

张雷声:《论资本逻辑》,《新视野》2015 年第 2 期。

孙正聿:《现代化与现代化问题——从马克思的观点看》,《马克思主义与现实》2013 年第 1 期。

鲁品越、骆祖望:《资本与现代性的生成》,《中国社会科学》2005 年第 3 期。

鲁品越、王珊:《论资本逻辑的基本内涵》,《上海财经大学学报》2013 年第 5 期。

鲁品越:《资本逻辑与人的发展悖论》,《学习与探索》2013 年第 2 期。

张双利:《论〈共产党宣言〉对资本主义的批判》,《探索与争鸣》2018 年第 5 期。

聂锦芳:《恩格斯的资本批判及其当代价值》,《哲学研究》2020 年第 12 期。

[斯洛文尼亚]斯拉沃热·齐泽克著:《资本的幽灵》,胡大平译,《当代国外马克思主义评论》2004 年。

孙承叔:《资本与现代性——马克思的回答》,《上海财经大学学报》2006 年第 4 期。

顾海良:《关于 20 世纪西方学者对马克思经济学研究的几个问题》,《政治经济学评论》2015 年第 1 期。

张一兵:《心灵无产阶级化及其解放途径——斯蒂格勒对当代数字化资本主义的批判》,《探索与争鸣》2018 年第 1 期。

仰海峰:《资本逻辑与时间规划——基于〈资本论〉第一卷的研究》,《哲学研究》2013 年第 2 期。

胡大平:《超级现代性状况及其体验》,《江海学刊》2019 年第 4 期。

贺来:《重建个体性:个体的"自反性"与人的"自由个性"》,《探索与争鸣》2017 年第 5 期。

仰海峰:《马克思资本逻辑场域中的主体问题》,《中国社会科学》2016 年第 3 期。

白刚:《数字资本主义:"证伪"了〈资本论〉?》,《上海大学学报》(社会科学版)

2018 年第 7 期。

韩庆祥:《现代性的本质、矛盾及其时空分析》,《中国社会科学》2016 年第 2 期。

吴晓明:《论马克思对现代性的双重批判》,《学术月刊》2006 年第 2 期。

吴晓明:《论马克思政治哲学的唯物史观基础》,《马克思主义与现实》2020 年第 1 期。

段忠桥:《政治哲学、马克思政治哲学与唯物史观——与吴晓明教授商榷》,《社会科学辑刊》2020 年第 4 期。

刘同舫:《启蒙理性及现代性:马克思的批判性重构》,《中国社会科学》2015 年第 2 期。

张雄:《现代性后果:从主体性哲学到主体性资本》,《哲学研究》2006 年第 10 期。

丰子义:《全球化与资本的双重逻辑》,《北京大学学报》(哲学社会科学版)2009 年第 3 期。

丰子义:《现代性:危机中的重建》,《当代中国价值观研究》2016 年第 2 期。

王庆丰:《马克思的〈资本论〉与古典政治经济学》,《学术研究》2013 年第 8 期。

孔明安:《人与自然关系的新阐释——再论恩格斯〈自然辩证法〉的当代意蕴》,《北京行政学院学报》2020 年第 5 期。

孔明安:《贪婪与恐惧:当代资本主义金融危机的新阐释》,《国外理论动态》2019 年第 6 期。

孔明安:《齐泽克与当代资本主义批判——兼论精神分析视野下的虚拟资本及其功能》,《哲学动态》2014 年第 11 期。

李佃来:《政治哲学构建的四条路径》,《中国人民大学学报》2021 年第 2 期。

李佃来:《马克思政治哲学的历史性原则》,《社会科学文摘》2020 年第 12 期。

郗戈:《资本逻辑与主体生成:〈资本论〉哲学主题再研究》,《北京大学学报》(哲学社会科学版)2019 年第 4 期。

郗戈:《马克思对资本主义现代性的"内在批判"及其当代价值》,《天津社会科学》2016 年第 6 期。

郗戈:《〈资本论〉的哲学主线:资本逻辑及其扬弃》,《华中科技大学学报》(社会科学版)2017 年第 3 期。

王伯鲁:《马克思资本与技术融合思想解读》,《中国人民大学学报》2012 年第 2 期。

张梧:《创新发展的人学审视——马克思机器体系批判理论的当代解读》,《山东社会科学》2017 年第 4 期。

张梧:《〈资本论〉对黑格尔辩证法的透视与重构》,《哲学研究》2019年第4期。

唐正东:《当代资本主义的空间化:哈维的视角及其局限性》,《苏州大学学报》(哲学社会科学版)2015年第5期。

蓝江:《数字资本主义批判和重建无产阶级集体性——21世纪国外马克思主义新趋势探析》,《华中科技大学学报》(社会科学版)2021年第1期。

蓝江:《人工智能与未来社会主义的可能性》,《当代世界与社会主义》(双月刊)2019年第6期。

蓝江:《智能时代的数字——生命政治》,《江海学刊》2020年第1期。

蓝江:《从物化到数字化:数字资本主义时代的异化理论》,《社会科学》2018年第11期。

蓝江:《一般数据、虚体、数字资本——数字资本主义的三重逻辑》,《哲学研究》2018年第3期。

[美]苏特·加利、[加]比尔·李凡特:《"观看即工作":受众意识的价值增殖》,《国外社会科学前沿》2020年第6期。

陈祥勤:《西方现代化进程中的资本化与社会化之辩》,《国外社会科学前沿》2020年第12期。

张风超:《资本逻辑与空间化秩序》,《马克思主义研究》2010年第7期。

孟飞、程榕:《如何理解数字劳动、数字剥削、数字资本?——当代数字资本主义的马克思主义政治经济学批判》,《教学与研究》2021年第1期。

谢富胜、吴越、王生升:《平台经济全球化的政治经济学分析》,《中国社会科学》2019年第12期。

[英]克里斯蒂安·福克斯:《大数据资本主义时代的马克思》,罗铮译,《国外理论动态》2020年第4期。

漆思、于翔:《理性与资本:马克思现代性批判本质之辨》,《社会科学战线》2016年第7期。

赵锦英:《现代性的破碎与整合:从早期浪漫派到马克思》,《马克思主义与现实》2021年第1期。

姜英华:《贫困、贫困积累与贫困克服——马克思政治经济学批判的一条隐性线索》,《社会主义研究》2019年第2期。

姜英华、叶泽樱:《资本逻辑批判与〈资本论〉的存在论革命》,《当代经济研究》2018年第11期。

姜英华:《论中国经济空间优化的新常态》,《贵州社会科学》2016年第2期。

姜英华:《习近平关于实体经济与虚拟经济互益发展的重要论述研究——基于资本逻辑视角的政治经济学分析》,《广西社会科学》2020 年第 2 期。

姜英华:《现代性语境中社会主义核心价值体系的价值自觉》,《湖北民族学院学报》(哲学社会科学版)2015 年第 3 期。

姜英华:《资本逻辑下“逆全球化”的根源与出路》,《理论导刊》2020 年第 1 期。

姜英华:《论超越“资本逻辑”的中国特色社会主义政治经济学话语体系的构建》,《延安大学学报》(社会科学版)2018 年第 6 期。

姜英华:《资本逻辑、信用扩张与经济危机》,《天府新论》2019 年第 4 期。

姜英华:《资本逻辑、共享理念与分配正义》,《宁夏党校学报》2019 年第 5 期。

刘志洪:《论资本的核心逻辑与附属逻辑》,《马克思主义与现实》2017 年第 1 期。

刘志洪:《何谓“资本逻辑”——基于马克思思想的再理解》,《哲学研究》2019 年第 12 期。

刘志洪:《当代资本的逻辑嬗变》,《现代哲学》2019 年第 5 期。

陈士聪:《如何理解“理性”与“资本”的关系?——基于“现代性逻辑”界定的考察》,《马克思主义哲学研究》2019 年第 2 期。

吴致远:《技术与现代性的形成》,《自然辩证法研究》2012 年第 3 期。

田鹏颖、陈孟:《马克思唯物史观视域下中国现代性的创造与超越》,《哲学分析》2020 年第 5 期。

任帅军、肖巍:《马克思恩格斯论工人阶级上升为无产阶级》,《复旦学报》(社会科学版)2021 年第 2 期。

任帅军:《重提无产阶级的未来性》,《中国社会科学报》2020 年 12 月 31 日。

任帅军:《〈神圣家族〉意识形态思想探究》,《复旦学报》(社会科学版)2020 年第 2 期。

罗松涛:《自由时间辩证法——从阿多诺文化工业批判谈起》,《教学与研究》2021 年第 3 期。

刘海春:《休闲与自由——马克思自由伦理观的当代阐释》,《马克思主义与现实》2020 年第 1 期。

王益:《〈资本论〉中自由观的三重维度——基于政治哲学的考察》,《山东社会科学》2019 年第 2 期。

周瑶、单连春:《马克思个性观的发展历程及其当代价值》,《南京林业大学学报》(人文社会科学版)2021 年第 1 期。

刘雄伟:《〈资本论〉的“时间”概念》,《宁夏社会科学》2020 年第 4 期。

周世兴:《论马克思的“自由个性的个人”》,《中州学刊》2014 年第 1 期。

杨永强、谢亚洲:《从时间到空间:全球化、现代化叙事逻辑的转化——基于新马克思主义空间政治批判的视角》,《国外理论动态》2018 年第 10 期。

马云志、杨永强:《资本主义空间批判的逻辑架构考察——以新马克思主义为中心》,《马克思主义与现实》2019 年第 3 期。

谢亚洲:《马克思“殖民地谜题”与新帝国主义的当代困境——资本主义现代性及其时间性主体的重建》,《甘肃社会科学》2020 年第 4 期。

谢亚洲:《“金融资本”与当代新帝国主义问题》,《山东社会科学》2020 年第 7 期。

周丹:《社会主义市场经济条件下的资本价值》,《中国社会科学》2021 年第 4 期。

李爱龙:《生命权力能否切中现实生命:生命政治的文明面及其当代建构》,《宁夏社会科学》2021 年第 2 期。

李爱龙:《从资本逻辑到人民逻辑:生命政治本土化的主题与方向》,《深圳大学学报》(人文社会科学版)2021 年第 1 期。

鲁保林:《新帝国主义的形成、特征与积累模式》,《教学与研究》2021 年第 3 期。

余斌:《新帝国主义是帝国主义的最后阶段》,《世界社会主义研究》2021 年第 4 期。

[美]因坦·苏万迪、[美]R.贾米尔·约恩纳、[美]约翰·B.福斯特:《新自由主义全球化下的剥削之谜——基于全球商品链与新帝国主义的视角》,《国外社会科学前沿》2019 年第 9 期。

[埃]萨米尔·阿明:《新帝国主义的结构》,陈俊昆、韩志伟译,《国外理论动态》2020 年第 1 期。

蒋天婵:《“双重逻辑”与马克思主义新帝国主义理论》,《东南大学学报》(哲学社会科学版)2020 年第 3 期。

李连波:《虚拟经济背离与回归实体经济的政治经济学分析》,《马克思主义研究》2020 年第 3 期。

张衔、钟鹏:《对虚拟资本的理论思考》,《社会科学战线》2021 年第 5 期。

邰丽华:《当代西方学者〈资本论〉研究的新趋向》,《河北经贸大学学报》2018 年第 1 期。

高剑平、牛伟伟:《技术资本化的路径探析——基于马克思资本逻辑的视角》,《自然辩证法研究》2020 年第 6 期。

胡潇:《空间正义的唯物史观叙事——基于马克思恩格斯的思想》,《中国社会科学》2018 年第 10 期。

林琳:《海德格尔论技术时代的空间危机》,《学术探索》2021 年第 1 期。

鲍金:《自由何以可能:马克思自由观的再阐释》,《天津社会科学》2016 年第 5 期。

张三元:《论马克思关于自由的三种形态——马克思自由观研究之一》,《学术界》2012 年第 1 期。

张三元:《论马克思自由观的三个核心范畴—马克思自由观研究之二》,《中南民族大学学报》(人文社会科学版)2013 年第 3 期。

周可:《〈资本论〉自由观的新共和主义阐释及其困境》,《武汉大学学报》(哲学社会科学版)2021 年第 2 期。

宋朝龙:《新帝国主义的危机与新社会主义的使命——兼论 21 世纪马克思主义的核心问题与应对》,《探索》2020 年第 4 期。

张衔、钟鹏:《对虚拟资本的理论思考》,《社会科学战线》2021 年第 5 期。

马俊峰、张彦琼:《马克思生命政治批判视域中资本与劳动的内在张力》,《理论月刊》2021 年第 5 期。

马俊峰、张彦琼:《资本主义治理术的逻辑运演及其批判》,《甘肃社会科学》2022 年第 2 期。

马俊峰:《〈资本论〉与“过剩人口”的生命政治》,《山东社会科学》2018 年第 4 期。

李胤、王庆丰:《“新帝国主义”与“帝国”的主权之争——当代资本主义的统治形态及其批判性反思》,《求是学刊》2019 年第 2 期。

[英]本·法恩:《论“新”帝国主义》,邹洋、宋阳旨译,《国外理论动态》2017 年第 7 期。

夏莹:《资本概念的跨越式批判》,《社会科学辑刊》2016 年第 1 期。

夏莹:《现代性的极限化演进及其拯救》,《社会科学战线》2019 年第 3 期。

范宝舟、董志芯:《符号拜物教的表现形式及精神异化特质探析》,《世界哲学》2019 年第 1 期。

后　　记

本书是本人所主持的教育部人文社会科学研究青年基金项目“资本逻辑批判及其当代价值研究”（项目编号：20YJC710024）的最终研究成果。2016年始，本人开始关注马克思的资本逻辑思想和问题，并围绕资本逻辑主题发表了一些研究的习作和成果，在此基础上进一步展开和深入本课题的研究。从研究的内容框架来说，本书各章之间既是相对独立的，同时又相互关联构成一个整体体系。第一部分从资本逻辑批判的逻辑前提出发，厘清资本、资本逻辑生成、资本逻辑悖论和资本逻辑批判的基本方法，以求穿过资本的具象化表层透析资本逻辑的实质内涵和根本属性。第二部分以主题批判的方式呈现资本的全面逻辑，省察资本运作中的生态、技术、空间、自由和现代性等整全性逻辑和困局。第三部分以第一、第二部分为基础并作进一步深化延伸，以当代视域为切口设定资本逻辑批判的问题域，论证资本逻辑批判的当代视域和现实运动。至此，形成三部分既相互独立又紧密相关的有机整体。在本书的写作中本人尽量做到“一个回到”“一个遵循”和“两个面向”，即从经典文本入手，尽量回到马克思资本逻辑批判的原初语境，尽量遵循马克思资本逻辑批判的思想原貌，同时面向和关照重大的理论前沿和现实问题，以求在辩证批判中发现新的理论增长点和现实问题可能的破解路径。课题研究和写作过程面临和克服了诸多困难，在此期间，虽尽本人所能进行克服，难免由于能力水平有限而难尽如人意，恳请所有读者、专家批评指正，希望这些宝贵的意见能够成为本人今后进行思想研究和课题推进新的视角和空间。

本书的部分内容已在相关期刊公开发表，在写作过程中根据整体性和逻辑连贯性的要求，对已公开发表的部分进行了些许内容的修改和删减，在此进行说明。

在本书的资料搜集和写作定稿过程中，查阅和参考了诸多国内外学者和同行专家的著作、论文和相关研究成果，其中专业的视角、丰富的内容、缜密的论证和精辟的观点都对此次书稿写作的顺利完成提供了重要的启发和帮助，在此也表示衷心的感谢。

最后，本书虽尽本人所能做到“一个回到”“一个遵循”和“两个面向”，但在现实的写作过程中涉及诸多广泛的问题，难免存在疏漏和错误，恳请专家学者批评指正。

姜英华

2023 年 6 月 1 日

责任编辑:忽晓萌

图书在版编目(CIP)数据

资本逻辑批判及其当代价值研究/姜英华 著. —北京:人民出版社,2023.12
ISBN 978-7-01-026216-1

Ⅰ.①资… Ⅱ.①姜… Ⅲ.①马克思(Marx,Harl 1818-1883)-资本-哲学-研究 Ⅳ.①A811.66

中国国家版本馆 CIP 数据核字(2023)第 253224 号

资本逻辑批判及其当代价值研究

ZIBEN LUOJI PIPAN JIQI DANGDAI JIAZHI YANJIU

姜英华 著

人民出版社 出版发行
(100706 北京市东城区隆福寺街 99 号)

北京九州迅驰传媒文化有限公司印刷 新华书店经销

2023 年 12 月第 1 版 2023 年 12 月北京第 1 次印刷
开本:710 毫米×1000 毫米 1/16 印张:18.25
字数:251 千字

ISBN 978-7-01-026216-1 定价:79.00 元

邮购地址 100706 北京市东城区隆福寺街 99 号
人民东方图书销售中心 电话 (010)65250042 65289539